道路桥梁标准化施工管理

主　编　杜　操　徐桂华　王运华
副主编　关高朋　刘俊才　潘胜强

中国建材工业出版社

图书在版编目（CIP）数据

道路桥梁标准化施工管理/杜操，徐桂华，王运华主编．--北京：中国建材工业出版社，2021.11
ISBN 978-7-5160-3298-5

Ⅰ.①道… Ⅱ.①杜… ②徐… ③王… Ⅲ.①道路施工—施工管理②桥梁施工—施工管理 Ⅳ.①U415.1 ②U445.1

中国版本图书馆CIP数据核字（2021）第183217号

道路桥梁标准化施工管理
Daolu Qiaoliang Biaozhunhua Shigong Guanli
主　编　杜　操　徐桂华　王运华

出版发行：中国建材工业出版社
地　　址：北京市海淀区三里河路1号
邮　　编：100044
经　　销：全国各地新华书店
印　　刷：北京鑫正大印刷有限公司
开　　本：787mm×1092mm　1/16
印　　张：14.75
字　　数：340千字
版　　次：2021年11月第1版
印　　次：2021年11月第1次
定　　价：68.00元

本社网址：www.jccbs.com，微信公众号：zgjcgycbs
请选用正版图书，采购、销售盗版图书属违法行为
版权专有，盗版必究。本社法律顾问：北京天驰君泰律师事务所，张杰律师
举报信箱：zhangjie@tiantailaw.com　举报电话：（010）68343948
本书如有印装质量问题，由我社市场营销部负责调换，联系电话：（010）88386895

本书编写人员

主　　编：杜　操　徐桂华　王运华
副主编：关高朋　刘俊才　潘胜强
参　　编：黄　磊　叶　斌　刘　迪　熊卓品　聂　阳
　　　　　李　坤　耿晟豪　张　永　孟　森

前 言

近十几年来,我国各等级公路建设发展迅速,公路施工技术和管理水平有了长足的进步,但施工期间及运营期间暴露的质量问题仍然不少,质量通病并未得到有效遏制。实践表明,推行标准化施工以促进公路桥梁工程施工质量的全面和稳步提高,已经迫在眉睫。为此,我们特组织编写了《道路桥梁标准化施工管理》。本书是在现行公路工程设计、施工、检验验收等相关标准、规范基础上,总结多年来公路建设实践经验,特别是国道328汝南县城至驿城区境改扩建工程等项目经验编写而成。本书着重从工序、技术、工艺和管理的角度对现行标准、规范进一步补充,旨在消除质量通病,提高施工管理水平,实现公路施工标准化,确保工程施工质量。

本书内容包括路基工程、路面工程、桥梁工程、施工安全和试验检测五个方面,重点选录了项目施工生产中常见的施工工艺,如路基碾压、路面摊铺、钻孔灌注桩等施工工艺以及实验室的管理等。本书对施工质量管理过程中的工艺流程管理、质量控制标准、职责分工、文件记录管理和质量通病预控等进行了规定和说明,是一本对工程现场施工管理执行施工工艺流程常态化、工序质量控制规范化、职责分工明确化、文件记录具体化的指导文件。

本书具体编写分工如下:杜操编写了第3章3.1~3.6节;徐桂华编写了第6章;王运华编写了第4章4.3节;关高朋编写了第1章1.1、1.2、1.4、1.5、1.6节;刘俊才编写了第2章;潘胜强编写了第1章1.3节;黄磊编写了第3章3.7节和第4章4.1、4.2节;叶斌编写了第5章5.5~5.7节;刘迪编写了第5章5.8~5.10节;熊卓品编写了第5章5.11、5.12节;聂阳编写了第4章4.4~4.8节;李坤编写了第5章5.1~5.4节。耿晟豪、张永、孟森负责收集文献,全书由杜操负责统稿完成。

为使道路桥梁标准化施工管理更符合公路建设实际和更有利于保证工程质量,欢迎各单位或个人在实践中注意积累资料,总结经验,及时将发现的问题和修改意见反馈给我们,以便修订时参考。

编 者
2021年8月

目 录

1 路基工程 ··· 1
   1.1 术语 ·· 1
   1.2 施工准备 ·· 1
   1.3 路基施工 ·· 7
   1.4 路基安全施工与环境保护 ··· 22
   1.5 资料管理及交工验收 ··· 24
   1.6 首件工程认可制 ·· 26

2 路面工程（基层） ·· 28
   2.1 术语 ·· 28
   2.2 （底）基层 ··· 28

3 路面工程（面层） ·· 43
   3.1 术语 ·· 43
   3.2 透层 ·· 44
   3.3 下封层 ··· 47
   3.4 粘层 ·· 50
   3.5 沥青混凝土面层 ··· 53
   3.6 桥面沥青铺装层施工 ··· 75
   3.7 附属工程 ·· 79

4 桥梁工程 ··· 81
   4.1 编制原则 ·· 81
   4.2 施工准备 ·· 81
   4.3 施工工序 ·· 89
   4.4 冬期、雨期及热期施工 ·· 129
   4.5 安全生产、文明施工、环境保护 ·· 133
   4.6 首件工程认可制和工法管理 ·· 135
   4.7 资料管理与质量检查验收 ··· 137
   4.8 附录 ·· 138

5 施工安全 ··· 150
   5.1 安全生产责任体系 ·· 150

    5.2 安全生产专项费用管理……………………………………… 155
    5.3 安全生产风险评估…………………………………………… 157
    5.4 安全生产检查与评价………………………………………… 161
    5.5 安全生产应急管理…………………………………………… 164
    5.6 安全技术管理与培训………………………………………… 168
    5.7 场站建设……………………………………………………… 173
    5.8 标志标牌……………………………………………………… 182
    5.9 临时用电……………………………………………………… 186
    5.10 安全防护…………………………………………………… 192
    5.11 常用设备及机具防护……………………………………… 194
    5.12 临边防护…………………………………………………… 210

6 试验检测……………………………………………………………… 216
    6.1 实验室标准化建设要求……………………………………… 216
    6.2 试验检测机构的设置、任务和职责………………………… 220
    6.3 试验检测依据及检测频率…………………………………… 222
    6.4 试验检测工作监督制度……………………………………… 223
    6.5 试件取样、留存管理………………………………………… 223
    6.6 试验检测工作检查制度……………………………………… 224
    6.7 外委试验检测管理…………………………………………… 224
    6.8 数据处理及数据溯源………………………………………… 224
    6.9 试验检测资料管理…………………………………………… 225
    6.10 实验室检测人员及设备管理……………………………… 226

参考文献 …………………………………………………………………… 227

1 路基工程

1.1 术语

1.1.1 路床

路面结构层地面以下 0.8m 范围内的路基部分，在结构上分为上路床（0～0.3m）和下路床（0.3～0.8m）。

1.1.2 路堤

高于原地面的填方路基。路堤在结构上分为上路堤和下路堤。上路堤是指路面地面以下 0.8～1.5m 范围内的填方部分；下路堤是指上路堤以下的填方部分。

1.1.3 压实度

筑路材料压实后的干密度与标准最大干密度之比，以百分率表示。

1.1.4 CBR（加州承载比）

表征土路基、粒料、稳定土强度的一种指标，即标准试件在灌入量为 2.5mm 时所施加的试验荷载与标准碎石材料在相同灌入量时所施加的荷载之比值，以百分率表示。

1.1.5 特殊路基

位于特殊土（岩）地段、不良地质地段，或受水、气候等自然因素影响强烈的路基。

1.1.6 试验段（首件工程）

批量生产过程中为保证整体产品的合格率而实施的对于首件或者首批产品的检验测试控制手段和过程。

1.2 施工准备

路基工程施工准备框图见图 1-1。

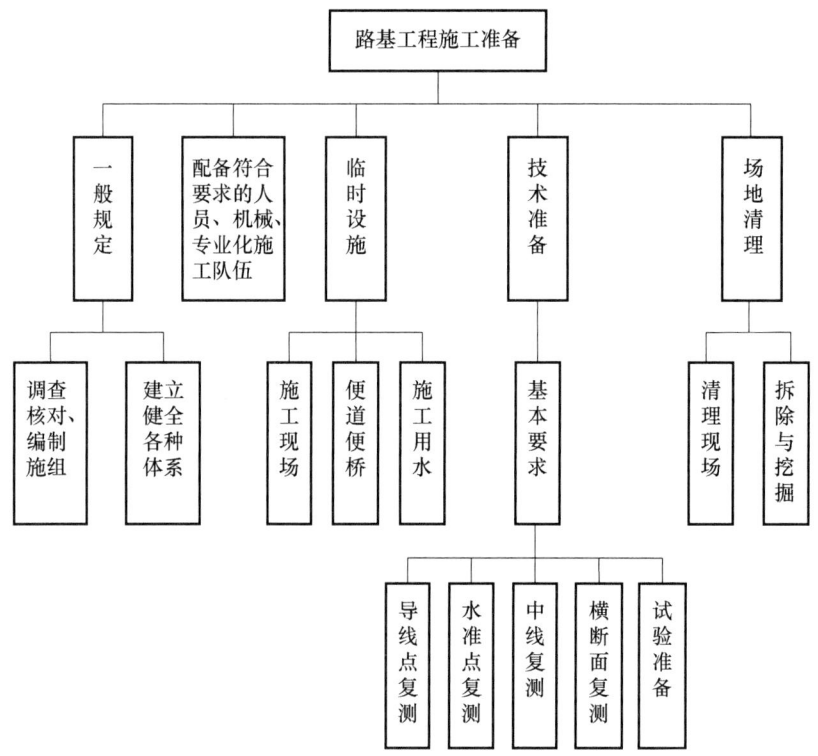

图 1-1 路基工程施工准备框图

1.2.1 一般规定

（1）在路基施工开工前，施工单位技术人员在全面理解设计要求和做好设计技术交底的基础上，进行现场调查和核对后，根据设计要求、合同文件和现场的实际情况，编制切实可行的实施性施工组织设计，并按规定报批。

（2）在开工前，必须建立健全质量、环保、安全管理体系和质量检测体系，对各类施工班组、施工人员进行岗前培训和技术、安全交底。

1.2.2 人员组织

（1）承包人中标后，按投标文件承诺的技术人员及主要施工人员及时进场。

（2）进场后，根据合同工期合理安排路基专业施工队陆续进场，并根据工程需要可以设置专业施工队；编制（月、季、半年、年）劳务用工计划，确保特殊季节（农忙、节假日等）劳务人员数量。

（3）施工队伍中的特种作业人员必须具有劳动部门颁发的特种作业许可证。

（4）承包人要及时统计劳务人员基本信息，及时与工程所在地公安机关、劳动部门沟通办理相关手续。

（5）定期对劳务人员进行安全教育，按时对劳务人员发放劳保用品。

（6）按时对劳务人员工资进行结算，不准拖欠农民工工资。

1.2.3 主要设备及管理

1.2.3.1 路基施工主要设备配备

（1）挖运设备：挖掘机、装载机、自卸汽车。
（2）摊铺平整设备：推土机、平地机。
（3）压实设备：振动压路机、光轮压路机。
（4）其他设备：洒水车、五铧犁、旋耕犁、砂浆拌和运输设备等。

1.2.3.2 设备管理

（1）施工车辆和各类机械设备按投标承诺及规定进场，并按照类别统一编号，规范标识。标识牌具体要求见《河南省普通干线公路建设标准化管理指南》。
（2）承包人要定期对施工机械设备进行检查维修和保养清洗，严禁带病作业。设备停放合理规划，分区布置，摆放整齐。
（3）主要设备要明确主机手一名，替班机手一名。

1.2.4 临时设施

1.2.4.1 施工便道及便桥

（1）施工便道宽度、错车道、硬化等要求见《河南省普通干线公路建设标准化管理指南》。
（2）便桥应满足载重和排洪要求，桥面宽度不小于4.5m，设置防护栏杆和超限标牌。

1.2.4.2 施工用水

（1）施工用水不应影响附近居民生活用水，并符合相关部门的规定；水井或蓄水池必须加盖并设置安全警示标志。
（2）根据工程的大小计算用水量以确定取水方式，必须保证有足够的存水量和方便及时取水；配备符合要求的洒水车，以保证每层路基填料含水量的均匀和碾压时的最佳含水量。

1.2.5 技术准备

1.2.5.1 基本要求

（1）开工前，承包人将现场调查和核对的情况在接管工地14d之内通知监理工程师，然后根据监理工程师提供的测设资料和测量标志，在28d内将复测结果提交给监理工程师。
（2）经过复核，对存在异议的导线控制点，承包人要及时提交书面报告给监理工程师，确认最终解决办法；对存在异议的水准点，承包人应向监理工程师提交一份列有勘误高程的修正表，核定正确高程。
（3）承包人应将施工中全部控制桩进行加固保护，并在水准点、三角网点等处竖立易于识别的标志。
（4）所有导线、中线、水准点、横断面复测和补测等工作，测量精度、技术要求等应符合《公路勘测规范》（JTG C10—2007）和《公路路基施工技术规范》（JTG/T

3610—2019）的要求。

（5）在施工过程中，应保护好所有控制桩点，对破坏的桩位点应及时恢复。

（6）对每项测量成果必须进行复核，原始记录应存档。

（7）实验室的人员、面积、结构组成及各种试验仪器设备的配置必须符合招标文件和相关规定要求，开工前要通过质量监督部门验收并取得资质，其他要求见《河南省普通干线公路建设标准化管理指南》。

1.2.5.2 导线点复测

导线点复测所用仪器使用前必须进行标定；原有导线点不能满足施工要求时，必须进行加密，其精度与原有导线点相同；每标段导线起讫点（最少两个点）必须与相邻标段进行衔接联测，保证导线控制点全线闭合。

1.2.5.3 水准点复测

水准点复测所用仪器使用前必须进行标定；水准点复测必须与国家水准点闭合；加密水准点精度与原有水准点相同，并与相邻原水准点闭合；每标段水准点起讫点必须与相邻标段进行衔接联测，保证水准点全线闭合。

1.2.5.4 中线复测

开工前须进行全段中线放样，固定路线主要控制桩；恢复中桩要注意与结构物中心、相邻施工段的中线闭合；如发现设计中线长度丈量错误或需局部改线，应做断链处理，并整理好资料报监理工程师。

1.2.5.5 横断面复测

路基用地界、路堤坡脚、排水沟、取弃土场等具体位置应设置标识桩标识清楚并反映地形、地物、地质的变化，标出相关水位等；必须与设计对应逐桩施测，施测宽度满足路基及排水设施的需要。

1.2.5.6 试验准备

（1）路基施工前，必须对路基基底土样进行相关试验。每千米至少取 2 个点；土质变化大时，必须按实际情况增加取样点数。

（2）对来源不同、性质不同的拟作为路堤填料的材料进行复查和取样试验。土的试验项目包括天然含水量、液限、塑限、标准击实试验、CBR 试验、颗粒分析、比重、有机质含量等，必要时应做易溶盐含量、冻胀和膨胀量等试验。

（3）路基填料每 5000m³ 或土质变化时必须重新取样进行试验。

1.2.6 场地清理

1.2.6.1 一般要求

（1）承包人按设计图纸进行用地放样，确定路基施工界线。

（2）场地拆除清理及回填压实后，承包人应重测地面高程及横断面，并做好填挖方断面及土石方调配方案，作为路基施工计量的依据。

（3）承包人应按工作量的大小，适当划分段落组织实施；清理和拆除工作完成后，承包人在监理工程师验收合格后方能进行下一道施工工序。

1.2.6.2 清理场地

（1）路基用地范围内的树木、灌木丛等应在清表前砍伐或移植，砍伐的树木应堆放在路基用地之外,并妥善处理。

(2) 经过国家级自然保护区的路段,清理场地前必须主动与保护区有关管理部门联系,辨别、确认国家保护的珍稀植物资源,并根据国家有关规定结合保护区管理部门进行移植等妥善处理。

(3) 路基用地范围内的垃圾、有机物残渣及原地面以下至少200mm内的草皮、农作物的根系和表土应予以清除(图1-2、图1-3),并且达到规范要求。清理的表土应有序集中地堆放在弃土场内,以供土地复耕和绿化使用。场地清理完成后,应全面进行填前碾压,其压实度应不小于90%。

图1-2 表土清理

图1-3 障碍物的清除

(4) 路基用地范围及取土场范围内的树根应全部挖除,并将路基范围内的坑穴在清除沉积物后填平夯实。

(5) 路基跨越河、塘、湖地段时,承包人应采取措施修筑围堰,排除积水,清除淤泥等不适宜材料,并按设计要求的施工工艺进行填前处理。

1.2.6.3 拆除与挖掘

(1) 路基用地范围内的旧桥梁、旧涵洞、旧路面和其他障碍物等应予以拆除,对正在使用的道路设施及构造物,应做出妥善安排之后,才能拆除。

(2) 原有结构物的地下部分,其挖除深度和范围应符合设计图纸或监理工程师的要求。对于因拆除施工造成的坑穴,在杂物清除干净后,用合格填料分层回填分层压实,压实度应不小于90%。

1.2.7 试验路段

路基施工前必须按不同填料要求进行路堤试验段的施工,试验段认可后,才能上报分项工程开工报告,开展路基的大规模施工。

(1) 路堤试验段填筑流程图见图1-4。

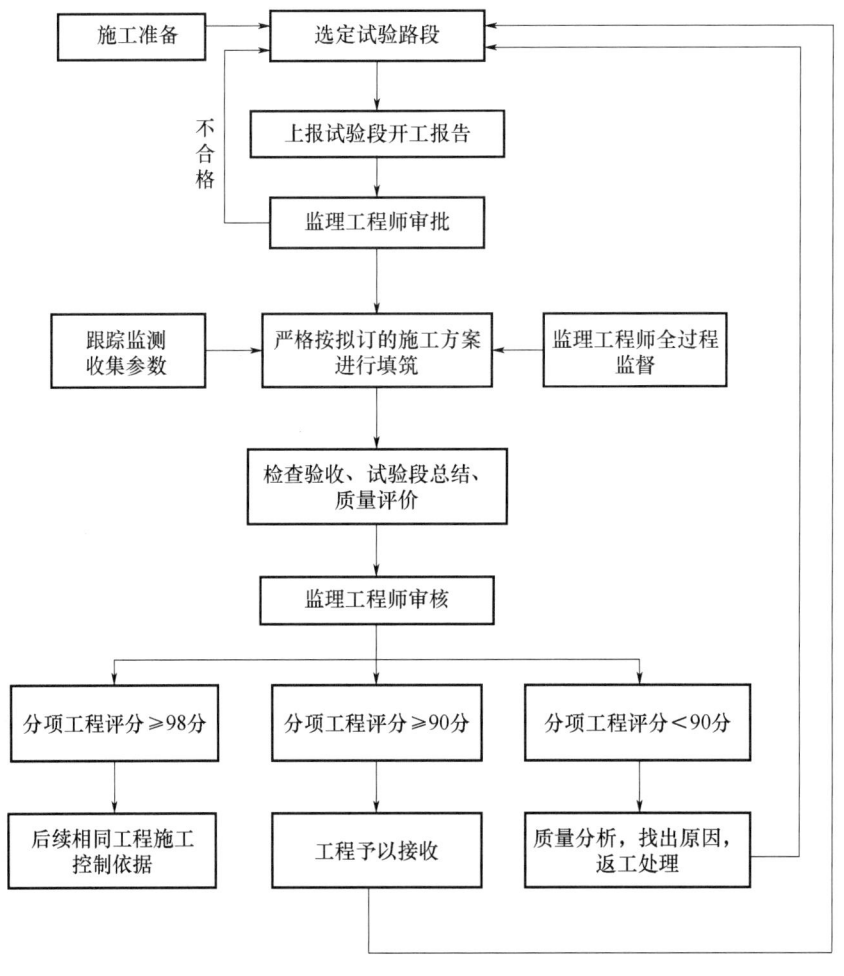

图1-4 路堤试验段填筑流程图

(2) 在路堤施工前,选取长度200m具有代表性的段落进行路基试验段各项准备工作。

(3) 提前14d上报试验段开工报告,监理工程师审批后开始试验段填筑。

开工报告的内容包括:人员、机械设备、施工工艺、试验参数、质量、安全、环保和文明施工保证措施等详细说明。

(4) 试验段填筑的目的：找出填料在最佳含水量下达到各压实区规定的压实度和压实沉降差时，施工机械最佳组合方式、碾压速度、碾压遍数、松铺厚度、施工工艺等。

(5) 试验段结束后对平整度、横坡、高程、压实质量等各项指标进行检查验收，满足规范要求应及时将施工情况及检测结果编制试验段施工总结报监理工程师审核批准，将其作为该填料施工控制的依据。

1.3 路基施工

1.3.1 土方路堤施工

1.3.1.1 一般规定

(1) 在进行路基施工前，应做好施工期临时排水总体规划和建设，确保路基不受水的侵害以及雨水不冲淹农田、淤积河道。

(2) 路基填方材料，应经过在拟取土现场取土试验，符合《公路路基施工技术规范》（JTG/T 3610—2019）的规定（表1-1）时，方可使用。

表1-1 路基填料最小强度和最大粒径要求

填料应用部位 （路床顶面以下深度）(m)		填料最小强度（CBR）(%)	填料最大粒径 (mm)
		高速公路、一级公路	
填方路基	上路床（0~0.30）	8	100
	下路床（0.30~0.80）	5	100
	上路堤（0.8~1.50）	4	150
	下路堤（>1.50）	3	150
零填及挖方路基	0~0.30	8	100
	0.30~0.80	5	100

(3) 泉眼或露头地下水，必须按设计要求，采取有效导排措施后填筑路堤；地下水位较高时，必须按设计要求进行处理，降低地下水位。

(4) 填筑前地基按设计及规范要求处理完毕，测量放样，用白灰撒好填土边线，并经监理工程师检查确认。

1.3.1.2 土方路堤

(1) 填料要求。

①优先选用级配较好的砾类土、砂类土等粗粒土作为填料，严禁使用含草皮、生活垃圾、树根、腐殖质的土以及泥炭、淤泥、冻土、强膨胀土、有机质土和易溶盐超过允许含量的土。

②液限大于50%、塑性指数大于26，不得作为94区、96区填料，当粗颗粒含量大于50%，且CBR值大于3时，可直接作为93区填料，当粗颗粒含量小于50%，不能作为路堤填料。

(2) 土方路堤填筑施工工序见图1-5。

(3) 施工要点。

①路堤填筑时必须根据设计断面水平分层填筑和压实。分层最大松铺厚度应根据试验确定,且不应超过30cm;分层最小压实厚度不小于10cm。

②性质不同的填料应分段填筑,同一水平层路基的全宽应采用同一种填料,不得混填。每种填料的填筑层压实后的连续厚度应不小50cm。

③路堤填筑时,应从最低处起分层填筑,逐层压实;当原地面纵坡大于12%或横坡陡于1∶5时,应按设计要求挖台阶,或设置坡度向内并大于4%、宽度大于2m的台阶。

④填方分几个作业段施工时,接头部位如不能交替填筑,则先填路段应按1∶1坡度分层填筑,每层碾压至边缘,逐层收坡,待后填段填筑到位时,再把交界面逐层挖成不小于3m的台阶,分层填筑碾压;如能交替填筑,则应分层相互交替搭接,搭接长度不小于3m。

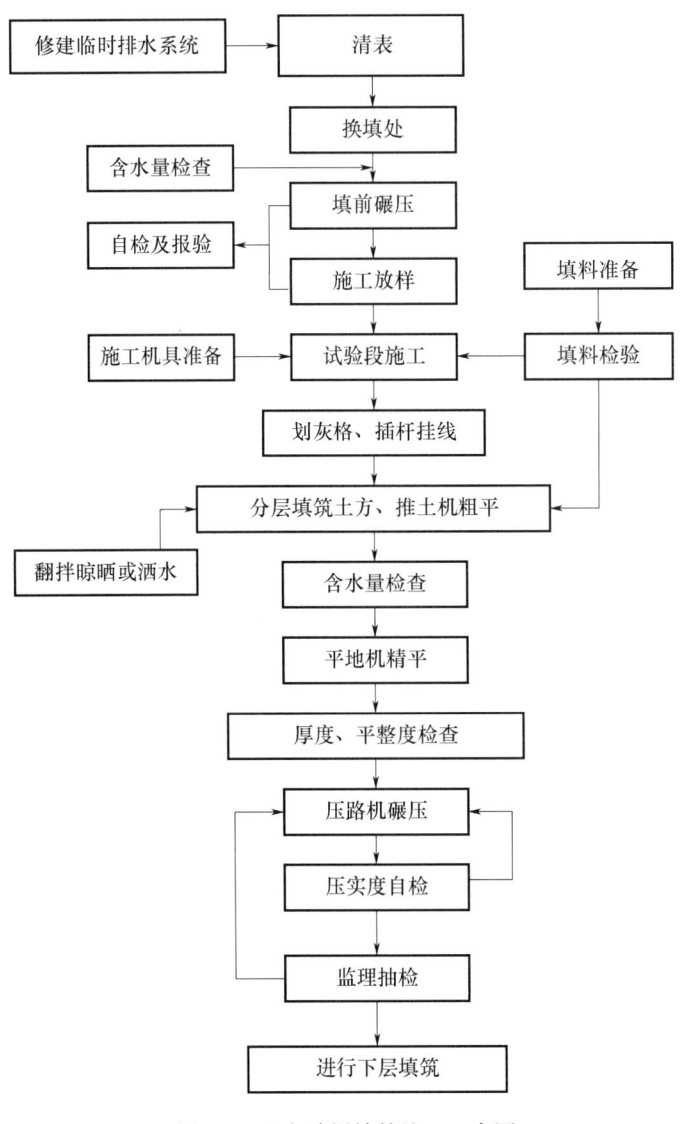

图1-5 土方路堤填筑施工工序图

⑤填方路堤必须按路面平行面分层控制填土高程,为利于排水,填筑时路堤顶面应形成不小于2%的横坡,设计纵横坡必须在下路堤范围内进行。

⑥填筑、摊铺、碾压。

a. 路基每层填筑严格执行"画格上土、挂线施工"(图1-6)。

b. 准备直径3cm、长150cm红白相间(25cm刻度)的花杆,在边线位置每隔20m插一根,依据花杆上的刻度连续挂好线绳,线绳应绷紧,作为机械平整时的依据,保证平整度和松铺厚度。

图1-6 画格上土、挂线施工

c. 运输车按要求卸料后,先用推土机粗平(图1-7),对含水量进行检查,不合格要洒水(图1-8)或翻拌晾晒,合格后用平地机精平(图1-9);检查松铺厚度、平整度,符合要求后方可碾压(图1-10)。

图1-7 推土机粗平

图 1-8 洒水车洒水调节含水量

图 1-9 平地机精平

图 1-10 压路机碾压

d. 先稳压，后振动碾压，碾压时压路机遵循从路边向路中、从低侧向高侧的原则；压路机的碾压行驶速度不得超过4km/h，错轮宽度对振动压路机不得小于压实轮的1/3，对三轮压路机不得小于后轮的1/2。

⑦路堤填土每侧应宽于填层设计宽度不小于30cm，超宽部分压实度必须满足填层压实度要求（图1-11），不能满足时，在此基础上再适当增加填筑宽度，以保证超宽30cm范围内压实度合格，路基完成后削坡。

图1-11 路基超宽回填、碾压

⑧当路基填高超过1.5m时，路基顶面边缘应设置不低于30cm、开口间隔不大于30m的挡水埂，开口处设置临时泄水槽至坡脚排水沟；临时泄水槽采用混凝土抹砌；施工中应随时检查挡水埂和临时泄水槽的完好情况，及时修补。

⑨每一个压实层在经过雨雪后，或由于特殊原因没有填筑上一层而致使本层超过10d暴露在外，在填筑上一层时应复压，重新检测压实度。

（4）质量要求。

①施工过程中，每一压实层均必须检验压实度，检测频率为每1000m^2至少检验4点，不足1000m^2时按比例递减，但至少检验2点；压实度采用灌砂法测定，取土样的底面必须达到本层的底面位置；压实度应符合《公路路基施工技术规范》（JTG/T 3610—2019）中的规定。

②施工中路基弯沉、平整度、宽度、纵横坡度、厚度、边坡坡度等必须符合《公路路基施工技术规范》（JTG/T 3610—2019）中表4.2.2-2的规定及设计要求。

（5）土方路堤常见质量问题的防治及管理措施。

①中线偏位防治及管理措施。

a. 加固保护导线点至交工验收。

b. 每填高60~80cm恢复一次路线中桩，测定路基标高及宽度。

c. 亏坡的一侧按照规范要求开台阶补填，多余的一侧进行削坡处理。当出现这种情形时应对责任人（现场负责人、技术负责人和监理人员）进行相应的经济处罚。

②翻浆、"弹簧"现象防治及管理措施。

a. 避免用天然稠度小于1.1、液限大于40、塑性指数大于18、含水量大于最佳含水量两个百分点的土作为路基填料。

b. 土的实际含水量大于最佳含水量时，采取翻拌晾晒、加白灰或换填适宜的填料，达到要求后方可进行压实。

c. 清除碾压层下软弱层，换填良性土壤后重新碾压。

③路基边缘压实度不够防治及管理措施。

a. 路基施工必须按要求进行超宽填筑。

b. 控制碾压工艺，保证机具碾压到边，确保边缘带碾压频率不低于行车带。

c. 返工至符合压实度要求的层次。

④起皮、松散防治及管理措施。

a. 起皮：严禁薄层贴补；低液限粉土填筑路基时，碾压过程中应适量洒水。

b. 松散：适当洒水后重新碾压；冬期施工时填筑层碾压完毕后及时封土保温。

⑤路基边坡冲刷防治及管理措施。

a. 削坡后及时进行边坡防护工程。

b. 按要求设挡水埂和临时泄水槽，且随时保证完好并发挥作用。

c. 雨水冲刷后应及时修补路基。

d. 路基必须按要求超宽填筑、超宽碾压；亏坡整修严禁贴补。

e. 排水沟边缘距路基坡脚不小于2m。

1.3.2　石渣填筑路基

1.3.2.1　填料要求

(1) 填石路堤的石料强度不小于15MPa，填料最大粒径均不超过层厚的2/3，填料不均匀系数宜为15~20。

(2) 填石路堤的路床填料最大粒径应小于10cm，路床底面以下80cm厚的过渡层，填料粒径应小于15cm，其中小于0.05mm的细粒料含量要不小于30%。

1.3.2.2　施工要点

(1) 采用中硬和硬质石料填筑的路堤要进行边坡码砌，边坡码砌要采用强度大于30MPa不易风化的石料，石块形状要规则，最小尺寸不小于30cm；路堤填高≤12m时，码砌厚度不小于2m，路堤填高>12m时，码砌厚度不小于2.5m；边坡码砌要与路基填筑同步进行。

(2) 石方路基填筑施工工序如图1-12所示。

(3) 填筑的石料如岩性相差较大，特别是岩石强度相差较大时应进行分层或分段填筑。

(4) 当填筑石料级配较差、粒径较大、石块间隙较大时，必须在每层表面空隙间，填入石渣、石屑或中粗砂，使空隙填满为止。

(5) 填筑、摊铺、碾压。

①填石路基施工应分层填筑、分层压实，填筑前要画灰格、插杆挂线。

②根据石料粒径大小及组成采用相应摊铺方法。

a. 大粒径石料采用渐进式摊铺法铺料，运料汽车在新填的松料上先两侧后中央逐渐向前卸料，大型推土机（D85型）随时摊铺整平（图1-13）。

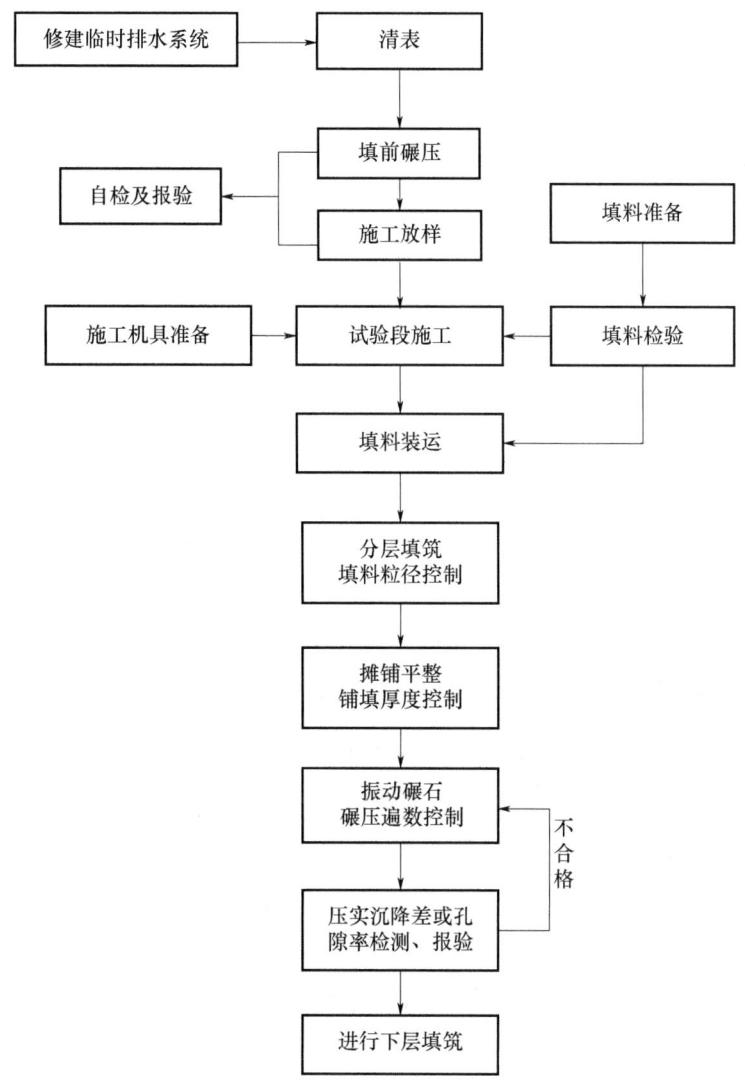

图 1-12 石方路基填筑施工工序图

b. 对细料含量较多的石料宜采取后退法铺料。运料汽车在已压实的层面上后退卸料，形成梅花形密骨料堆，采用推土机推铺整平。

③人工铺填粒径 25cm 以上石料时，应先铺填大块石料，大面向下，小面向上，摆平放稳，再用小石块找平，石屑塞缝，最后压实。

④填石路基在压实前，应摊铺平整，填料最大粒径要严格控制，超出本书规定的应予以剔除或解小，局部不平整处人工配合机械以细石屑找平。摊铺完成后的石料表面平整，无明显大石料露头，表面无明显孔洞、孔隙（图 1-14）。

⑤碾压设备采用振动压路机，同时激振力要在 50t 以上。根据试验段获取的碾压遍数碾压，碾压时直线段由两边向中间，小半径曲线段由内侧向外侧纵向进退式进行，前后相邻区段纵向应重叠不小于 5m 碾压。

（6）填石路堤填筑宽度，每侧要宽于填层设计宽度不小于 30cm，超宽部分压实质量必须满足填层压实质量要求，不能满足时，在此基础上再适当增加填筑宽度，以保证

图 1-13　填石路基堆卸及粗平

图 1-14　填石路基填缝及压实

超宽 30cm 范围内压实质量合格，路基完成后削坡。

（7）压实沉降差检测。

①在压实后的路堤上沿着纵向布点，在布好的点位上，用油漆做醒目的标记。用水准仪测量高程，为减少误差，准备一个 $\phi10cm$ 钢球，放置在测点上。

②用振动压路机作碾压检测（碾压参数：2.0～4.0km/h，频率 30Hz，碾压 2 遍），碾压后应无明显轮迹。然后用水准仪测定各点高程，各测点在碾压前后的高差，就是测点的压实沉降差。

1.3.2.3　质量要求

（1）上下路堤的压实质量标准符合《公路路基施工技术规范》（JTG/T 3610—2019）要求。

（2）填石路堤施工过程中的每一压实层，可用试验路段确定的工艺流程和工艺参数，控制压实过程，用试验路段确定的沉降差指标检测压实质量，并经监理人检验批准,且最后两遍压实层之间的沉降差应不大于3mm。

(3) 填石路堤填筑至设计标高并整修完成后,其施工质量应符合《公路路基施工技术规范》(JTG/T 3610—2019)规定。

(4) 填石路堤成型后的外观质量标准:路堤表面无明显孔洞。大粒径石料不松动,铁锹挖动困难。边坡码砌紧贴、密实,无明显孔洞、松动,砌块间承接面向内倾斜,坡面平顺。

1.3.3 冬、雨期施工

1.3.3.1 一般规定

(1) 冬、雨期施工应根据季节特点和施工段的地质地形条件,制定合理的施工方案。

(2) 冬、雨期施工应做好临时排水,并与永久排水设施衔接顺畅。

(3) 冬、雨期施工应加强安全管理,制定安全预案,加强气象信息的收集工作,避免灾害和事故发生。

1.3.3.2 冬期施工

(1) 土质路堤,半填半挖地段不得在冬期施工,挖方路基、填石路堤可进行冬期施工。

(2) 冬期施工路基基底处理:填筑前应将基底范围内的积雪和冰块清除干净。对需要换填地段的基底及时进行整平压实,基底处理后应立即采取保温措施防止冻结,换填材料采用透水性好的材料。

(3) 冻土的开挖:主要采用机械法施工。挖方边坡不得一次挖到设计线,应预留50cm的覆盖层,待到正常施工季节后再修整到设计坡面。路基挖至路床顶面以上1m时,完成临时排水沟后,应停止开挖,待冬季过后再施工。

1.3.3.3 雨期施工

(1) 施工中,挖、运、摊平、碾压等各道工序需连续进行,雨前应及时压完已填土层。

(2) 低洼地段和高填深挖地段、填方地段的土质路基、工程地质不良地段以及沿河路段,应避开雨期施工。

(3) 施工便道平整不积水,路基及施工场地周围保持排水畅通,雨后加强施工便道的维修、养护,确保道路畅通。

(4) 提前做好路基排水系统,急流槽、排水沟、边沟等设施应在雨期来临前进行施工。排走的雨水不得流入农田、耕地,不得冲刷路基。

(5) 路基施工集中力量做到随挖随运、随铺、随平整和压实,每层填土表面筑成4%的施工横坡以利于排水,收工前将铺填的松土碾压密实,雨后待表面干燥并经测试达到要求后,进行上一层的填筑。

(6) 雨期土方填筑时,要严格控制土料含水率,过湿的土料应予晾晒;当天铺土,当天压实,雨天积水要及时抽出,浸泡的部分晾晒后重新夯实或换土。

(7) 车辆机具停放地、库房、生活区域、生产设施必须选在最高洪水位以上或高地上,做好防洪措施,并与可能产生泥石流冲击的地方保持一定的安全距离。

1.3.4 路基排水

1.3.4.1 一般规定

施工前，应校核全线排水设计是否完善、合理，必要时应提出补充和修改意见。临时排水设施应尽量与永久排水设施相结合，排水方案应因地制宜、经济实用。各种排水设施应尽量少占农田，并与当地水利建设相配合。

1.3.4.2 边沟、排水沟

1. 边沟、排水沟施工工序

测量放样—清污开挖—整修边坡—修整沟底。

2. 施工要点

(1) 排水沟、边沟必须精确放样并适当加密，确保直线线型顺直、曲线线型圆滑。以确保边沟、排水沟与结构物的进出水口顺利连接。

(2) 为防止边沟水流满溢或冲刷，应尽可能地利用当地地形条件，将边沟水流分段设置出水口排出路基外。

3. 质量要求

(1) 纵坡顺直，曲线线型圆滑；沟壁平整、稳定，无贴坡；沟底平整，排水畅通，无冲刷和阻水现象。

(2) 施工质量应满足《公路路基施工技术规范》(JTG/T 3610—2019) 的要求。

1.3.5 特殊路基施工

1.3.5.1 一般规定

(1) 特殊路基施工，应进行必要的基础试验，编制专项施工组织设计，批准后实施。

(2) 施工中如实际地质情况与设计不符或设计处置方案因故不能实施，应按有关规定办理。

(3) 采用新技术、新工艺、新设备、新材料时，必须制定相应的工艺、质量标准。

(4) 特殊地区路基施工还应满足一般路基施工的要求。

1.3.5.2 结构物台背地基处理

桥涵两头路堤的处理主要是解决桥头两侧路堤不均匀沉降引发的跳车病害。其主要原因为路堤填料质量不合格、路堤压实度不够、刚度突变产生振动作用促使路堤塑性变形过大、台后填料受渗水侵蚀变形等引起桥台与台后路堤过大的差异沉降。据此，采用以下综合措施减小桥头过大差异沉降的产生。

(1) 根据本项目区填料的情况，桥头一定范围内路堤采用石灰土填筑，石灰剂量为5%。桥头路堤压实度(重型击实试验法)不得小于96%，压实分层厚度不大于15cm，重型压路机压不到的地方要求采用小型压实机具配合进行薄层夯实(图1-15)。

(2) 台背回填应严格分层填筑，严禁向坑内倾倒，每层最大松铺厚度应不大于20cm。并在结构物墙身左、中、右位置用红白油漆相间画出每层压实厚度控制标线，且标注层位编号(图1-16)，在向路基延伸段开挖1∶1.5的台阶(图1-17)。

(3) 暗涵顶部填土，0.5m以内时使用土填筑，必须采用三轮静碾碾压，且分层最大压实厚度不大于20cm；0.5m以上时才允许按正常路堤填筑，振动压实。

图 1-15　台背处小型机械夯实

图 1-16　涵洞墙身画出每层填筑厚度及层数

图 1-17　结构物台背和路基间台阶开挖

1.3.5.3　路基拼宽施工

路基加宽采用双侧或者单侧拼宽方式，将加宽部分与老路基进行拼接，加宽扩建后保持整体式路基。为控制新老路基之间的差异沉降，原有路基与拓宽路基的路拱横坡的

拱后增大值按不大于0.5%控制,桥梁台背处不大于5cm控制,采取措施如下:

(1) 路基施工前,先将原路基边坡进行清表处理,然后在老路堤坡面开挖台阶,台阶宽120cm、高80cm(图1-18)并设置4%内倾横坡。

图1-18 新、老路基接合部的台阶开挖

(2) 为保证拓宽的路基与原有路基之间保持良好的衔接,采取必要的施工措施减小拓宽路基与原有路基之间的差异沉降,防止产生纵向裂缝,路基压实度按照表1-2设计要求提高1%控制,路床顶面以下采用两层5%石灰土进行处置。

表1-2 路基设计压实度要求

项目分类		路床顶以下深度(cm)	压实度	
			填土(灌砂法)	填石渣(沉降法)
填方路基	上路床	0~30	≥96%	沉降量≤3mm
	下路床	30~80	≥96%	
	上路堤	80~150	≥94%	
	下路堤	150以下	≥93%	
零填及挖方路基		0~80	≥96%	

1.3.5.4 特殊路基处置施工要点

1. 挖除换填

(1) 挖除换填适用于厚度小于3m的不良土组,并易于挖出。

(2) 按设计要求,将原地面以下一定深度和范围内的不良土组挖除,换填料应选用水稳性或透水性好的材料,分层填筑并压实至设计规定的压实度。

2. 抛石挤淤

(1) 应选用不易风化的片石,片石厚度或直径不宜小于300mm。

(2) 软土地层平坦、软土呈流动状时,填筑应沿路基中线向前呈三角形方式投放片石,再渐次向两侧全宽范围扩展。当软土地层横坡陡于1:10时,应自高侧向低侧填筑,并在低侧坡脚外一定宽度内同时抛填形成片石平台。

(3) 片石抛填出软土面后,应用较小石块填塞垫平,并碾压密实。

3. 砂（砾）换填

(1) 垫层材料宜采用无杂物的中、粗砂，含泥量应小于5%。也可采用天然级配砂砾料，其最大粒径应小于50mm，砾石强度不低于四级。

(2) 垫层宜分层摊铺压实，碾压到规定的压实度。垫层采用砂砾料时，应避免粒料离析。

(3) 垫层宽度应宽出路基边脚500~1000mm，两侧宜用片石护砌或采用其他方式防护。

1.3.6 路基的防护

1.3.6.1 路基防护方案

本项目全线路基基本为低填方，仅部分桥头填土较高。结合项目所在地的气候、水文、地形、地质及筑路材料分布情况采用以下路基防护方案：

(1) 路基防护工程必须与路堤边坡高度相结合，并结合本项目所在地的气候、水文、地形、地质及筑路材料分布情况。本合同段当路堤边坡高度 $H>5m$ 时及超高段外侧边坡高度 $H>6m$ 和内侧边坡高度 $H>4m$ 时，边坡采用 M7.5 浆砌片石拱形骨架内植草进行防护、绿化。防护工程应置于稳定的基础和坡体上。

(2) 根据开挖坡面地质、水文情况逐段核实路基防护设计方案。

(3) 坡面防护施工前，应对边坡进行修整，清除坡面上不密实的松土。坡面防护应与坡面紧密结合，不得留有空隙。

(4) 防护工程中所用片石的最小断面尺寸应不小于20cm。

1.3.6.2 边坡坡面防护

(1) 施工作业面应按施工要求整修完毕。应完成施工放样，施工控制基线和施工水准点应已设置好。

(2) 施工所需各种合格材料必须合格，砂浆配合比经验证和监理工程师批准后才能使用。

1.3.6.3 浆砌片石（混凝土预制块）防护

(1) 浆砌片石（混凝土预制块）防护施工工序见图1-19。

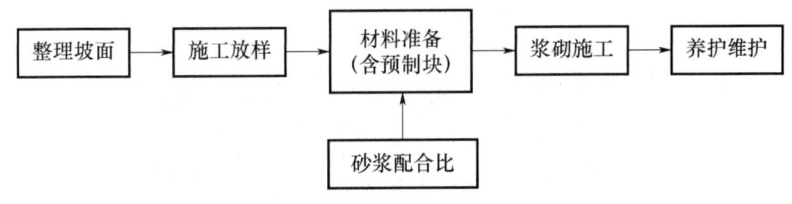

图1-19 防护施工工序图

(2) 施工要点。

①路堤边坡防护在完成刷坡后由下往上分级砌筑，路堤边坡防护应在路堤沉降稳定后施工。

②防护工程基础砌筑前，坡面应整平、拍实，凸出部分人工整平，低洼处回填土整平、夯实。

③砌筑石料表面应干净，无风化、裂缝和其他缺陷，石料应符合规范要求；铺筑时应平铺卧砌，石料的大面朝下应挂线砌筑如图1-20所示，坡脚坡顶等外露面应选用较大的石块，并加以修整。

④所用砂浆必须由项目部统一安排供应，每个施工段落必须采用有电子计量的强制式拌和机集中拌和砂浆，砂浆应保持适宜的和易性和流动性，随拌随用，使用时必须放置在钢板上。

⑤采用浆砌片石砌筑的防护和支挡工程，浆砌片石应彼此交错搭接砌筑。砂浆应饱满密实，采用坐浆挤密施工；做到接缝交错、坡面平整、勾缝严密、养护及时。

⑥勾缝要采用8～10mm宽半圆凹缝（图1-21），勾缝前冲洗干净，砂浆嵌入缝中与石料牢固结合。

图1-20　护坡片石挂线砌筑

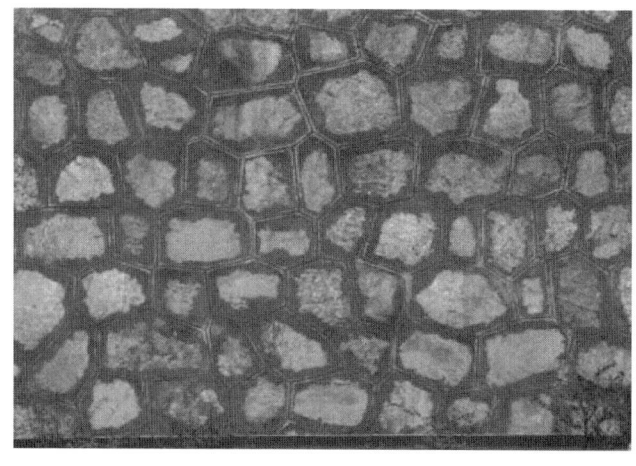

图1-21　坡面勾缝

⑦砂浆初凝后，应及时进行养护。砂浆终凝前砌体覆盖保湿，保湿养护不少于7d。

（3）质量要求。

①使用原材料（片石）必须符合设计及技术规范的要求。砂浆必须经过配合比和强度试验。

②分段砌筑时，预制块砌体要错缝，坐浆应饱满无空洞；砌体基础应先行施工，并与平台侧沟同时砌筑，然后施作同级坡面的上部砌筑工程。

③勾缝平顺，缝宽均匀，牢固无脱落现象。

④各项实测项目质量要求参见《公路工程质量检验评定标准》(JTGF80/1—2017)。

(4) 常见质量问题的防治及管理措施。

①勾缝脱落，勾缝不饱满、不协调防治及管理措施。

a. 认真清理砌筑缝，并在勾缝前润湿砌筑缝。

b. 勾缝砂浆要嵌入砌缝内 2cm 以上，缝内密实。

c. 勾缝砂浆必须集中拌和，必须覆盖并不间断洒水养护。

②砌石护坡塌落，导致砌体开裂、沉陷防治及管理措施。

a. 路基施工时，按规定做足宽度，保证削坡后的土体符合压实要求，出现亏坡时，必须层层夯实且挖台阶与路基衔接好。

b. 砌体施工时，砂砾垫层要夯实，砌体石质坚硬，浆砌砌体砂浆要饱满密实，严把勾缝质量关，防止路面水直接渗入砌体下。

c. 路肩处做好截排水措施，严禁底部脱空，导致雨水流入，冲走垫层砂砾及土体，从而导致防护工程脱空塌落。

d. 出现问题后返工处理。

1.3.7 取、弃土场整治

1.3.7.1 取、弃土场一般规定

(1) 承包人进场后首先对取、弃土场设计进行调查，在对沿线地形地貌的全面考察基础上进行多方案比选。

(2) 避开植被茂密区，取土场利用荒山包，弃土场利用荒山沟，并与开荒造田一起考虑。禁止占用耕地。

(3) 取、弃土场位置的选择要与当地政府密切沟通，为新农村建设提供服务。

1.3.7.2 取土场

(1) 取土场在施工过程中要求做到随取随平整，周界规则；取土完毕后，利用保存的地表土进行植被恢复。

(2) 取土时应注意环境保护，取土后的裸露面应按设计采取土地整治或防护措施。在风景区或有特殊要求的施工地段，应按设计要求及时完成配套的环保工程。

1.3.7.3 弃土场

(1) 严格按照路基土石方调配方案，做好施工组织安排，避免因不合理施工导致弃土、弃渣数量的增加。

(2) 弃土场的选择还应符合下列要求：

①弃土应优先选择在邻近的取土坑和低洼地。

②严禁在贴近桥墩、台处弃土、弃渣。避免雨水大、冲刷严重的地段。

③沿河岸的弃土，不得弃入河道、挤压桥孔或涵管口，以及改变水流方向和加剧对河岸的冲刷，及时设置挡护设施。

④严禁向江、河、湖泊、水库、沟渠内弃土、弃渣。

（3）弃土场的位置与高度应保证自身的稳定，不得影响附近建筑物、农田、水利、河道、交通和环境等，并应提前完成防护与排水工程。

（4）弃土应堆放规则，按设计要求进行整平碾压，不得任意倾倒，弃土场要做到顶面平整，坡面平、顺、直，并对弃土场顶面和坡面及时进行植被恢复。

（5）弃土场弃土前应做好地质勘察、支挡防护等，防止发生滑坡、泥石流等次生灾害。

1.4 路基安全施工与环境保护

1.4.1 一般规定

（1）工程开工前必须进行现场调查，根据施工地段的地形、地质、水文、气象、环境等，制定相应的安全技术和环境保护措施。施工中应及时掌握气温、雨雪、风暴、汛情等预报，做好防范工作。

（2）路基施工前，应了解施工范围内地下埋设的各种管线、电缆、光缆等情况并与相关部门联系，制定合理的安全保护措施。施工中如发现有危险品及其他可疑物品，应立即停工，并及时报请有关部门处理。

（3）应按照国家有关规定配置消防设施和器材、设置消防安全标志。施工现场应设置醒目的安全、警示标志和安全防护设施。

1.4.2 安全施工

（1）路基施工应制定安全预案、具备安全生产条件，确保施工安全。

（2）建立健全安全生产、环境保护和文明施工责任制度，制定定期和不定期检查制度，采取相应的奖罚措施。

（3）驻地建设、施工现场、临时设施、施工便道（桥）、施工机械管理见《河南省普通干线公路建设标准化管理指南》。

（4）施工现场的临时用电，应严格执行《施工现场临时用电安全技术规范》（JGJ 46）。夜间施工时，现场应设有保证施工安全要求的照明设施。

（5）施工前对施工人员进行全面的有针对性的安全技术交底，作业人员必须遵守安全技术操作规程，必须按规定佩戴和使用劳动防护用品。人工配合机械作业时，严禁在机械正在作业范围内停留。

（6）各参建单位应重视交通组织与管理工作，制定交通保畅方案。在边通车边施工路段，要设立专职的交通管理人员。在施工作业区段应按照《河南省普通干线公路建设标准化管理指南》附录C关于交通标志设置的要求，摆放有效的交通引导标志、限速标志和必要的警示灯、照明设施等，保障道路的安全畅通。

（7）机械操作人员必须听从管理人员的指挥，精心操作，但对管理人员违反操作规程和可能引起危险事故的指挥，操作人员有权拒绝执行。

（8）多台机械同时作业时，各机械之间应注意保持必要的安全距离。机械在路基边坡、边沟、基坑边缘、不稳定体（地段）上作业时，采取必要的安全措施。

（9）高陡边坡防护工程施工必须系安全带，搭设脚手架，自下而上砌筑，禁止在同一坡面上下重叠作业，墙下严禁站人。

（10）处于交通要道处的开挖地段，要设警告牌，并配备专人看护管理。

（11）项目部应根据当地的气候特点，做好防洪度汛工作，做好应急预案，确保工程安全。

1.4.3 环境保护

1.4.3.1 防止水土污染和流失

（1）路基工程开工后，要有措施保证路、田分隔，及时整理路容路貌，保持施工现场干净整洁，施工层次分明有序。

（2）路基填筑要做好截排水措施和坡面临时防护措施，防止水土流失。施工过程中，各种排水沟渠的水流不得直接排放到水源、农田、鱼塘中。

（3）施工现场多余的材料及时运走，废弃的材料及时清理，保持整洁，做到场地清理不过夜。

（4）城市区域施工场地出入口，设置冲洗设备，对施工车辆进行冲洗，确保城市道路清洁。

（5）不得随意丢弃生产及生活垃圾，垃圾的掩埋或处理应按当地环保部门的要求进行。不得随意排放含油废水及生活污水。

1.4.3.2 噪声、空气污染的防治

（1）路基施工堆料场、拌和站、材料加工厂等宜设置于当地主导风向的下风处的空旷区。当无法满足时，应采取必要的环保措施。

（2）运输易产生扬尘的建筑材料或土石方时，运输车辆应装料适中，并采用篷布覆盖严密。

（3）城市地带的施工场地裸露地表或集中堆放的土方表面，应采取临时覆盖措施，防止扬尘。

（4）采用粉状材料作为路基填料或对路基填料进行现场改良施工时，应避免在大风天作业，施工人员应佩戴防尘口罩等劳动保护用品，并采取相应的环境保护措施。

（5）临近居民区、学校和医院等噪声敏感地带的施工，要严格控制机械作业噪声；噪声大的施工作业应尽量安排在白天，需要夜间施工的，要做好对周边居民的公告、宣传和沟通工作。施工车辆通过城区、村庄时应减速慢行和减少鸣笛。

1.4.3.3 生物、文物的保护

（1）施工前，应采取相应措施对位于路基范围内的珍稀植物进行保护。

（2）临近自然保护区、森林公园的施工区段，应设置"自然保护区/森林公园，注意保护"等告示牌。

（3）施工中严禁随意采摘、破坏野生植物资源及捕猎野生动物。

（4）砍伐林木必须符合相关法规的要求，不得随意砍伐。

（5）在文物保护区周围进行施工时，严防损毁文物古迹。施工中发现文物时，应暂停施工，保护好现场，并立即报告当地文物管理部门研究处理，不得隐瞒不报或私自处置。

1.5 资料管理及交工验收

1.5.1 资料管理

(1) 承包人及监理单位设置专门人员负责内业资料的整理以及文件和档案资料的管理;设置专门的资料室和档案室。

(2) 内业资料的整理必须由相对应的专业技术人员负责填报与整理,资料能够真实反映施工的实际情况,真实可信。禁止专人闭门编资料。在完成文本格式的资料后,使用扫描形成电子文档,共同保存。

(3) 内业资料和档案的管理应分门别类,便于查找,并编制相应的目录。

(4) 资料的整理尽量保存原始页。对隐蔽工程在隐蔽前必须留存全面的影像资料。关键工序和重点部位的施工必须留有影像资料。

1.5.2 交工验收

1.5.2.1 路基整修

(1) 基路交验工序见图 1-22。

(2) 整修要点。

①填土路基应用机械刮土或补土的方法整修成型,配合压路机碾压。补填的土层压实厚度应不小于 100mm,压实后表面应平整,不得松散、起皮;石质路基表面应用石屑嵌缝紧密、平整,不得有坑槽和松石。

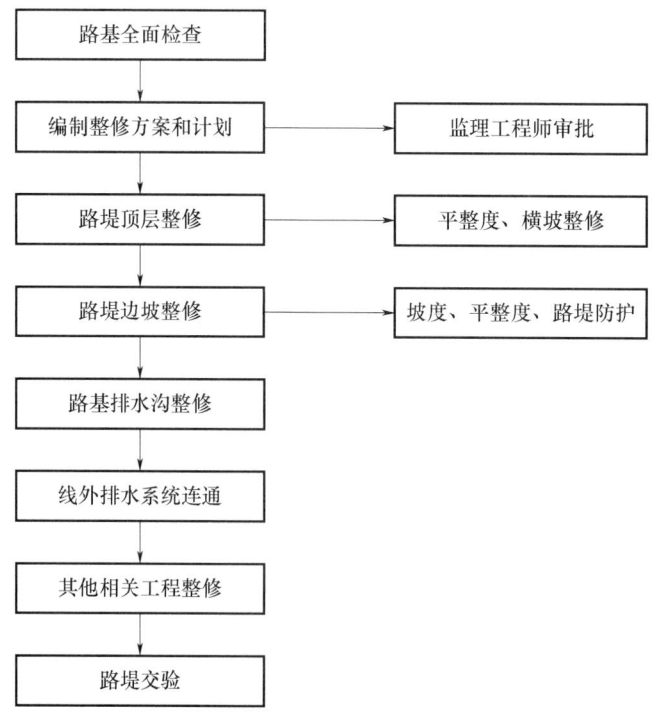

图 1-22 路基交验工序

②测量放样,撒白灰标示出路堤两侧超填宽度,填土路基两侧超填的部分,采用机械粗刷,人工刷坡到位。当坡面填土不足时,应自下而上将边坡挖成台阶,分层填补、夯实,再按设计坡面刷坡。整修后的路床顶应撒出边线、中线及行车道线。如图 1-23 所示。

图 1-23 路基验收

③填石路床松散的或半埋的尺寸大于 100mm 的石头,应从路基表面层移走,并按规定填平压实。

④边沟整修挂线进行,如遇边沟缺损,补砌部分与原有部分衔接顺畅。

(3)质量要求。

①各实测项目满足《公路工程质量检验评定标准》(JTG F80/1—2017)相关表格(表 1-3 及表 1-4)和《公路路基施工技术规范》(JTG/T 3610—2019)规定的要求。

表 1-3 土方路基实测项目

项次	检查项目				规定值或允许偏差			检查方法和频率
					高速、一级公路	其他公路		
						二级公路	三、四级公路	
1	压实度 (%)		上路床	0~0.3m	≥96	≥95	≥94	按附录 B 检查。密度法:每 200m 每压实层测 2 处
		下路床	轻、中及重交通荷载等级	0.3~0.8m	≥96	≥95	≥94	
			特重、极重交通荷载等级	0.3~1.2m	≥96	≥95	—	
		上路堤	轻、中及重交通荷载等级	0.8~1.5m	≥94	≥94	≥93	
			特重、极重交通荷载等级	1.2~1.9m	≥94	≥94	—	
		下路堤	轻、中及重交通荷载等级	>1.5m	≥93	≥92	≥90	
			特重、极重交通荷载等级	>1.9m				
2	弯沉(0.01mm)				不大于设计要求值			按附录 J 检查
3	纵断高程(mm)				+10,-15	+10,-20		水准仪:中线位置每 200m 测 2 点
4	中线偏位(mm)				50	100		全站仪:每 200m 测 2 点,弯道加 HY、YH 两点

续表

项次	检查项目	规定值或允许偏差		检查方法和频率
		高速、一级公路	其他公路	
			二级公路 | 三、四级公路	
5	宽度（mm）	符合设计要求		尺量：每200m测4点
6	平整度（mm）	15	20	3m直尺：每200m测2处×10尺
7	横坡度（%）	±0.3	±0.5	水准仪：每200m测2个断面
8	边坡	满足设计要求		尺量：每200m测4点

表1-4 填石路基实测项目

项次	检查项目		规定值或允许偏差		检查方法和频率
			高速公路一级公路	其他公路	
1	压实		孔隙率满足设计要求		密度法：每200m每压实层测1处
			沉降差≤试验段确定的沉降差		精密水准仪：每50m测1个断面，每个断面测5点
2	弯沉（0.01mm）		不大于设计值		按附录J检查
3	纵断高程（mm）		+10，-20	+10，-30	水准仪：中线位置每200m测2点
4	中线偏位（mm）		≤50	≤100	全站仪：每200m测2点，弯道加HY、YH两点
5	宽度（mm）		满足设计要求		尺量：每200m测4点
6	平整度（mm）		≤20	≤30	3m直尺：每200m测2处×5尺
7	横坡（%）		±0.3	±0.5	水准仪：每200m测2个断面
8	边坡	坡度	满足设计要求		尺量：每200m测4点
		平顺度	满足设计要求		

②整修后的坡面应顺适、美观、牢固，坡度符合设计要求，不得亏坡。

③永久性排水系统的沟、槽，表面应整齐，沟底平整，排水畅通不渗漏；临时排水设施与现有沟渠连通。

1.5.2.2 交工验收

（1）交工验收前应恢复施工段内的导线点、水准点，以及验收中要求和可能需要的其他标志桩。

（2）交工验收前应按照《公路路基施工技术规范》（JTG/T 3610—2019）及《公路工程质量检验评定标准》（JTG F80/1—2017）的要求进行自检，自检合格后，编制符合要求的交工资料，申请进行交工验收。

1.6 首件工程认可制

1.6.1 首件工程

首件工程样板制，就是在某些分项工程全面开工之前，由施工单位申报监理单位批准后进行首件工程（或者试验段）的施工，施工结束经评定达到要求后方可进行该分项工程的全面施工。通过实施首件工程样板制，可以建立某些分项工程形象的、直观的必须达到的标准。实施首件工程认可制能够更直接地验证施工单位施工方案的可行性，检查施工人员组织情况、施工机械设备等在施工过程中的整体配合效果、所用施工机械作业效果、质量保证体系运转情况、施工方案的可行性、安全制度体系及环保制度体系实施效果等。

1.6.2　首件工程样板制的实施步骤

1.6.2.1　首件的开工申请

首件工程的每道工序要制定详细施工方案和施工作业指导书，提供质量保证体系，确定自检体系和质量责任人，明确检测方法、检测频率以及重点、难点部位的控制措施。监理工程师据此制定相应的监理实施细则，明确监理责任人。

1.6.2.2　施工方案审批

驻地监理工程师审批施工单位提交的施工方案、施工作业指导书、质量保证体系等。对于重大的、复杂的、采用新技术与新工艺的分项工程，应签署审批意见后上报总监理工程师批准。

1.6.2.3　工程实施

首件工程施工实行项目经理质量终身负责制度。项目经理、项目总工要亲自盯岗，认真负责，应严格按照批准的施工方案进行施工，监理人员必须对所有的首件工程全过程旁站，并做好相应记录。对实施过程中发现的问题应及时会同有关方面，提出可行的调整处理方案，以保证其顺利实施。

1.6.2.4　评价认可

首件工程完成后，由驻地监理组织进行检测、验收和评定。承包人应对已完成的首件工程的施工工艺和质量进行综合评价，提交总结报告。由监理组织有关人员对其进行分析、研究，验证施工工艺的可靠性、合理性，提出改进意见，并形成评审会议纪要。分项工程评分未达到98分以上不能视为首件工程。

1.6.2.5　确定最终方案

首件工程经评审通过后，施工单位、监理工程师应根据评审报告进一步完善施工和监理实施方案作为最终方案。在此基础上审批分项开工报告。

1.6.2.6　推广示范

首件工程检验评定后被认可为样板工程的项目，由监理组织召开现场会，推广示范，以保证后续工程质量水平不低于首件工程的质量标准。

1.6.2.7　资料管理

得到认可的首件工程检查评定结果形成总结报告并加盖施工单位与监理单位的公章，有关人员签字。首件工程认可的所有相关资料均作为分项工程开工报告的附件整理和归档。

1.6.3　首件工程的划分

路基工程对需要进行首件工程认定的具体分项工程是：土方路堤、石方路堤、排水工程、防护工程、砌体工程。

2 路面工程（基层）

2.1 术语

2.1.1 底基层

在沥青路面基层下，用质量较次材料铺筑的次要承重层称作底基层。底基层可以为一层或两层以上，也可以是一种或两种材料。

2.1.2 石灰稳定土

在粉碎的或原来松散的土（包括各种粗、中、细粒土）中，掺入足量的石灰和水，经拌和、压实及养护后得到的混合料，当其抗压强度符合规定的要求时，称为石灰稳定土。

用石灰稳定的细粒土得到的强度符合要求的混合料，称为石灰土。

2.1.3 就地冷再生

采用专用的就地冷再生设备，对沥青路面进行现场冷铣刨、破碎和筛分（必要时），掺入一定数量的新骨料、再生结合料、活性填料（水泥、石灰等）、水，经过常温拌和、摊铺、碾压等工序，一次性实现旧沥青路面再生的技术，它包括沥青层就地冷再生和全深式就地冷再生。本项目采用的是全深式就地冷再生。再生层既包括沥青材料层又包括非沥青材料层的，称为全深式就地冷再生。

2.1.4 水泥混凝土路面碎石化处理

通过MHB（多锤头破碎机）和Z形压路机一次性将水泥混凝土路面破碎为碎块柔性结构，破碎后颗粒趋向于级配碎石，不仅具有一定的承载力，而且可以防止或限制反射裂缝的发生，可作为基层或底基层。

2.1.5 基层

直接位于沥青面层下，用高质量材料铺筑的主要承重层称作基层。基层可以是一层或两层，也可以是一种或两种材料。

2.2 （底）基层

2.2.1 原材料

2.2.1.1 一般规定

（1）各种原材料技术指标必须满足标准化要求，且经过监理（检测）工程师批复后，方可采购、进场、使用。

（2）各种材料运至现场后必须经过抽样检验，检验合格后方可使用。不得以供应商提供的检测报告或商检报告代替现场检测。

（3）未经检验或检验不合格的材料不得使用到工程上，检验不合格的材料要及时清理出施工现场。原材料的堆放要设置标识标牌，标识牌要规范齐全，标示内容包括材料名称、产地、规格型号、检验状态等。

（4）原材料存放区应搭设轻型钢构顶棚，高度不小于7m。各种规格的骨料要采取隔离墙分开堆放，隔离墙高度不小于1.8m，厚度30cm。雨雪天水不得流入骨料堆放区。

（5）拌和场场地必须采用不小于15cm厚的水泥混凝土进行硬化。

（6）严禁随意改变材料的来源，如需改变需提前14d报总监办中心实验室，经取样检验合格且监理工程师（或检测工程师）批准后方可使用，且料源不同的材料不得混用。

2.2.1.2 石灰、水泥

1. 石灰

（1）依据公路基层施工技术规范，高速、一级公路使用的白灰不得低于Ⅱ级，镁质消石灰钙镁含量≥55%，钙质消石灰钙镁含量≥60%。

（2）应尽量缩短石灰的存放时间。石灰在野外堆放时间较长时，应覆盖防潮。

2. 水泥

（1）依据公路基层施工技术规范，普通硅酸盐水泥、矿渣硅酸盐水泥和火山灰质硅酸盐水泥均可做结合料，宜选用初凝4h、终凝时间在6h以上的水泥。当选用硅酸盐水泥时，水泥强度等级为42.5级；选用其他水泥时，其水泥强度等级为32.5级。快硬水泥、早强水泥以及受潮变质的水泥不得使用。

（2）采用散装水泥时，水泥出炉后必须停放7d以上，且安定性检验合格后才能使用。

（3）应确保施工期间的水泥供应。供应不足或运距较远时，应储备袋装水泥，并准备水泥仓库、拆袋及输送入灌设备。水泥仓库要防雨、防潮。不同厂家水泥，应清仓再灌，并分灌存放。

2.2.1.3 粗骨料

（1）碎石技术指标要求见表2-1。碎石生产过程中二次破碎应采用反击或圆锥式破碎机，禁止采用颚式破碎机，以确保骨料颗粒形状。

（2）碎石最大粒径≤37.5mm，骨料压碎值≤30%，有机质含量≤2%，硫酸盐含量≤0.25%。为减少基层施工成型后的干缩裂缝，在进行生产配合比设计时，可适当增加4.75mm以上粗骨料的用量，减少0.075mm以下的细骨料的含量，提高压实混合料的嵌挤强度，增强抗裂性能。对应采用的碎石都应事先筛分成3~4个大小不同的粒级，分别堆放，然后按比例掺配，更能确保级配的合理性。

2.2.1.4 细骨料

细骨料应干燥、洁净、无风化、无杂质。

2.2.1.5 水

应采用无污染水或饮用水。遇到可疑水源，应进行检验，各项指标合格后方可使用。

2.2.2 老路面改善

通过 MHB（多锤头破碎机）和 Z 形压路机一次性将水泥混凝土路面破碎为碎块柔性结构，破碎后颗粒趋向于级配碎石，不仅具有一定的承载力，而且可防止或限制反射裂缝的发生，可以作为基层或底基层。

2.2.2.1 施工所需的机械设备

多锤头破碎机利用设备所带多个重锤的重力下落对水泥混凝土路面板进行锤击。MHB 碎石化后要求采用 Z 形压路机碾压。这种压路机在使用 MHB 破碎后进行压实，它类似于一般光轮压路机，只是光轮上加了斜向波纹状凸出条纹。这种条纹有两方面的作用：①保证轮下颗粒不至于向外挤出；②对表面颗粒有更好的压碎效果，有利于表面平整。

2.2.2.2 碎石化的目标

碎石化有四个目标：第一，保证旧路路基不被破坏；第二，保证旧水泥混凝土层颗粒尺寸均匀，并使整个破碎层颗粒分布均匀；第三，将旧水泥混凝土面板破碎到在接缝和裂缝处的位移不足以让上层加铺层产生开裂，保证起到良好的防止放射裂缝的作用；第四，保证碎石化道路处于良好的排水状况。碎石化施工工艺要围绕这四个目标而进行。

2.2.2.3 碎石化施工工艺流程

1. 试验段

旧水泥混凝土路面破碎质量主要受破碎机自身参数设置、破碎顺序、破碎施工方向以及不同基层强度、刚度条件对破碎机械调整要求等的影响，这些因素均对旧水泥混凝土路面的破碎程度、粒径大小排列、形成的破碎面方向、破碎深度等产生影响。因此，在正式大规模破碎化施工前有必要进行试破碎，即设置试验段，通过试验段的试破碎进行破碎机械参数的调试和施工组织措施，以达到规定的粒径和强度要求。

在有代表性的路段选择至少长 50m、宽 4m（或最少一个车道）的路面作为试验段。根据经验，一般落锤高度为 1.1~1.2m，落锤间距为 10cm，逐级调整破碎参数对路面进行破碎，目测破碎效果，当碎石化后的路表呈鳞片状时，表明碎石化效果能够满足规定要求，记录此时采用的破碎参数。

2. 试坑

为了保证路面破碎成规定的尺寸，在试验段内随机选取 2 个独立的位置分别开挖 1m×1m 的试坑。试坑的选择应避开有横向接缝和工作缝的位置。试坑应开挖至基层，以在全深度范围内检查碎石化后的颗粒是否在规定的粒径范围内，如果破碎的混凝土路面粒径没有达到要求，那么设备控制参数必须进行相应的调整，并相应增加试验段，循环上一个过程，直至要求得到满足，并记录符合要求的 MHB 碎石化参数以备查。在正常碎石化过程中，应根据路面实际状况对破碎参数不断做出微小的调整，以保证碎石化粒径尺寸符合控制数据的要求。当需要对参数做出较大调整时，应及时通知监理工程师和现场技术人员。

3. MHB 破碎

一般情况下，MHB 应先破碎路面两侧的行车道，然后破碎中间部分，即破碎的顺序是由两侧向中间逐步进行。

在破碎路肩时应当降低锤头高度，减小落锤间距，既保证破碎效果，又不至于破碎功较大而造成碎石化过度。相邻两幅破碎时，一般要保证搭接宽度在10cm左右。

4. 碎石化粒径控制要求（表2-1）

表2-1 碎石化粒径控制范围

厚度范围	板块顶面上	上部1/2厚度	下部1/2厚度
粒径范围（cm）	>3，<7.5	<22.5	<37.5

5. 软弱基层或路基的处理

对于在碎石化施工过程中发现的部分软弱基层或路基，应对其进行开挖回填处理。首先对全线水泥路面进行碎石化并采用Z形压路机碾压以后，再将存在软弱基层的水泥板块挖出，并对其下软弱基层进行开挖，开挖后基层可采用C15素混凝土回填至水泥板底面高程，然后采用级配碎石回填至水泥板顶面标高，并进行适当的摊铺和压实，为保证压实效果，控制尺寸不小于车道宽和1.2m长。

6. 凹处回填

路面碎石化后表面小面积凹处在压实前可以合理选择级配碎石回填找平，要求回填碎石的最小粒径为13.2mm，且粒径大于26.5mm的比例不应小于70%。

7. 原有填缝料及外露钢筋的清除

在铺筑之前对所有松散的填缝料、胀缝材料、切割移除暴露在外的加强钢筋或其他类似物进行清除，如需要，应填充级配碎石粒料。

8. 破碎后压实

主要目的是将表面扁平颗粒进一步破碎，并稳定下层块料。可用Z形压路机或钢轮振动压路机，以每小时5km以下的速度碾压1~2遍，避免过度压实造成表面粒径过小。要求Z形压路机的吨位在16t及16t以上。

9. 乳化沥青的洒铺

为使混凝土路面碎石化后表面较松散的粒料有一定的黏结力，同时具有一定的防水性能，设计采用慢裂PC-2型乳化沥青，用量3~3.5kg/m^2（蒸发残留物含量不小于50%）。乳化沥青透层表面在撒布适量的石屑后进行光轮静压，石屑用量以不沾轮为标准。

2.2.2.4 碎石化施工需注意的问题

(1) 注意完善排水设施及施工过程防水排水，一般要在路肩部位设碎石盲沟，注意透层油的质量、数量。

(2) 因为粒径与破碎层的强度特性直接相关（表2-2），所以控制破碎粒径是施工工艺的重要环节，在试验段完成后测定的回弹模量应符合设计规定。

表2-2 原水泥混凝土下卧层强度状况

项目	强度较高		强度一般		强度较低	
水泥强度等级（MPa）	32.5	42.5	32.5	42.5	32.5	42.5
下落高度（m）	1.2	1.2	1.1	1.1	1.0	1.0
锤迹间距（cm）	8~12	6~10	8~12	6~10	8~12	6~10

2.2.2.5 MHB碎石化施工质量标准及检测频率（表2-3）

表2-3 MHB碎石化施工质量指标及检测频率

项次	检测内容	标准	保证率	检查方法和频率
1	顶面粒径	>3cm，<7.5cm	75%	直尺，20m一处
2	上部1/2厚度	<22.5cm	75%	直尺，试验段50m一处；正常施工不均匀时抽检5%
3	下部1/2厚度	<37.5cm	75%	直尺，试验段50m一处；正常施工不均匀时抽检5%
4	顶面当量回弹模量	250~400MPa	75%	承载板，试验段50m一处；正常施工不均匀时抽检5%
5	平整度	<2cm	75%	3m直尺，200m两处
6	纵断面高程	±2cm	75%	水准仪，200m两处
7	横坡	±0.5%	75%	水准仪，200m两处

2.2.3 老路面改善

2.2.3.1 无机结合料稳定冷再生混合料设计

（1）无机结合料稳定冷再生混合料，按照现行《公路路面基层施工技术规范》水泥（石灰）稳定土混合料设计方法进行设计。

（2）用于高速公路和一级公路底基层时，再生混合料级配宜满足表2-4中2号级配范围要求。

表2-4 无机结合料稳定冷再生混合料级配范围

筛孔尺寸（cm）	通过各筛孔的质量分数（%）		
	1	2	3
37.5	—	100	90~100
31.5	100	—	—
26.5	90~100	—	66~100
19	72~89	—	54~100
9.5	47~67	—	39~100
4.75	29~49	50~100	28~84
2.36	17~35	—	20~70
1.18	—	—	14~57
0.6	8~22	17~100	8~47
0.075	0~7	0~30	0~30

（3）经配合比设计确定的无机结合料稳定冷再生混合料性能应满足表2-5要求。

表2-5 无机结合料稳定冷再生技术要求

检测项目		再生结合料类型			
		水泥		石灰	
		高速公路和一级公路	二级及二级以下公路	高速公路和一级公路	二级及二级以下公路
无侧限抗压强度（MPa）	基层不小于	3~5	2.5~3	—	0.8
	底基层不小于	1.5~2.5	1.5~2.0	0.8	0.5~0.7

2.2.3.2 一般规定

(1) 沥青路面就地冷再生分为沥青层就地冷再生和全深式就地冷再生两种方式。本项目采用的是全深式就地冷再生。

(2) 全深式就地冷再生项目设计要求使用水泥无机结合料作为再生结合料。就地冷再生层的压实厚度，在使用水泥时不宜大于220cm，且不宜小于150cm。

(3) 使用水泥无机结合料作为再生结合料时的全深式就地冷再生，沥青层厚度占再生厚度的比例不宜超过50%。

2.2.3.3 施工准备

(1) 铺筑试验段。铺筑试验段，长度不宜小于200m。从施工工艺、工程质量、施工管理、施工安全等方面进行检验，确定工艺参数。

(2) 就地冷再生应满足以下要求：

①工作装置的切削深度可精确控制。

②工作宽度不应小于2m。

③喷洒计量精确可调，并与切削深度、施工速度、材料密度等联动。

(3) 清除原路面上的杂物，根据再生厚度、宽度、干密度等计算每平方米新骨料、水泥等用量，均匀撒布。有条件的应优先采用水泥制浆车添加水泥。

2.2.3.4 再生

(1) 综合考虑施工季节、气候条件、再生作业段宽度、施工机械和运输车辆的效率和数量、操作熟练程度、水泥终凝时间等因素，综合确定每个作业段的长度。

(2) 在施工起点处将各所需施工机具顺次首尾连接，连接相应管路。冷再生施工设备一般包括：水罐车、水泥浆车（有条件时）、冷再生机、拾料机（必要时）、压路机。

(3) 启动施工设备，按照设定再生深度对路面进行铣刨、拌和。再生机组必须缓慢、均匀、连续地进行再生作业，不得随意变更速度或者中途停顿，再生施工速度宜为4~10m/min。

(4) 单幅再生至一个作业段终点后，将再生机和罐车等倒至施工起点，进行第二幅施工，直至完成全幅作业面的再生。

(5) 纵向接缝的位置应避开快、慢车道上车辆行驶的轮迹。纵向接缝处相邻两幅作业面间的重叠量不宜小于100mm。

2.2.3.5 摊铺

使用平地机摊铺时，应符合下列规定：

(1) 用轻型钢轮压路机紧跟再生机组初压2~3遍。

(2) 完成一个作业段的初压后，用平地机整平。

(3) 再次用轻型钢轮压路机在初平的路段碾压1遍，对发现的局部轮迹、凹陷进行人工修补。

(4) 用平地机整形，达到规定的坡度和路拱，整形后的再生层表面应无明显的再生轮迹和骨料离析现象。

2.2.3.6 压实

(1) 根据再生层厚度、压实度等的需要，配备足够数量、吨位的钢轮压路机、轮胎压路机,按照试验段确定的压实工艺进行碾压,保证压实后的再生层符合压实度和平整度的要求。

(2)初压时混合料的含水率应比最佳含水率大1%～2%。碾压过程中,再生层表面应始终保持湿润,如水分蒸发过快,应及时洒水。

(3)碾压过程中出现弹簧、松散、起皮等现象时,应及时翻开重新拌和,使其达到质量要求。

(4)可在碾压结束前用平地机在终平一次,使其纵向顺适,路拱和超高符合设计要求。

2.2.3.7 养护及开放交通

使用无机结合料的全深式就地冷再生,养护和开放交通应满足下列要求:

(1)碾压完成并经过压实度检查合格后的路段,应立即进行养护。养护可采用湿砂、覆盖、乳化沥青、洒水等方法。

(2)养护时间不宜少于7d,整个养护期内再生层表面应保持潮湿状态。养护期内禁止除洒水车以外的其他车辆通行。

(3)后续施工前应将再生层清扫干净。如果再生层上为无机结合料稳定材料层,应洒少量的水润湿表面。

2.2.3.8 施工质量管理

(1)使用水泥、石灰等作为再生结合料的全深式就地冷再生,施工过程质量控制项目、频度等应满足表2-6的要求。

表2-6 水泥、石灰全深式就地冷再生质量控制的检查目标、频度和要求

检查项目	质量要求	检查频率	检验方法
压实度(%)	≥97	每车道每千米1次	重型击实 T 0924 或 T 0921
抗压强度(MPa)	符合本规范要求	每车道每千米6个或9个试件	T 0805
含水率	符合本规范要求	发现异常时随时试验	T 0801
级配	符合本规范要求	每车道每千米1次	T 0302
水泥或石灰剂量	不小于设计值-1.0%	每车道每千米1次	T 0809

(2)施工过程的外形尺寸检查项目、频度等应满足表2-7的要求。

表2-7 就地冷再生施工过程的外观尺寸检查项目、频度和要求

检查项目		质量要求	检验频率	检验方法
平整度(mm)		10	每200延米2处,每处连续10尺	T 0931
纵断面高程(mm)		±10	每20延米1点	T 0911
厚度(mm)	均质	-10	每车道每10m1点	插入测量
	单个值	-20		
宽度(mm)		不小于设计宽度,边缘线整齐、顺适	每40延米1处	T 0911
横坡度(%)		±0.3	每100延米3处	T 0911
外观		表面平整密实,无浮石、弹簧现象,无明显压路机轮迹	随时	目测

2.2.4 水泥稳定碎石基层、底基层

2.2.4.1 原材料
进场原材料依据 2.2.1 中对原材料的质量要求进行控制。

2.2.4.2 混合料级配组成
1. 基层、底基层混合料骨料级配组成（表 2-8、表 2-9）

表 2-8 骨架密实型水泥稳定碎石骨料级配组成

通过下列方孔筛（mm）的质量分数（%）							
31.5	19	9.5	4.75	2.36	0.6	0.075	
100	68~86	38~58	22~32	16~28	8~15	0~3	

表 2-9 骨架密实型水泥稳定碎石骨料级配组成

通过下列方孔筛（mm）的质量分数（%）							
37.5	31.5	19	9.5	4.75	2.36	0.6	0.075
100	93~100	75~90	50~70	29~50	15~35	6~20	0~5

2. 材料配合比及压实度

基层、底基层混合料的水泥掺和剂量根据 7d（标准养护）龄期无侧限抗压强度确定，但设计要求水泥剂量不超过 4.5%，水泥稳定碎石基层、底基层混合料试件成型应采用振动成型方法，基层压实度≥98%，底基层压实度≥97%。

3. 水泥稳定碎石混合料

基层采用骨架密实型，底基层可采用密实悬浮级配。根据本路段所处的交通等级，基层 7d 无侧限抗压强度≥5MPa，水泥设计建议剂量≤4.5%；底基层无侧限抗压强度≥2.5MPa，水泥设计建议剂量≤3.5%，施工时应进行配合比的试验，根据试验结果确定水泥用量。

对于水泥稳定碎石基层，施工时为减少基层后期开裂，提高基层早期强度，需对基层采用土工布等覆盖进行养护。

4. 水泥稳定碎石层间水泥浆

为了增加水泥稳定碎石基层层间连接，在上下稳定碎石层间喷洒水泥净浆，可有效地提高基层的整体强度。水泥浆喷洒宜采用机械喷洒，且喷洒均匀，水泥浆用量为≥1kg/m²。

5. 施工配合比的确定与调整

（1）实验室配合比应通过水泥稳定碎石拌和站实际拌和检验和不小于 200m 试验段的验证，根据摊铺、压实以及现场芯样情况，确定矿料级配和标准密度。

（2）结合施工中原材料变化和施工变异性等因素，工地实际采用水泥剂量应增加 0%~0.5%。

（3）每天开盘前，必须检测原材料级配和天然含水量，检验矿料级配的准确性和稳定性。并视施工季节、气温和运距等变化，确定拌和含水量，确保碾压时含水量接近于最佳含水量且波动最小。

2.2.4.3 施工准备

拌和、运输、摊铺、压实等施工机械配置数量至少应满足每个工作面、每日连续正常施工要求以及总工期要求。主要设备的易损零部件应有适量储备。本指南所列机械设备为最低配置，在施工过程中机械设备数量应根据工程进度需要做适当调整。

1. 拌和设备

（1）每作业面水泥稳定碎石拌和产量≥600t/h并带电子计量打印功能，拌缸长度不小于4.0m，性能不低于徐工XC700型拌和设备，设备新旧程度不低于85%，出厂日期需为2012年以后。

（2）主机采用低位双卧轴无衬板连续式搅拌机。

（3）计量装置采用电子计量，传感器精度优于±0.03%F.S，供水采用变频调速技术控制涡轮流量传感器，可以自动调节补偿，保证计量准确。要求骨料计量精度≤±2%，粉料≤±1%，液料≤±1%。

（4）进料斗不少于5个，料斗间加设高度不少于50cm的隔板或者足够强度的钢板以防窜料；上口必须安装钢筋盖网，筛除超出粒径规格的骨料及杂物。

（5）采用计算机控制，数据库宜采用SQL模式。

（6）至少配置2个容量80~100t的水泥罐，罐顶要设置避雷装置，罐仓内应配有水泥破拱器。

2. 摊铺设备

（1）摊铺机应具有良好的抗离析能力，新旧程度不宜低于85%或出厂日期为2012年以后，性能不低于ABG423型摊铺机。

（2）应具有振动夯板，功能齐全，可保证路面基层厚度一致、完整无缝、平整度好。

3. 碾压设备

碾压作业时必须配备12t以上双钢轮压路机、30t以上的胶轮压路机、2t的振动压路机和小型冲击夯，压实设备的新旧程度要在85%以上。

4. 运输车辆、装载机、洒水车等的配备

配备足够的自卸运输汽车不少于20辆，形成不间断的供料车流；装载机的数量应与拌和设备相匹配，应有保证足够数量养护及清洗所需的自动喷洒式洒水车，并且要配备能够满足拌和站正常生产需要的发电机组，以备停电使用。

2.2.4.4 施工前准备工作

（1）基层、底基层施工，必须在经过验收合格的下承层上进行。

（2）底基层施工前，必须对路床洒水（洒水要做到表面全部湿润而又不起泥为准）、碾压、整形、检测，经监理工程师同意后，方可进行底基层施工。碾压过程中，如发现稳定碎石混合料过干、表层松散，应适当洒水并通知拌和站查找原因，可适当地加大含水量；如过湿，容易发生弹簧现象，应采取适当的措施，局部的可以换填或掺加适量水泥进行拌和，面积较大的应适当晾晒或掺加适量水泥，并及时通知拌和站检查控水计量装置。

（3）施工前的测量放样，按照摊铺机宽度与传感器间距，直线段上间隔10m，平曲线上5m做出标记，打好导向控制线支架和挂好控制摊铺厚度的导向控制线。控制线的拉力应不小于800N。施工过程中要调整好传感器臂与导向控制线的关系，严格控制基层或底基层的厚度和高程,并保证路拱横坡度满足设计要求。

(4) 基层或底基层边缘宜采用型钢立模支撑,且有一定的超宽;若采用土模,要对两侧的土路肩进行碾压至密实,且要平顺、上下口垂直,以保证基层或底基层边缘的压实度和厚度。

2.2.4.5 试验段铺筑

(1) 正式开工之前,应铺筑不小于200m的试验段,确定施工工艺和质量控制要求。试验段应选择在验收合格的路基或底基层上试铺。

(2) 通过试验段应达到下列目的:

①通过试拌检验拌和设备性能及确定合理拌和工艺,检验适宜的拌和参数:上料速度、拌和容量、拌和均匀所需时间、生产使用的混合料配合比等;检查混合料含水量、骨料级配、水泥剂量、最大干密度、7d无侧限抗压强度。

②通过试铺检验主要机械的性能、生产能力和辅助施工机械配置的合理性,检验路面摊铺工艺和质量;检验模板架设固定方式或基准线设置方式,确定标准施工方法,包括混合料配比的控制、含水量增减的控制、摊铺方法和使用机具(包括松铺系数、摊铺速度、摊铺厚度的控制方式、梯队作业时摊铺机的间隔距离)、压实机械的选择和组合、碾压的顺序、碾压速度和边数;检验拌和、运输、摊铺和碾压机械的协调和配合情况。

③使工程技术及工作人员熟悉并掌握各自的操作要领。

④按照施工工艺要求检验施工组织形式和人员编制。

⑤建立原材料、混合料、施工等全套技术性能检验手段,熟悉检验方法。

⑥检验通信联络和生产调度指挥系统的协调性。

(3) 试铺过程中,施工人员应认真做好记录,监理工程师应监督检查试验段的施工质量,并及时与施工单位沟通,针对存在的问题和不足共同商定解决的方法和措施。试验段铺筑后,施工单位应及时提交试验路段总结报告,经监理工程师审核,由总监办批复。

2.2.4.6 施工技术

1. 混合料的拌和

(1) 拌和前,应先调试和标定所用设备,确保配合比符合设计要求。原材料发生变化时,应重新调试和标定设备。

(2) 拌和机的实际生产量应不超过额定产量的85%且不低于70%,保证实际出料能力略超实际摊铺能力5%~10%。

(3) 每天开始拌和前,应检查骨料的含水量,计算当天的施工配合比。高温作业时,早晚与中午的拌和含水量要有区别,要按温度变化及时调整,保持现场摊铺碾压含水量接近于最佳含水量。

(4) 每天出料时,检查配合比是否符合设计要求。

(5) 拌和机出料必须采用配备带活门漏斗的料仓,由漏斗出料直接装车运输。料斗内应加设高度不低于50cm的"十"字形分料板,以减少粗细骨料离析。

2. 混合料运输

(1) 每天开工前,检验运输车辆完好情况,装料前应将车厢清洗干净;运输车辆数量一定要满足拌和出料与摊铺需要,并要有富余。

(2) 装车时,运输车辆应前后移动,按品字形分多次装料,以减少粗细骨料离析。如图 2-1 所示。

图 2-1 装车

(3) 应尽快将拌成的混合料运到铺筑现场,运输车上的混合料须采用帆布严密覆盖,以减少水分损失。如运输车辆中途出现故障,车内水泥稳定混合料不能在初凝时间内运到工地摊铺现场压实,必须予以废弃。

(4) 水泥稳定碎石出厂时应在过磅单上注明出厂时间,从装车出厂(发料)到运输至工地摊铺(收料),总时间不得超过 2h。所有超时的混合料都应废弃,不得使用摊铺。

3. 混合料摊铺

(1) 为防止混合料离析,应对摊铺机采取下列措施:
①螺旋分料器不应安装在高位;
②螺旋分料器与前挡板刮板和熨平板之间间隙不应大于 25cm;
③采用钢板降低前挡板高度,离地面高度宜为 5cm;
④前挡板刮板两端安装塑料或橡胶挡板等,以防止两端混合料自由滚落。

(2) 摊铺要求。
①使用两台摊铺机摊铺时外侧摊铺机在前、内侧摊铺机在后,前后错开距离不超过 10m,呈梯队方式同步摊铺,两幅之间应有不小于 15cm 宽度的搭接,并避开行车道轮迹带,上下层搭接位置应错开 50cm 以上。
②摊铺速度应与拌和能力相匹配,且尽量匀速、连续地摊铺,禁止摊铺机停机待料。
③螺旋分料器应匀速不间歇地旋转送料,且全部埋入混合料中。
④螺旋分料器转速应与摊铺速度相适应,保证两边缘料位充足。
⑤摊铺机必须开启振动器和夯锤,确保初始压实度不小于 85%。

(3) 其他注意事项。
①摊铺机后面应设专人消除粗细骨料离析现象,特别应该铲除局部粗骨料"窝",

并用新拌和料填补。

②碾压前必须沿着侧模处将水泥浆灌入基层边缘混合料中，初压后再次灌浆，保证（底）基层边缘强度。

③路基段落短于 200m 时，水泥稳定碎石基层可以分层连续施工，但两层施工间隔时间不得超过 4h。

4．碾压

(1) 建议按照表 2-10 方案碾压，每遍重叠 1/2 轮宽，并通过试验段最终确定碾压程序与工艺。

表 2-10　碾压方案

阶段	压路机类型及组合	碾压速度（km/h）	工艺要求	遍数
初压	胶轮＋双钢轮压路机	1.5～1.7	紧跟摊铺机，胶轮压路机在前，双钢轮压路机在后	不少于 2 遍
复压	振动压路机	1.8～2.2	先强振不少于 3 遍，再弱振不少于 3 遍	不少于 6 遍
终压	胶轮或与双钢轮组合	1.5～1.7	以弥合表面微裂纹、松散以及消除轮迹为停压标准	—

(2) 初压、复压和终压作业应密切衔接配合、一气呵成，中间不得停顿、等候和拖延，也不得相互干扰，以保证在最短时间内完成全部碾压作业。

(3) 直线段碾压时，压路机应从外侧向路中心碾压；平曲线有超高路段，由内侧向外侧碾压。

(4) 压路机倒车换挡要轻且平顺，不要拉动基层，在第一遍初步稳压时，倒车后必须原路返回，换挡位置应在已压好的段落上，在未碾压的一头换挡倒车位置应前后错开，要呈齿状或阶梯状，出现拥包时，应配专人进行铲平处理。

(5) 压路机停车要相互错开 3m 以上，并应停在已碾压好的路段上，以免破坏基层结构。严禁压路机在已完成的或正在碾压的路段上调头或急刹车。

(6) 碾压作业结束前，如有局部晒干或风干迹象，影响压实时应及时采用喷雾形式补水。

(7) 碾压过程中，随时采用无变形 6m 长的铝合金检测平整度。碾压应达到规定压实度，基层或底基层表面无明显轮迹和微裂纹。否则，应进行及时补压或返工处理。

(8) 压实度检测后的坑洞应及时采用流动性比较好的混凝土回填并插捣密实。

5．接缝处理

(1) 水泥稳定碎石摊铺应连续不中断作业，若遇下列情况应设置横缝：

①水泥稳定碎石因故中断时间超过 2h，则应设横缝；

②水泥稳定碎石每天收工之后，第二天开工的接头断面应设置横缝；

③通过桥涵特别是明涵、通道，在其两边应设置横缝，且基层横缝应与桥头搭板尾端吻合。

(2) 横缝应与路中心线垂直设置，建议设置方法如下：

①人工将末端含水量合适的混合料整理平齐，紧靠混合料放两根方木，方木的高度

应与混合料的压实厚度相同，整平紧靠方木的混合料并碾压密实；

②在重新摊铺混合料之前，将方木撤除，并将作业面顶面清扫干净，摊铺机返回到已压实层的末端，重新开始摊铺混合料。

(3) 横向接缝处理。

①下一次施工前，将压路机沿斜面开到已施工的断面处，将3m直尺纵向放在接缝处，定出基层面离开3m直尺的点作为接缝的位置，沿横向断面挖除坡下部分混合料，清理干净后，摊铺机从接缝处起步摊铺。

②在横缝处重新开始摊铺混合料后、碾压前，采取将水泥浆灌入横缝处新摊铺的混合料中，以确保新老混合料充分结合，避免形成质量隐患。

③压路机沿接缝横向碾压，由已压实层上逐渐推向新铺层，碾压完毕再纵向正常碾压。

④碾压完毕，接缝处纵向平整度应符合设计规定。

6. 养护与交通管制

(1) 碾压完毕且平整度、压实度、厚度等检查合格后，（底）基层表面应立即覆盖透水无纺土工布并洒水养护。土工布之间搭接不小于50cm，两侧下搭不小于50cm，并用沙袋或其他重物压住。采用的土工布要求为白色，每平方米质量不小于$250g/m^2$，单幅宽不小于3m。

(2) 养护至少7d后方能铺筑上层；养护14d后，可移走覆盖的透水土工布，但在铺筑上层之前，以适当保证（底）基层表面湿润。

(3) 养护用洒水车应采用喷雾式喷头，严禁采用高压式喷管，以免破坏（底）基层结构。对于夏季，白天洒水次数不少于6次，夜间不少于2次；对于春、秋季，白天洒水次数不少于4次，夜间不少于1次。衡量养护效果的标准是表面基本潮湿，养护结束后表面无冲刷、离析、松散。

(4) 土工布覆盖养护期间，应采用硬隔离措施封闭交通，除洒水车外严禁其他车辆通行，且洒水车的车速不应超过20km/h。养护结束后，禁止一切超重车辆通行，并应采取措施避免车辆集中快速行驶，以保护（底）基层骨料不受破坏。

(5) 设专人负责养护工作，现场设置养护牌，并建立养护记录台账。记录表格式样见表2-11。

表2-11 半刚性基层养护记录

记录日期：　　　年　　月　　日

起止桩号	K ＋ ～K ＋	幅别（左右幅）	
基层结构类型		基层完工时间	
养护方式		洒水车数量（辆）	
首次养护时间	月　　日	距首次养护（d）	
养护截止日期	月　　日		
当日洒水次数	第一次：　时　分	第　次：　时　分	第　次：　时　分
天气情况			
白天最高气温（℃）		夜间最低气温（℃）	

续表

养护效果评定	覆盖情况		
	表面潮湿情况		
	边部养护情况		
	养护期结束后检查情况		
养护责任人		现场监理	

7. 施工质量管理

(1) 一般规定施工质量管理与检查应贯穿整个施工过程，每个施工环节要严格控制把关，并对出现的问题及时纠正至停工整顿。施工过程中的质量管理要求：

①必须建立健全质量检测、管理和保证体系。

②应按计划落实质检仪器和人员，施工各阶段的各项质量指标应做到及时检查、控制和评定，以达到所规定的质量标准，确保施工质量及其稳定性。

③试验、检验应做到原始记录齐全，数据真实可靠。

④各工序结束后，均应检查验收。经检验合格后，方可进行下一道工序。

⑤施工过程中，无论是否已经返工补救，所有数据必须如实记录，不得篡改、丢弃。

(2) 施工质量管理的基本要求。

①底基层和基层必须在得到开工令后方可开工。

②拌和出料后立即取样并在10min内送达工地实验室，进行水泥剂量和矿料级配检验。水泥剂量采用滴定法检测，矿料级配采用水洗法检测。

③记录每天实际水泥用量、骨料用量和实际工程量，计算日均水泥剂量与实际使用水泥总量是否一致。

④对未能在水泥初凝时间内完成，但在终凝时间内完成碾压的路段，要求每幅每50m进行二次钻芯取样核查。芯样必须完整，无明显断层和松散层，否则进行返工处理。

⑤实行压实度检查和钻芯取样核查双控。压实度检查应达到设计要求。

⑥检测合格后，应立即覆盖保湿养护，养护应符合规定。

⑦取芯时间。水泥稳定碎石养护到7d进行取样，芯样必须完整且无明显断层和松散层。否则，查明原因，视情况确定是否返工处理。

⑧铺筑下面层前，检查基层表面的裂缝情况。基层裂缝宜采用聚酯土工布处理：灌缝并洒完透层油后，在裂缝两侧各50cm范围内洒SBR粘层油并铺上宽度100cm土工布，压实后再洒一层SBR粘层油使土工布完全浸透。要求采用聚酯土工布单位面积质量不小于$450g/m^2$。

(3) 施工单位应严格按照表2-12的要求对水泥稳定碎石实体质量指标检查项目、频率和质量标准进行自检，监理工程师按所列频率的20%进行抽检。

表2-12 水泥稳定碎石实体质量指标检查项目、频率和质量标准

序号	检查项目		规定值或允许值		检查方法和频率
			底基层	基层	
1	压实度（%）	代表值	97	98	按JTG F80/1—2017附录B检查，每200m每车道2处
		极值	93	94	

续表

序号	检查项目		规定值或允许值		检查方法和频率
			底基层	基层	
2	平整度（mm）		≤12	≤8	3m直尺：每200m测2处×10尺
3	纵断高程（mm）		+5，−15	+5，−10	水准仪：每200m测4个断面
4	宽度（mm）		符合设计要求		尺量：每200m测4处
5	厚度（mm）	代表值	−10	−8	按JTG F80/1—2017附录H检查，每200m每车道1点
		合格值	−25	−15	
6	横坡（%）		±0.3	±0.3	水准仪：每200m测4个断面
7	7d抗压强度（MPa）		≥2.5	≥5.0	按JTG F80/1—2017附录G检查

（4）外观鉴定。表面平整密实、无坑洼、无明显离析；施工接缝处平整、稳定。

（5）质量检验评定。（底）基层应按照《公路工程质量检验评定标准 第一册（土建工程）》（JTG F80/1—2017）进行质量检验评定，如表2-13所示。

表2-13　水泥稳定粒料基层和底基层实测项

项次	检查项目		规定值或允许偏差值				检查方法和频率
			基层		底基层		
			高速一级公路	其他公路	高速一级公路	其他公路	
1	压实度（%）	代表值	98	97	96	95	按JTG F80/1—2017附录B检查，每200m每车道2处
		极值	94	93	92	91	
2	平整度（mm）		8	12	12	15	3m直尺：每200m测2处×10尺
3	纵断高程（mm）		+5，−10	+5，−15	+5，−15	+5，−20	水准仪：每200m测4个断面
4	宽度（mm）		符合设计要求		符合设计要求		尺量：每200m测4处
5	厚度（mm）	代表值	—	−10	−10	−12	按JTG F80/1—2017附录H检查，每200m每车道1点
		合格值	—	−20	−25	−30	
6	横坡（%）		—	±0.5	±0.3	±0.5	水准仪：每200m测4个断面
7	强度（MPa）		符合设计要求		符合设计要求		按JTG F80/1—2017附录G检查

3 路面工程（面层）

3.1 术语

3.1.1 沥青结合料

在沥青混合料中起胶结作用的沥青类材料（含添加的外加剂、改性剂等）的总称。

3.1.2 乳化沥青

石油沥青与水在乳化剂、稳定剂等的作用下经乳化加工制得的均匀沥青产品，也称沥青乳液。

3.1.3 改性沥青

掺加橡胶、树脂、高分子聚合物、天然沥青、磨细的橡胶粉，或者其他材料等外加剂（改性剂）制成的沥青结合料。它使沥青或沥青混合料的性能得以改善。

3.1.4 透层

为使沥青面层与非沥青材料基层结合良好，在基层上喷洒液体石油沥青、乳化沥青、煤沥青而形成的透入基层表面一定深度的薄层。

3.1.5 粘层

为加强路面沥青层与沥青层之间、沥青层与水泥混凝土路面之间的黏结而洒布的沥青材料薄层。

3.1.6 封层

为封闭表面空隙、防止水分侵入而在沥青面层或基层上铺筑的有一定厚度的沥青混合料薄层。铺筑在沥青面层的称为上封层，铺筑在沥青面层下面、基层表面的称为下封层。

3.1.7 密级配沥青混合料

按密实级配原理设计组成的各种粒径颗粒的矿料与沥青结合料拌和而成，设计孔隙率较小（对不同交通及气候情况、层位可做适当调整）的密实式沥青混凝土混合料（以AC表示）。按关键性筛孔通过率不同又可以分为细型、粗型密级配沥青混合料等。粗骨料嵌挤作用较好的也称嵌挤密实型沥青混合料。

3.2 透层

3.2.1 材料与设备

3.2.1.1 沥青材料

透层采用乳化沥青（PC-2型），用量为（1.0±0.1）L/m² 其技术要求见表3-1。沥青与水的比例可根据洒布机、渗透性试验进行调整，以易于渗透，且渗透入基层的深度不宜小于5mm，表面不形成油膜为合格。

表3-1 透层用乳化沥青（PC-2型）技术指标要求

试验项目			技术要求
破乳速度			慢裂
粒子电荷			阳离子（+）
筛上残留物（1.18mm筛）		不大于	0.1
沥青标准黏度	$C_{t,d}$（s）		8～20
恩格拉黏度 E_v			1～6
与矿料的黏附性，裹覆面积		不小于	2/3
蒸发残留物性质	蒸发残留物含量	不小于（%）	50
	针入度（25℃ 100g 5s）（0.1mm）		50～300
	延度（15℃）	不小于（cm）	40
	溶解度（三氯乙烯）	不小于（%）	97.5
常温储存稳定性	1d	不大于（%）	1
	5d	不大于（%）	5

透层、粘层用沥青由施工单位每车自检一次，并留样备查；监理单位按规定频率抽检。

为确保洒布效果，透层沥青生产后应立即使用，存放不宜超过24h。

3.2.1.2 施工机械

(1) 沥青洒布车（机）：智能型沥青洒布机，喷洒宽度3～6m。
(2) 洒水车：4～6t洒水车。
(3) 森林灭火鼓风机：4～6台。

3.2.1.3 主要检测仪器

(1) 沥青针入度仪；
(2) 沥青延度仪；
(3) 沥青软化点仪；
(4) 路面渗水仪；
(5) 沥青黏度仪。

3.2.2 透层试验路段

在透层正式开工前必须做试验路段,长度不小于300m。试验路段需要决定的内容包括:

(1) 上基层表面清理方法。

(2) 确定合适的洒布时间、喷洒方法、生产配方及洒布用量。

(3) 洒布参数确定——洒布用量（洒布车行驶速度和沥青泵转速）、喷油管工作位置、起步及终止时纵横向喷洒幅间搭接工艺。

(4) 质量检查——全面检查材料质量及试验段的施工质量是否符合要求。

(5) 确定施工组织及管理体系、质保体系、人员、机械设备、检测设备、通信及指挥方式等。

试验路段结束后应通过现场目测和相应技术指标的检测,各项技术指标符合规定后,施工单位应提出试铺总结报告。经审查批准后,即可作为申请正式开工的依据。

1. 机械准备

检查沥青洒布车使用状况,标定喷洒量。

2. 水泥稳定碎石上基层表面的准备

(1) 用凿毛机械或钢丝刷对基层表面局部"镜面"部位进行打毛处理,使基层顶面粗骨料外露。

(2) 如果上基层已碾压成型7d以上,应采用高压水枪或基层表面由6～8人一字排开用竹帚进行全面清扫,再用3～4台森林灭火鼓风机将浮灰吹净,使表层骨料颗粒部分外露。

(3) 用强力清扫机清扫,配合强力鼓风机吹净浮尘,将基层表面彻底清扫干净。洒布前表面应干燥、洁净。

(4) 经监理工程师验收合格后方可喷洒透层油。

3.2.3 透层油施工

3.2.3.1 透层施工工序（图3-1）

3.2.3.2 透层油喷洒要求

(1) 洒布量为$1.0L/m^2$,具体洒布量取决于上基层表面的纹理深度和试验。在正式施工前,应进行小范围试洒,观测透层油的渗透速度和最终渗透深度,要求渗透深度应能大于5mm,并能与上基层材料黏结成整体,如达不到此要求应对施工工艺进行调整（如基层养护时间、温度和洒布量等）,直到满足要求。

(2) 注意起步、终止以及纵向搭接处的洒布量。

(3) 透层宜选择干燥和较热的季节施工,雨天、大风天气不得浇洒透层沥青。

(4) 洒布透层沥青后,应严格封闭交通（包括行人和非机动车）,对被破坏的透层油,务必在封层施工前补洒。破乳完成后应尽快进行下一道工序施工,以防止工程车辆损坏或污染透层。

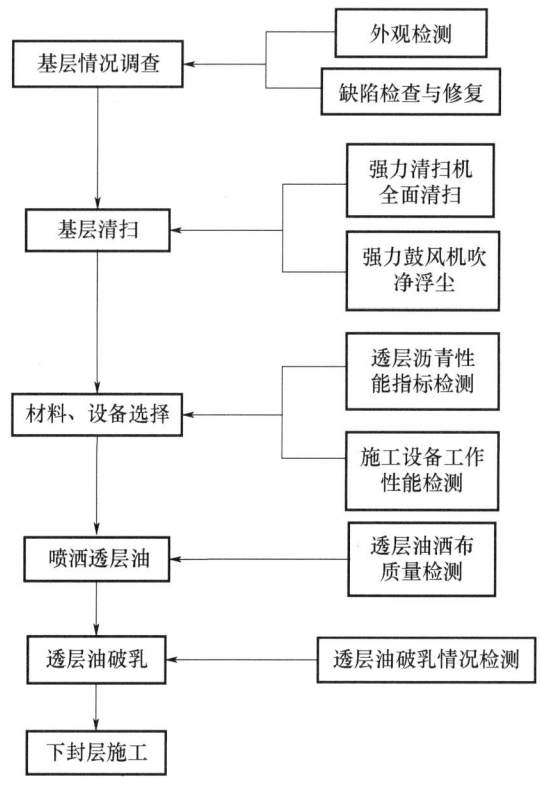

图 3-1 透层施工工序图

3.2.4 透层质量控制与检查

3.2.4.1 一般要求

（1）透层油用智能型沥青洒布车洒布，应一次洒布均匀，透层油洒布如有花白遗漏应人工补洒，喷洒过量的透层油应立即清除。

（2）按规定频率及时进行现场检测，洒布量不够的重新洒布。

3.2.4.2 沥青路面透层施工阶段的质量检查标准（表3-2）

表3-2 沥青路面透层施工阶段的质量检查标准

项目	检查频率	质量要求或允许误差	试验方法
洒布量	每半天1次	大于1.0L/m²	称定面积收取乳化沥青量
沥青含量	每半天1次	在规定范围内	现场取样检测
残留物针入度	每天1次	在规定范围内	现场取样检测
残留物软化点	每天1次	在规定范围内	现场取样检测
渗透深度	每作业段不少于6处	不小于5mm	随同取芯检测
渗水试验	1处/1000m²	渗水量<5mL/min	用渗水仪，每处2点
外观检查	随时全面	外观均匀一致，渗透深度不小于5mm，与上基层表面牢固黏结，无多余沥青	

3.3 下封层

根据设计图要求,下封层采用乳化沥青同步碎石封层,按层铺法施工。下封层宜选择干燥和较热的季节施工,并在雨期前及最高气温低于15℃到来以前半个月结束。

3.3.1 材料与设备

3.3.1.1 原材料

1. 沥青材料

下封层采用乳化沥青同步碎石封层,技术要求见表3-3,施工单位每车自检一次,并留样备查;监理按规定频率抽检,试验项目与施工单位相同。

表3-3 道路用乳化沥青技术要求

试验项目		单位	品种及代号										试验方法
			阳离子				阴离子				非离子		
			喷洒用			拌和用	喷洒用			拌和用	喷洒用	拌和用	
			PC-1	PC-2	PC-3	BC-1	PA-1	PA-2	PA-3	BA-1	PN-2	BN-1	
破乳速度			快裂	慢裂	快裂或中裂	慢裂或中裂	快裂	慢裂	快裂或中裂	慢裂或中裂	慢裂	慢裂	T 0658
粒子电荷			阳离子(+)				阴离子(-)				非离子		T 0653
筛上残留物(1.18mm筛) 不大于		%	0.1				0.1				0.1		T 0652
黏度	恩格拉黏度 E_v		2~10	1~6	1~6	2~30	2~10	1~6	1~6	2~30	1~6	2~30	T 0622
	道路标准黏度 $C_{t,d}$	s	10~25	8~20	8~20	10~60	10~25	8~20	8~20	10~60	8~20	10~60	T 0621
蒸发残留物	残留物含量 不小于	%	50	50	50	55	50	50	50	55	50	55	T 0651
	溶解度 不小于	%	97.5				97.5				97.5		T 0607
	针入度(25℃)	0.1mm	50~200	50~300	45~150		50~200	50~300	45~150		50~300	60~300	T 0604
	延度(15℃) 不小于	cm	40				40				40		T 0605
与粗骨料的黏附性,裹覆面积 不小于				2/3		—		2/3		—			T 0654
与粗、细粒式骨料拌和试验			—			均匀	—			均匀			T 0659
水泥拌和试验的筛上剩余不大于		%	—				—					3	T 0657
常温贮存稳定性: 1d 不大于 5d 不大于		%	1 5				1 5				1 5		T 0655

2. 骨料

骨料宜采用石灰岩等碱性碎石,矿料级配采用MS-2型。为确保黏附效果,骨料务必干燥、洁净。水洗法筛分级配范围见表3-4(骨料的水洗法<0.075mm通过率应小于1.0%)。施工单位每200t自检一次,监理按规定频率抽检。

表 3-4　下封层用 MS-2 型矿料级配范围

筛孔尺寸（mm）	9.5	4.75	2.36	1.18	0.6	0.3	0.15	0.075	一层的适宜厚度（mm）
不同类型通过各筛孔的百分率（％）	100	95～100	65～90	45～70	30～50	18～30	10～21	5～15	4～7

3.3.1.2　施工机械

（1）沥青、骨料同步封层洒布车（优选）。
（2）沥青洒布车（机）：智能型沥青洒布机，喷洒宽度 3～5m。
（3）骨料撒布机：撒布宽度匹配沥青洒布车。
（4）洒水车：4～6t 洒水车。
（5）森林灭火鼓风机：3～4 台。
（6）压路机：16t 轮胎压路机。
（7）装载机：1～2 台。

3.3.1.3　主要检测仪器

（1）沥青针入度仪；
（2）沥青延度仪；
（3）沥青软化点仪；
（4）标准筛（方筛孔）；
（5）路面渗水仪；
（6）沥青黏度仪。

3.3.2　试铺

在沥青路面下封层正式开工前必须做试铺路段，长度不小于 300m。试铺路段需要决定的内容包括：

（1）洒布参数确定：改性沥青加热温度、洒布用量（洒布车控制面板内行驶速度和沥青泵转速等控制参数）、喷油管工作位置、起步及终止时纵横向喷洒幅间搭接工艺。
（2）骨料撒布参数确定：料门开度、行驶速度。
（3）碾压工艺：碾压速度、碾压遍数。
（4）质量检查：全面检查材料质量及试验段的施工质量是否符合要求。
（5）确定施工产量及作业长度、施工组织及管理体系、质保体系、人员、机械设备、检测设备、通信及指挥方式等。

试铺段结束后应通过现场目测和相应技术指标的检测，各项技术指标符合规定后，施工单位应提出试铺总结报告。经审查批准后，即可作为申请正式开工的依据。

下封层在正式施工前应按以上要求做好试铺路段，质量检查合格后，写好试铺总结，经监理工程师批准后才能正式施工。

3.3.3　施工准备

（1）透层施工完成后要有足够的渗透与破乳时间，才能进行下封层施工。

(2)透层表面一定要干燥、干净、无污物。有污物时应用清扫车、森林灭火器等设备将透层表面的泥土、灰尘等杂物吹干净,并保持干燥。

(3)应采取措施防止护栏、路缘石等人工构造物受污染。

(4)用摆铺法确定单位面积碎石撒布量:用一已知底面积的方盘,将施工用碎石按65%~75%的覆盖率均匀、不重叠地摆铺在方盘底面上,然后称取方盘内碎石质量,计算出单位面积上所用石料的体积及质量,作为试验段施工的参考值。还得通过试验撒布车料门开度、行驶速度等相关参数,才能用作施工的参数。

3.3.4 下封层施工

3.3.4.1 下封层施工工序(图3-2)

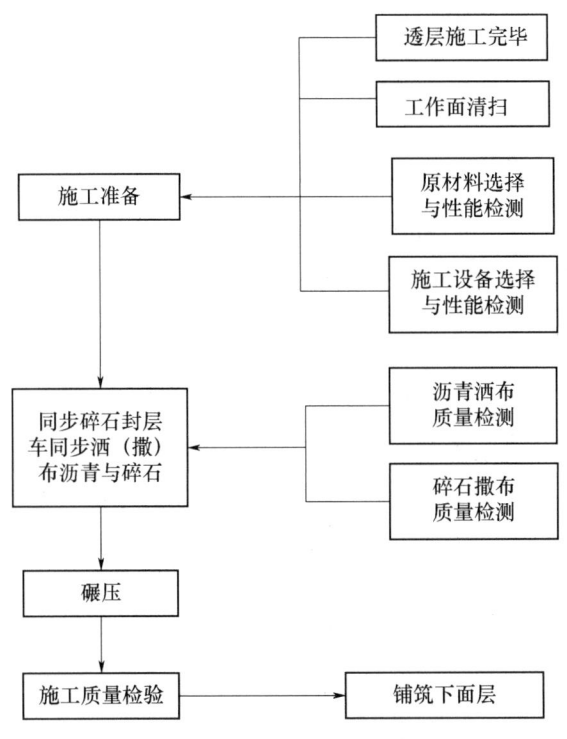

图3-2 下封层施工工序

3.3.4.2 下封层施工要求

1. 喷洒乳化沥青

为防止施工完成的封层遭污染,热沥青在施工下面层前应选择合适的喷洒时间(具体视施工条件确定,保证施工完成不受污染即可),喷洒采用同步碎石封层车(或智能沥青洒布车)进行,洒布车沥青喷嘴的轴线应与路面垂直,并保证所有喷嘴的角度一致,同时保证洒布管的高度,尽量使同一地点能够受到2~3个喷洒嘴喷洒的沥青。下封层乳化沥青喷洒数量按设计要求厚度为6mm,且做到完全密水。

2. 撒布骨料

为确保撒布效果,应采用同步碎石封层车跟随沥青喷洒一次性同步撒布。数量按$7\sim9m^3/1000m^2$计,满铺率在65%~75%,骨料撒布应全部在改性沥青未凝固之前完成。

3. 碾压

骨料撒布后即用轮胎压路机均匀碾压 2~3 遍，确保骨料与热喷沥青牢固黏结。碾压时每次碾压重叠 1/3 轮宽，碾压要求两侧到边，确保有效压实宽度。碾压顺序由路肩侧到中分带侧依次碾压。

4. 交通管制

施工前后应封闭交通，严禁车辆通行，尽早覆盖下面层，以防污染。同步碎石封层的施工与下面层的施工应紧密衔接，待沥青下面层施工完成后，方可开放交通。

3.3.5 下封层质量控制与检查

3.3.5.1 一般要求

（1）下封层施工用骨料应干燥、洁净、无粉尘污染。

（2）洒布沥青和撒布骨料应做到均匀，并用施工总量校核；对于局部不均匀的地方，应及时采用人工进行补洒（撒）。

（3）骨料撒完后，即可进行碾压，局部"露黑"处发生粘轮时，应再补撒少量骨料。

（4）在下封层不再粘轮时，应尽快铺筑沥青稳定碎石上基层，确保下封层不受污染。

（5）各项试验检测数据符合设计及规范要求。外观均匀一致，用硬物刮开下封层观察，与基层表面牢固黏结，不起皮，无油包和基层外露等现象，无多余沥青。

3.3.5.2 下封层施工阶段的质量检查方法及检验标准（表 3-5）

表 3-5 沥青路面下封层施工阶段的质量检验标准

项目	检查频率	质量要求或允许误差	试验方法
沥青量	每半天 1 次	在规定范围内	称定面积收取沥青量
骨料量	每半天 1 次	在规定范围内	用骨料总量与撒布面积算得
刹车试验	1 处/2000m^2（仅试铺段或必要时做刹车试验）	沥青层不破裂	7d 后用 BZZ-60 标准汽车以 50km/h 车速急刹
外观检查	随时全面	外观均匀一致，用硬物刮开下封层观察，与基层表面牢固黏结，不起皮，无油包和基层外露等现象，无多余沥青	

3.4 粘层

3.4.1 材料与设备

在路面中面层与上面层之间，以及混合料与新老路台阶衔接处接触面上均应喷洒粘层沥青。粘层沥青采用快裂或中裂改性乳化沥青（PCR），技术要求见表 3-6。

表 3-6 粘层用改性乳化沥青技术指标要求

试验项目	技术要求
破乳速度	快裂
粒子电荷	阳离子（＋）

续表

试验项目			技术要求
筛上残留物（1.18mm筛）		不大于	0.1
沥青标准黏度 $C_{t,d}$（s）			8～25
恩格拉黏度 E_v			1～10
与矿料的黏附性，裹覆面积		不小于	2/3
蒸发残留物性质	蒸发残留物含量	不小于（%）	50
	针入度（25℃ 100g 5s）(0.1mm)		40～120
	软化点	不小于（℃）	50
	延度（5℃）	不小于（cm）	20
	溶解度（三氯乙烯）	不小于（%）	97.5
常温储存稳定性	1d	不大于（%）	1
	5d	不大于（%）	5

粘层用沥青由施工单位每车自检一次，并留样备查；监理单位按规定频率抽检。

为确保洒布效果，透层沥青生产后应立即使用，存放不宜超过24h。

3.4.1.1 施工机械

（1）沥青洒布车（机）：智能型沥青洒布机，喷洒宽度3～6m。

（2）洒水车：4～6t洒水车。

（3）森林灭火鼓风机：4～6台。

3.4.1.2 主要检测仪器

（1）沥青针入度仪；

（2）沥青延度仪；

（3）沥青软化点仪；

（4）路面渗水仪；

（5）沥青黏度仪。

3.4.2 施工准备

3.4.2.1 机械准备

检查沥青洒布车使用状况，重点检查疏通油嘴及管道，保证粘层油洒布的均匀性，标定喷洒量。

3.4.2.2 下面层清扫准备

（1）应保证下面层不受污染，如有污染，先用强力清扫机将工作面进行全面清扫，再用强力鼓风机将浮尘吹干净，必要时用水清洗。用水清洗的面层，水分必须蒸发干净、晒干；桥面及通道表面应清除调平层的杂物和浮灰，清除排水孔灰浆杂物，彻底洗刷干净。

（2）对下承层局部离析部位，必须提前采用粘层油或离析处置材料进行喷洒处理。

（3）喷洒透层油前，应采取措施防止护栏、路缘石等人工构造物受污染。

3.4.3 粘层油施工

3.4.3.1 粘层施工工序（图 3-3）

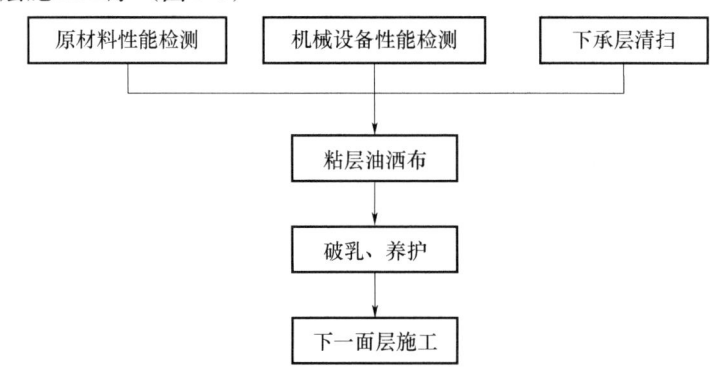

图 3-3 粘层施工工序

3.4.3.2 粘层油喷洒要求

（1）层间粘层油喷洒数量 $0.5L/m^2$。

（2）用智能型沥青洒布车喷洒乳化沥青，局部也可用小型设施人工补洒，洒布车应有良好的计量设施，确保均匀地按规定数量实施喷洒。

（3）为防止粘层沥青发生粘轮现象，沥青面层上的粘层沥青应在面层施工前洒布，并确保乳化沥青已破乳，水分已挥发干净，在此期间应做好交通管制，禁止任何车辆行驶。

（4）洒布沥青粘层油气温不应低于10℃，且是稳定而上升的温度，风大、有雾或路面潮湿时，不得喷洒粘层油。洒布量、温度条件及洒布面积均应在洒布前获得监理工程师的认可。

（5）洒布粘层沥青后，应严格封闭交通（包括行人和非机动车），以防止工程车辆以外的车辆污染粘层。

3.4.4 粘层质量检查

3.4.4.1 一般要求

（1）粘层油用智能型沥青洒布车洒布，应一次洒布均匀，注意纵向洒布面的搭接，既不能重叠，也不能漏洒。

（2）按规定频率及时进行现场检测，洒布量不够的重新洒布。

3.4.4.2 粘层施工阶段的质量检查标准（表 3-7）

表 3-7 粘层施工阶段的质量检查标准

项目	检查频率	质量要求或允许误差	试验方法
洒布量	每半天1次	$0.3\sim0.6L/m^2$	称定面积收取乳化沥青量
沥青含量	每半天1次	在规定范围内	现场取样检测
残留物针入度	每天1次	在规定范围内	现场取样检测
残留物软化点	每天1次	在规定范围内	现场取样检测
外观检查	随时全面	外观均匀一致，与沥青表面牢固黏结，无多余改性乳化沥青	

3.5 沥青混凝土面层

3.5.1 一般规定

(1) 沥青路面用骨料的选择必须经过认真的料源调查,确定料源应尽可能就地取材,且质量符合使用要求。

(2) 各种进场原材料质量控制应采用"施工自检、监理(检测)抽检、技术咨询单位和业主把关、监督"的质量管理体系。

(3) 各种材料运至现场后必须取样进行质量检验,经检测合格后方可使用,不得以供应商提供的检测报告或商检报告代替现场检测,运到现场的每批沥青材料都应有产品质量检测报告和产品数量及生产批号等。

(4) 除材料供货单位按合同文件要求检测外,监理工程师对所用材料的质量和数量进行把关。当对材料质量有疑问时,选择有甲级资质的检测单位进行外委复核,在任何情况下严禁把不合格的材料应用到工程中。

(5) 进场后骨料必须搭棚堆放,各规格骨料需隔离,且呈台阶式堆放,堆料场必须硬化。各种材料应插牌标示,标示牌内容应包括材料名称、规格、粒径、用途、产地、责任人等情况。

(6) 施工单位要充分重视原材料的储备工作,在开工前,要储备足够的原材料,一般不低于合同段设计总量的30%,以确保沥青路面大规模连续施工的需要。

3.5.2 原材料

3.5.2.1 沥青

(1) 上面层 AC-16 采用 SBS 改性沥青,应满足 PG76-22,其技术要求见表 3-8。用于改性的基质沥青为 A-70 道路石油沥青,技术要求见表 3-8。下面层 AC-25 采用 A-70 道路石油沥青,其技术要求见表 3-9。

(2) 施工单位对进场沥青材料每批都应进行取样和试验。取样和试验方法应符合《公路工程沥青及沥青混合料试验规程》(JTG E20—2011) 的规定。

(3) 不同厂家、品牌、批号的沥青必须分开存放,不得混杂,并应有防水措施。

表 3-8 SBS 改性沥青的技术要求

检 查 项 目		技术指标
针入度 25℃,100g,5s	(0.1mm)	40~60
延度 5℃,5cm/min	不小于 (cm)	20
针入度指数 PI	不小于	0
软化点 TR&B	不小于 (℃)	60
闪点	不小于 (℃)	230
运动黏度 135℃	不大于 (Pa·s)	3
溶解度	不小于 (%)	99

续表

检 查 项 目		技术指标
弹性恢复 25（℃）	不小于（%）	75
TFOT 后残留物	质量损失针入度比 25℃ 不大于（%）	±1.0
	不小于（%）	65

表 3-9 A-70 道路石油沥青技术要求

检验项目		单位	规范值	要求值	试验方法
针入度（25℃，100g，5s）		0.1mm	60～80	60～80	T 0604
针入度指数 PI		—	−1.5～+1.0	−1.5～+1.0	T 0604
软化点 TR&B		℃	≥46	≥46	T 0606
60℃动力黏度		Pa·s	≥180	≥180	T 0620
5℃延度		cm	≥20	≥25	T 0605
15℃延度		cm	≥100	≥100	T 0605
含蜡量（蒸馏法）		%	≤2.2	≤2.0	T 0615
闪点		℃	≥260	≥260	T 0611
溶解度		%	≥99.5	≥99.5	T 0607
密度（15℃）		g/cm³	实测记录	实测记录	T 0603
TFOT（或 RTFOT）后残留物	质量变化	%	−0.8～+0.8	−0.8～+0.8	T 0609
	针入度（25℃）	%	≥61	≥61	T 0609、T 0604
	延度（10℃）	cm	≥15	≥15	T 0609、T 0605

3.5.2.2 粗骨料

（1）粗骨料采用粒径大于 2.36mm、石质坚硬、清洁、不含风化颗粒、表面粗糙、近立方体颗粒的碎石，其技术要求见表 3-10，规格应符合表 3-11、表 3-12 的要求。

表 3-10 面层用粗骨料技术要求

指标	单位	下面层		表面层	
		规范值	要求值	规范值	要求值
石料压碎值	%	≤28	≤28	≤26	≤20
洛杉矶磨耗损失	%	≤30	≤30	≤28	≤28
表观相对密度	—	≥2.5	≥2.5	≥2.6	≥2.6
吸水率	%	≤3.0	≤3.0	≤2.2	≤2.2
对沥青的黏附性	级	≥4	下面层≥4	≥4	≥4
坚固性	%	≤12	≤12	≤12	≤12
针片状颗粒含量	%	≤18	≤15	≤15	≤10
其中粒径大于 9.5mm	%		≤15		≤12
其中粒径小于 9.5mm	%		≤20		≤18
水洗法＜0.075mm 颗粒含量	%	≤1	≤1	≤1	≤1
软石含量	%	≤5	≤3	≤3	≤2
磨光值	—	—	—	≥40	≥42（石灰岩）

表 3-11 AC-25 下面层用粗骨料单粒径级配范围

筛孔规格（mm）	37.5	31.5	26.5	19	16	13.2	9.5	4.75	2.36	0.6
19～37.5	100	85～95		0～15	0～5					
9.5～19			100	90～100			0～15	0～5		
4.75～9.5						100	90～100	0～15	0～5	
2.36～4.75							100	90～100	0～15	0～3

表 3-12 AC-16 表面层用粗骨料单粒径级配范围

筛孔规格（mm）	26.5	19	16	13.2	9.5	4.75	2.36	0.6
19～26.5	100	50～80	0～15	0～5				
9.5～19		100	90～100		0～15	0～5		
4.75～9.5				100	90～100	0～15	0～5	
2.36～4.75					100	90～100	0～15	0～3

（2）石料加工采用反击式破碎机生产并采用整形机整形，严格控制细长、扁平颗粒及风化石含量，中下面层碎石生产时还应除尘，而上面层碎石则须除尘并水洗。

（3）骨料质量应从源头抓起，生产碎石用的原石严禁使用山皮，不得含有土块、杂物，骨料成品不得堆放在未经硬化的泥土地上。各层面层用粗骨料应采用同一料源、同种生产工艺，保证各项质量技术指标的稳定性。

3.5.2.3 细骨料

（1）细骨料采用机制砂和石屑，机制砂必须采用与对应面层粗骨料同源的 9.5～19mm 的石料轧制而成，其技术要求见表 3-13。禁止使用天然砂。

表 3-13 细骨料技术要求

指标	单位	规范值	要求值
表观相对密度	—	≥2.50	≥2.60
坚固性（大于0.3mm部分）	%	≤12	≤12
砂当量	%	≥60	≥70
亚甲蓝值	g/kg	≤25	≤25
棱角性（流动时间）	s	≥30	≥30

（2）机制砂应坚硬、洁净、干燥、无风化、无杂质，级配应符合表 3-14 中要求。日常重点检测细骨料的洁净程度。

表 3-14 沥青混合料用机制砂或石屑规格

规格	公称粒径（mm）	水洗法通过各筛孔的质量百分率（%）							
		9.5	4.75	2.36	1.18	0.6	0.3	0.15	0.075
S15	0～5	100	90～100	60～90	40～75	20～25	7～40	2～20	0～10
S16	0～3	—	100	80～100	50～80	25～60	8～45	0～25	0～15

（3）细骨料存储必须设防雨篷，防雨篷仓储面积至少大于 2000m² 并满足实际施工需要。如图 3-4 所示。

图 3-4 防雨篷

3.5.2.4 填料

(1) 填料必须采用 9.5~19mm 石灰岩碎石经磨细得到的矿粉,建议采用专用磨细设备(雷蒙磨或球磨机)现场加工。严禁使用拌和站除尘装置回收的粉尘作为填料。

(2) 矿粉必须干燥、清洁,能从石粉料仓中自动流出,矿粉质量技术要求见表 3-15。

表 3-15 矿粉质量技术要求

指标		单位	规范值	要求值
表观相对密度		—	≥2.5	≥2.5
含水量		%	≤1	≤1
粒度范围	<0.6mm	%	100	100
	<0.15mm	%	90~100	90~100
	<0.075mm	%	75~100	75~100
外观		—	无团粒结块	无团粒结块
亲水系数			<1	<1
塑性指数			<4	<4
加热安定性			实测记录	实测记录
$CaCO_3$ 含量		%	—	≥90

3.5.3 配合比设计

3.5.3.1 矿料级配范围(表3-16)

表 3-16 沥青混合料矿料级配范围

级配类型	通过下列筛孔(mm)的质量百分率(%)												
	31.5	26.5	19	16	13.2	9.5	4.75	2.36	1.18	0.6	0.3	0.15	0.075
AC-25	100	90~100	75~90	65~83	57~76	45~65	24~52	16~42	12~33	8~24	5~17	4~13	3~7
AC-16				100	90~100	76~92	60~80	34~62	20~48	13~36	9~26	7~18	5~14	4~8

3.5.3.2 技术标准

(1) 马歇尔试验过程中不同阶段温度应严格按表3-17进行控制。

表3-17 沥青混合料马歇尔试验温度

操作工序	AC-25 沥青混合料	AC-16SBS 改性沥青混合料
基质沥青加热	150～160	165～175
矿料加热	170～180	180～195
混合料拌和（矿粉不加热）	160～165	170～175
称重	紧跟、及时	紧跟、及时
装模（马歇尔试模、车辙板模）	150～160	160～170
混合料击实或成型车辙试件	装模后紧跟、及时	
脱模	室内常温放置12h后	

(2) 马歇尔试验技术要求见表3-18。

表3-18 马歇尔试验技术要求

试验指标		单位	AC-25	AC-16
击实次数（双面）		次	75	75
试件尺寸		mm	$\phi 101.6 \times 63.5$	$\phi 101.6 \times 63.5$
空隙率		%	3～6	3～5
稳定度 MS 不小于		kN	7.5	10
流值 FL		0.1mm	1.5～4.0	1.5～4.0
矿料间隙率 VMA 不小于	设计空隙率（%）	%	ATB-25	AC-20
	3		—	≥12
	4		≥12	≥13
	5		≥13	≥14
	6		≥14	≥15
沥青饱和度 VFA		%	55～70	65～75
理论最大相对密度		—	真空实测法	计算法
毛体积相对密度		—	表干法实测	

(3) 混合料路用性能检验指标见表3-19。

表3-19 沥青混合料路用性能检验指标

性能检验项目		要求值		试验方法
		AC-16	AC-25	
车辙试验动稳定度（次/mm）		≥5000	≥2000	T 0719—2000
水稳定性	浸水马歇尔试验残留稳定度（%）	≥90	≥80	T 0709—2000
	冻融劈裂试验残留强度比（%）	≥85	≥75	T 0729—2000
低温弯曲试验破坏应变（$\mu\varepsilon$）（-10℃，50mm/min）		≥2800	实测	T 0715—2000
渗水系数（mL/min）		≤50	—	T 0730—2000

3.5.3.3 配合比设计流程

配合比设计分为三个阶段进行,即目标配合比设计、生产配合比设计、生产配合比验证,通过铺筑试验路段完成生产配合比验证。如矿料产地、品种发生变化,必须重新进行目标配合比设计。

1. 目标配合比设计

(1) 根据工程设计级配范围初拟级配。

(2) 根据各种矿料筛分结果,按照初拟级配进行矿料组成设计,确定各种矿料用量。

(3) 对工程实际用各种矿料进行筛分(并按不同规格、不同粒级分别存放),分别测定其毛体积相对密度、表观相对密度,测定沥青相对密度、比例。合成级配曲线应尽量接近项目要求级配的中值。

(4) 拟订 5 种不同的沥青用量(级差 0.3%)进行马歇尔试验,AC-25、AC-16 按标准马歇尔试件进行试验。试件配料要求按不同规格逐级进行称量配制,每个油量试件称料质量的差值应在 5g 以内,每种沥青用量的试件为 5 个;测定试件的毛体积相对密度,确定理论最大相对密度,计算其他体积指标。

(5) 根据马歇尔试验结果确定最佳沥青用量和矿料级配,如果有部分马歇尔指标不合格的则应重新调整矿料级配、重新设计;用最佳沥青用量制件进行路用性能验证,检验指标见表 3-19,如不合格的指标则应重新调整矿料级配、重新设计。

(6) 优选骨料级配与相应最佳沥青用量,作为目标配合比,供拌和机确定各冷料仓的供料比例、进料速度及试拌使用。

(7) 施工单位应在生产配合比设计 28d 前向监理工程师提交拟用的沥青混合料目标配合比报告。

2. 生产配合比设计

以目标配合比设计得出的级配曲线为指导,对二次筛分后的矿料重新进行配合比设计,确定各热料仓的用料比例和生产配比的最佳沥青用量,供拌和机控制室使用。具体步骤为:

(1) 对热料仓各种规格矿料进行筛分(并按不同规格、不同粒级分别存放),分别测定其毛体积相对密度和表观相对密度(矿粉和沥青采用目标配合比设计时的测定值)。

(2) 根据各种矿料筛分结果,进行矿料组成设计,选择适宜的筛孔尺寸,反复调整冷料仓进料比例以达到各料仓的供料大体平衡,其级配曲线力求接近目标配合比设计曲线,确定各热料仓的用量比例。

(3) 取目标配比、最佳沥青用量及±0.3%三个沥青用量进行马歇尔试验,在实验室内拌和制作试件,配料时要求按不同规格逐级进行称量配制。

(4) 根据马歇尔试验结果确定生产配合比的最佳沥青用量和矿料级配。如果最佳沥青用量与目标配合比确定的最佳沥青用量相差较大或有部分马歇尔指标不符合规范要求,则应重新调整级配、重新设计。

3. 生产配合比验证(铺筑试验段)

沥青面层正式施工前,施工单位通过合格的沥青混合料组成设计,必须铺筑试验段。试验段宜选在主线直线段,长度以不小于 300m 为宜。试验段施工分为试拌和试铺两个阶段,通过对生产配合比试拌、试铺,达到以下目的。

(1) 通过试拌沥青混合料进行级配检验、燃烧炉试验检验、马歇尔试验检验，由此确定拌和楼的控制参数如上料速度、拌和数量与拌和时间、拌和温度等，验证沥青混合料的配合比设计和沥青混合料技术性质，确定正式生产用的标准配合比，标准配合比应作为生产上控制的依据和质量检验的标准。

①级配检验应保证 0.075mm、2.36mm、4.75mm 及最大公称粒径筛孔的通过百分率接近优选的设计级配范围的中值左右波动，并避免在 0.3~0.6mm 出现驼峰。

②燃烧炉试验检验拌和楼的沥青计量精度及沥青用量。

③马歇尔试验检验标准配合比的适用性，特别是空隙率在设计空隙率中值波动。

④当所有指标经检验均合格后即可正式施工，如果个别指标不合格，应及时分析原因，进行适当调整后再进行验证。

(2) 通过试铺确定以下内容：

①摊铺机的控制参数如摊铺温度、摊铺速度、振捣夯实强度、自动找平方式等工艺，梯形摊铺时两台摊铺机的摊铺厚度和宽度协调方式。

②压实机具的选择、组合、压实顺序、碾压温度、碾压速度及遍数。

③钻芯检测厚度结合施工压实厚度与松铺厚度，确定摊铺机的松铺系数。试铺时可 40~50m 选定一个断面，每断面按左、中、右各选三个点位，使用红色自喷漆做标注，现场检查虚铺、初压、复压后的厚度，碾压完成后定点取芯量厚度，将对应点位的沥青面层厚度对比，通过多组对比值确定松铺系数（也可通过对比确定碾压遍数）。为保证松铺系数更加切合实际，对比点位应多于 10 个。

(3) 通过碾压确定适宜的压路机类型和数量、碾压温度、碾压顺序、碾压速度和遍数等施工工艺，施工缝处理方式，现场空隙率和压实度的双重控制模式等。

(4) 通过试验段施工确定合理的施工机械型号、数量、组合方式、最佳工艺流程和生产效率，落实技术培训、技术岗位，修订施工组织计划。

(5) 建立健全施工组织及管理体系、质保体系，确定人员、机械设备、检测设备、通信及指挥方式，探索一套有效的质量控制方法。通过对各道工序的偏差分析，提出合理的工艺控制参数和改进措施。

4. 施工级配范围及配合比的选定

(1) 试验段铺筑必须严格按《公路沥青路面施工技术规范》(JTG F40—2004) 规定进行。试验段应力争一次铺筑成功，使试铺面层成为正式路面的组成部分，否则应予以铲除。

(2) 在试拌试铺过程中，监理工程师必须现场旁站，检查施工工艺、技术措施是否符合要求，测温、观色、取样，并记录试验与检测结果，检查各种技术指标情况，对出现的问题提出改进意见。

(3) 试验段基本上无离析和无明显石料压碎现象，且经检测各项技术指标均符合规定要求时，可确定生产用标准配合比。试铺段质量检查频率应比正常施工时增加一倍。

(4) 通过确定生产用标准配合比，选取关键筛孔的合理控制范围，确定施工级配容许波动范围，制定施工用的级配控制范围，以此作为检查沥青混合料生产质量的依据。经过试验路试铺确定的配合比作为最终大面积铺筑的配合比。

(5) 试验段结束后,施工单位应立即提出试验段总结报告,将之作为开工报告的一部分,由专业监理工程师审查,总监办确认,经总监批准后即作为申报正式开工的依据。同时应将试验段总结报告报业主代表处。

3.5.3.4 注意事项

(1) 施工单位提交目标配合比未经监理工程师批准前,不得进入生产配合比设计。

(2) 施工单位改变料源时,应在材料生产前,把新的目标配合比设计报告监理工程师审批。审批新的工地拌和料级配时应做试验,每一次评价至少需要14d时间。由于这些变化而产生的所有费用都应由施工单位支付。

(3) 在沥青混合料配合比未被批准之前,不得进行下一道工序。

(4) 未经监理工程师认可,批准的沥青混合料配合比和原材料品种不得更改。

3.5.4 机械设备及试验检测设备

3.5.4.1 施工机械设备

(1) 每作业面机械设备数量至少应满足每日连续正常生产及工期要求,见表3-20。

表3-20 施工机械设备表(每个工作面)

工序	机械设备名称	规格、产地、型号	单位	数量	备注
拌和	拌和楼	4000型及以上间歇式拌和设备	台	1	不少于5个热料仓,并具有逐盘打印功能
	发电机组	功率满足启动拌和楼的需要	台	满足需要	新旧程度为90%以上
	沥青罐	每个沥青罐储量≥50t	个	6	配备搅拌装置
运输	自卸汽车	25t以上	辆	满足需要	新旧程度90%以上,具备保温功能
摊铺	摊铺机	ABG525型、ABG8820型、戴纳派克、福格勒等设备	台	2	新旧程度为90%以上,同一作业面上型号和新旧程度应一致,加宽段备用一台
	森林灭火器		台	3~5	用于清扫摊铺机前的下承层
碾压	双钢轮振动压路机	12t的双驱双振双钢轮压路机	台	3	新旧程度为90%以上,大跨距桥梁桥面铺装碾压采用振荡压路机
	轮胎压路机	30t以上	台	3	
	双钢轮双驱振荡压路机	9t以上,进口机型	台	2	
	小型压路机	2t以上	台	1	用于压实普通压路机压不到的边角

(2) 开工前要求加强对拌和楼、摊铺机、压路机及试验检测仪器等设备的标定和试机工作,监理必须对标定情况进行检查、核验,确保拌和及检测数据真实可靠。

(3) 施工过程中应始终加强对拌和楼、摊铺机、压路机及检测仪器等设备的检修、维护,以便能及时发现设备出现的问题。

(4) 拌和楼筛网应经常进行检查,发现堵塞和破损现象应及时清理和更换。

3.5.4.2 试验检测设备

每标段必须配备的主要仪器设备见表3-21。

3 路面工程（面层）

表 3-21 沥青面层工地实验室主要检测仪器配备标准

检测室	仪器设备名称	数量	仪器规格		
			测量范围	分度值	准确度
骨料室	电子天平	2台	0～5kg	0.1g	0.1g
	标准筛	1套	—	—	—
	烘箱	2台	300℃	1℃	1℃
	游标卡尺	1把	0～150mm	—	—
	压碎值试验仪	1台	—	—	—
	浸水天平	1台	0～3kg	0.1g	0.1g
沥青混合料室	沥青混合料搅拌机	1台	容积大于10L，控温精度2℃		
	电子天平	2台	5kg	0.1g	0.1g
	浸水天平	1台	0～3kg	0.1g	0.1g
	数显恒温水浴箱	1台	10～100℃	1℃	—
	真空理论密度仪	1台	能达4kPa负压		
	马歇尔稳定度仪	1台	最大荷载大于25kN，准确度100N，加载速率能保持（50±5）mm/min，自动绘制荷载-位移曲线		
	脱模器	1台	—	—	—
	温度计	10支	0～200℃	—	1℃
	马歇尔击实仪	1台	自动计数准确、击实功准确/稳定、仪器性能稳定		
	烘箱	2台	300℃	1℃	1℃
	车辙试验仪	1台	计数准确、仪器性能稳定		
	万能材料试验机	1台	具有控温环境箱，准确至±0.1℃ 最大荷载5kN，准确至±0.1kN		
	燃烧法沥青含量测定仪	1台	采用燃烧室内拌制已知沥青含量的沥青混合料的办法标定		
	沥青针入度仪	1台	0～10mm	0.1mm	0.1mm
	沥青软化点仪	1台	全自动红外线采集数据，控温精度0.5℃		
	沥青低温延伸度仪	1台	—	—	—
	布氏黏度仪	1台	计数准确、仪器性能稳定		
	恒温冰箱	1台	能保持温度为-18℃，准确至±2℃		
	低温恒温槽	1台	容量>10L	—	0.1℃
	精密温度计	2支	0～50℃	—	0.1℃
现场检测室	路面渗水仪	1台	新型，配压重块		
	平整仪	1台	连续式平整仪或颠簸累积仪		
	摆式摩擦系数测定仪	1台	—	—	—
	取芯机	1台	功率不小于9kW		
	构造深度仪	1台	—	—	—
	无核密度仪PQI	1台	—	—	—

3.5.5 沥青面层施工（图3-5）

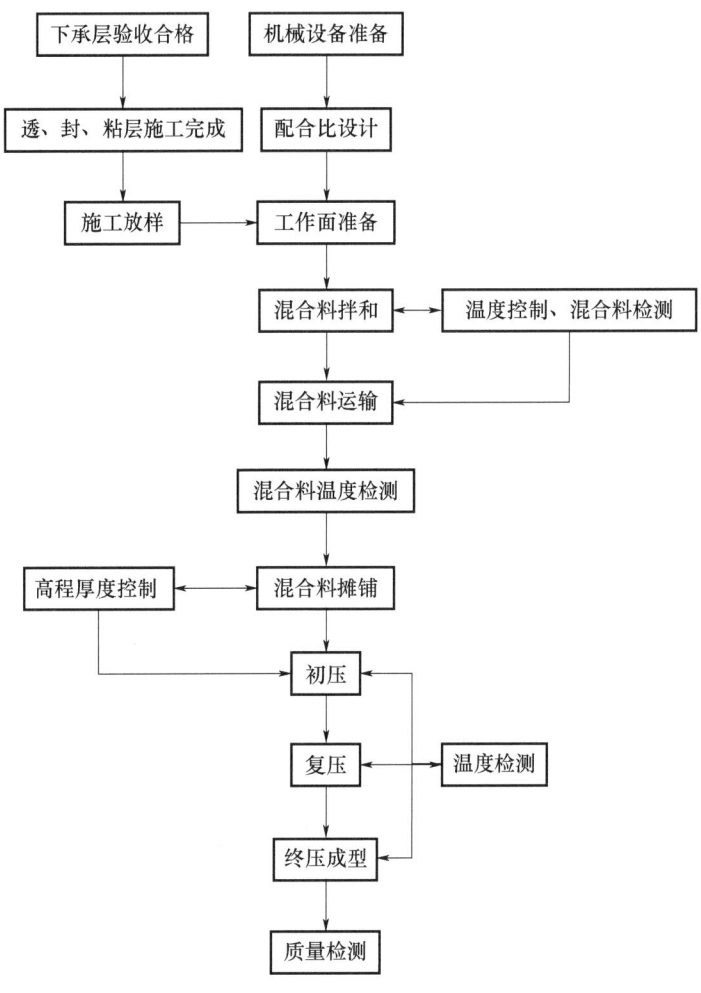

图3-5 施工流程

3.5.5.1 准备工作

1. 施工组织设计

（1）施工单位应根据设计要求，并结合合同段情况，详细制定确保路面质量、预防路面早期破损的路面施工组织设计，经监理单位审查后报建设单位审批。

（2）施工组织设计内容应包括：原材料储备计划、料源地点、采备方式、运输形式、堆放场地，试验路段及各结构层的施工计划、机械设备的配备和人员的安排计划、采用的工艺和工序的衔接要求、特殊气候条件（雨期、高温、低温）下的施工对策，以及自检和质保体系、安全与环保措施等。

（3）无施工组织设计或施工组织设计不完善，应视为路面施工条件不具备。监理单位不得签发路面开工报告，直至施工组织设计获得批准为止。

2. 下面层施工前准备

（1）检查下封层的完整性及下封层与基层表面的黏结性。对局部基层外露和下封层两侧宽度不足部分应按下封层施工要求进行补铺。

（2）下封层与水稳基层未能良好结合，则返工处理。

（3）对下封层表面浮动碎石，表面杂物应清扫干净，受污染的路段必须用洒水车提前冲洗，并用大功率鼓风机吹干。

3．中上面层施工前准备

（1）检查下承层工程质量，对局部质量缺陷如严重离析和开裂以及油污造成松散等应采取有效措施予以修复，并报总监办和项目公司确认。

（2）对下承层表面浮动混合料应扫至路面以外，表面杂物亦清扫干净。灰尘应提前冲洗，用鼓风机吹干净。

3.5.5.2 沥青混合料施工温度要求（表3-22和表3-23）

表3-22 AC-25沥青混合料施工温度（℃）

施工温度		要求值
沥青加热温度		155～165
矿料加热温度（间歇式拌和机）		骨料加热温度比沥青温度高10～30
沥青混合料出料温度		160～170
混合料贮料仓贮存温度		贮料过程中温度降低不超过10
混合料废弃温度		>190
运输到现场温度		≥145
混合料摊铺温度	正常施工	≥135
	低温施工	≥150
开始碾压的混合料内部温度	正常施工	≥130
	低温施工	≥145
碾压终了的表面温度	钢轮压路机	≥70
	轮胎压路机	≥80
	振动压路机	≥70
开放交通的路表温度		≤50

表3-23 SBS改性沥青混合料施工温度（℃）

施工温度	要求值
沥青加热温度	165～175
矿料温度	180～195
混合料出厂温度	正常范围170～185，超过190废弃
混合料运输到现场温度	≥165
摊铺温度	≥160
初压开始温度	≥150
复压最低温度	≥140
碾压终了表面温度	≥110
开放交通的路表温度	≤50

3.5.5.3 沥青混合料拌和

(1) 严格掌握沥青和骨料的加热温度以及沥青混合料的出厂温度。骨料温度应比沥青温度高 10～30℃，热混合料成品在储料仓存储后，其温度下降不应超过 10℃，沥青混合料的施工温度控制范围见表 3-22 和表 3-23。

(2) 拌和楼控制室要逐盘打印沥青及各种矿料的用量和拌和温度，并定期对拌和楼的计量和测温进行校核；没有材料用量和温度自动记录装置的拌和楼不得使用，并将打印结果按生产台班做成台账。

(3) 拌和时间应不少于表 3-24 所示，具体控制时应根据拌和楼效率通过试拌确定，但必须使所有骨料颗粒全部裹覆沥青结合料，并保证沥青混合料拌和均匀。

表 3-24 沥青混合料拌和时间（s）

混合料种类	干拌时间	湿拌时间	总拌和时间
AC-25 沥青混合料	≥5	≥40	≥45
改性沥青混合料	≥5	≥45	≥50

(4) 目测检查混合料的均匀性，及时分析异常现象，如混合料花白、冒青烟和离析等现象。若确认是质量问题，应做废料处理并及时予以纠正。

(5) 每个拌和楼每天上午、下午（昼夜施工，夜里取样一组）各取一组混合料试样做马歇尔试验和燃烧炉试验，检验油石比、矿料级配和沥青混凝土的物理力学性质。油石比与设计值的允许误差±0.2%。

3.5.5.4 沥青混合料的运输

(1) 运料车必须采用 3 边棉被＋铁皮包裹，顶部采用棉被＋防水帆布覆盖保温，确保施工温度及避免污染环境。如图 3-6 所示。

图 3-6 运料车

(2) 拌和楼向运料车放料时，汽车应前后移动，分堆装料，不允许从前至后逐渐放料，以减少粗骨料的分离现象。

(3) 混合料运料车出厂时必须填写运料单。运料单实行一车一单，出厂时检测出厂温度并填写在运料单上，摊铺现场凭运料单进行验收，并检测混合料的到场温度、外观质量，已经离析、结块的混合料废弃不用。

（4）运输车辆进入摊铺现场时，轮胎上不得沾有泥土等可能污染路面的污物，否则应冲洗净轮胎后进入工程现场，以防止交叉污染。

（5）采用数字显示插式热电偶温度计检测混合料运至现场温度。要求在混合料运输车辆的两侧中部，车厢底部以上30cm位置各设置一个温度检查孔（直径1.5～2.0cm）。检查时，可先插入一钢制套管，再将温度仪插入套管内，端部插入沥青混合料，插入深度要大于15cm。

（6）沥青混合料运输车的运量应较拌和能力和摊铺速度有所富余。摊铺机前方应有3辆以上运输车等候卸料，但不得超过5辆，以避免待摊时间长，降低温度。

3.5.5.5 沥青混合料摊铺

1. 摊铺前准备工作

（1）按照"厚度优先"的原则，下面层采用挂钢丝引导高程控制方式，以确保厚度，中上面层采用非接触式平衡梁。自动找平装置严格按照规程安装，安装误差不超过允许误差。将φ3mm钢绞线挂于钢筋桩支架上，用紧线器拉紧，以此作为摊铺机摊铺的基准线；2台同型号、同规格参数的摊铺机中间采用铝合金条控制高程和厚度。前一台摊铺机的两传感器一边放在钢绞线上，另一边放在铝合金上，采用双纵坡方式控制高程及平整度。后一台摊铺机的传感器一边用滑靴放在已摊铺的混合料上，另一边放在钢绞线上。大中桥的中面层必须设置挂篮并挂线保证厚度。在铺筑改性沥青混凝土面层时必须考虑弦线参考基准本身的误差（分高程误差和弦线的挠度误差），对于调平滑靴基准来说，误差主要来源于混合料表面的不平整以及由于滑靴的跳动等原因的误差，安装时要注意滑靴板的弹簧方向。

（2）纵坡传感器的安装、检查与调整。按照施工技术要求，自动调平系统采用单侧或双侧纵坡控制，纵坡传感器安装必须牢固，有专人看管，不得掉线。接触式传感器调节熨平板上的厚度调节手柄，调节出合适的摊铺厚度，纵向传感器指示灯上下闪动表示厚度调节完毕。纵向传感器的灵敏度数值越大灵敏度越高；摊铺上面层时，采用灵敏度相对低的刻度值，中下面层反之，以满足纵坡和平整度要求。每一层的纵坡传感器灵敏度刻度值应通过试验路段具体确定，下面层双机联铺时也可采用单侧纵坡与横坡控制的组合方式（超高缓和段禁止采用）。尽可能使用非接触式控制器，它有非常方便的人-机交互界面，能直观地显示各种参数和动作状态，自动清除偶然因素带来的误差。

（3）摊铺机的调整。

①供料系统必须均匀、稳定地供料。

②熨平板的前缘与布料螺旋之间的距离调到中间位置。摊铺机螺旋输送器端部（叶片）与贮料槽堵板的间距不得超过30cm，间距过大时可加长螺旋输送器叶片。摊铺机螺旋安装反向叶片，以减少混合料离析。安装螺旋布料器时要注意方向。螺旋布料器高度设置在低位（新出厂机器一般调整在中位），确保布料器通道内的材料左右流动通畅，并保证摊铺过程中材料处于布料器直径的2/3的位置。

③为了减小沥青混合料离析，在螺旋布料器挡板下方加设挡板。

④为保证横向接缝平整，摊铺作业中的仰角应在试验路段中精确测量，并根据以往资料确定工作仰角与摊铺厚度的关系，结合混合料松铺系数确定每日摊铺时起始工作仰角。

⑤熨平板必须清理干净，调整好熨平板的高度、横坡度后，开始预热熨平板。熨平板预热温度应接近沥青混合料温度，不宜太热或过热，否则会影响摊铺质量。一般预热时间不少于30min，使熨平板表面温度大于130℃。熨平板预压密度应不小于85%。一般情况下摊铺厚度大，密实度要求高，采用较大振幅。振动频率宜为65～70Hz（不低于5级）。摊铺层表面有局部或条状离析现象时，及时用2cm的方孔筛人工补适量细料加以补救。

⑥应根据摊铺层厚度、宽度及摊铺速度，调整刮料板的开度，保证螺旋布料器处混合料的压力稳定。压力大（熨平板前堆料多），压力小（熨平板前堆料少），都会使厚度增加或减少，降低平整度。

2. 沥青混合料摊铺

(1) 混合料必须在下卧层表面温度＞10℃时才允许施工。改性沥青混合料的摊铺温度不低于160℃；沥青混合料的摊铺温度不低于135℃（正常施工）/或150℃（低温施工）。

(2) 两台摊铺机重叠宽度5～10cm、前后错开3～5m梯队作业，同步摊铺。第二台摊铺机向内侧分料时，应不超过第一台摊铺机的铺筑界面，同时由专人负责内侧分料。摊铺前至少有3辆运料车等候，但不得超过5辆，以避免待摊时间长，降低温度。

(3) 摊铺时，摊铺机必须缓慢、均匀、连续不间断地摊铺，下面层ATB-25摊铺速度1.2～1.5m/min，中面层AC-20摊铺速度1.5～2.0m/min，上面层摊铺速度控制在2.0～2.5m/min，摊铺过程中不允许随意变换速度或中途停顿。

(4) 卸料前测量混合料温度，料车缓慢后退到摊铺机前，轻轻接触摊铺机后，挂空挡，轻拉手刹，向摊铺机料斗缓慢卸料，直到料斗满。摊铺机边受料边将混合料输送到分室。摊铺机按事先确定的速度起步摊铺。摊铺机推着料车行走，料车均匀向料斗卸料，卸完后立即起步离开。

(5) 运料车卸料期间，不要用完摊铺机受料斗中的混合料，留少部分混合料在受料斗中，以减少离析。第二辆车立即后倒至摊铺机前20～30cm即停车挂空挡，摊铺机推动料车前行。

(6) 调整摊铺机布料器的速度，保证布料器连续运转，使出料连续而缓慢；保证两侧混合料不少于布料器2/3高度，以减少摊铺离析。

(7) 铺筑过程中，应选择熨平板的振捣或夯锤压实装置具有适宜的振动频率和振幅者，以提高路面的初始压实度。摊铺机熨平板必须拼接紧密，不许存有缝隙，防止卡入粒料将铺面拉出条痕。

(8) 摊铺完的混合料未压实前，施工人员不得进入踩踏。如局部离析，需在现场技术人员指导下，用人工找补或更换混合料（找补和更换混合料时，应使用铁锹扣锹作业，严禁扬锹洒布沥青混合料），缺陷较严重时应予以铲除，并调整摊铺机或改进摊铺工艺。

(9) 沥青混合料摊铺过程中随时检查其宽度、厚度、平整度、路拱及温度，对不合格处应及时进行调整。

(10) 摊铺施工前，要注意天气变化，尽可能避开阴雨天气施工。摊铺遇雨时，立即停止施工，并清除未压成型的混合料。遭受雨淋的混合料应废弃，不得卸入摊铺机摊铺。

(11) 施工过程中应设置隔风墙，长度不小于双侧300m。

(12) 混合料异常现象处理。

①摊铺层表面有长短不一的小沟，混合料中有超粒径颗粒，可能是二次筛分筛网有破洞或周边有较大空隙，应通知拌和厂及时处理。

②摊铺机后局部或带状粗骨料集中，原因可能是下层平整度不好，应将此铲除人工补齐整平。明显的粗颗粒离析应分析离析的原因，在各个环节消除。

③条带离析主要是摊铺机的螺旋布料器和熨平板安装不协调，或与螺旋布料器固定杆有关，应及时检修并进行调整，已铺的人工补撒细混合料予以补救。

3.5.5.6 沥青路面压实

1. 压实工艺

为了防止混合料温度损失而影响压实效果，采用追随式碾压方式分初压、复压、终压三个阶段碾压。可参考表 3-25 和图 3-7 的工艺进行碾压，具体碾压工艺应通过试验段确定。

表 3-25 碾压工艺

压路机类型	初 压		复 压		终 压	
	适宜	最大	适宜	最大	适宜	最大
钢筒式压路机	1.5～2	3	2.5～3.5	5	2.5～3.5	5
轮胎压路机	1.5～2	3	3.0～4.0	5	4～6	8
振动压路机	—	—	3.5～4.5（振动）	5（振动）	2.5～3.5（静压）	5（静压）

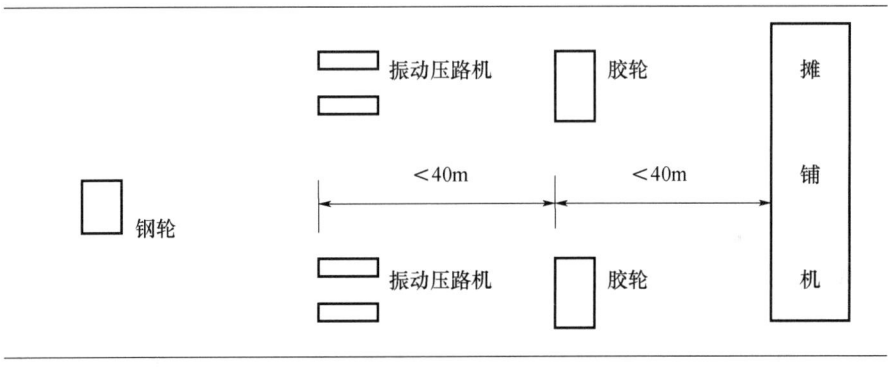

图 3-7 压路机组合

(1) 初压。初压应在混合料不产生推移、开裂等情况下，尽量在摊铺后较高温度时进行。中下面层宜采用 30t 胶轮压路机紧随摊铺机后面初压不少于 2 遍，上面层可采用双钢轮 1 遍与 26t 胶轮压路机 2 遍。

(2) 复压。复压应紧接初压后进行，宜采用振动压路机与重型轮胎压路机联合碾压方式，达到要求的压实度和空隙率，并无明显轮迹。

①当采用轮胎压路机时，总质量不宜小于 30t，轮胎充气压力不小于 0.5MPa，相邻碾压带应重叠 1/3～1/2 的碾压轮宽度。

②当采用振动压路机时，振动频率宜在 35～50Hz，振幅宜为 0.3～0.8mm，相邻碾压带重叠宽度为 10～20cm，振动压路机倒车时应先停止振动，并在向另一方向运动后再开始振动，以免形成鼓包。在坡道上碾压时，下坡宜关闭振动碾压。为了防止碾压过程中骨料压碎，振动压路机的压实温度不宜低于 100℃。

(3) 终压。宜选用双钢轮压路机或关闭振动的振动压路机碾压，不宜少于2遍，消除轮迹，提高平整度。若发现有微裂纹，须用胶轮压路机碾压至消除微裂纹为止。

(4) 初压、复压、终压段落设置明显标志，便于司机辨认。对松铺厚度、碾压顺序、压路机组合、碾压遍数、碾压速度及碾压温度应设专岗管理和检查，做到不漏压。

(5) 碾压时应遵循"紧跟、慢压、高频、低幅、均衡、匀速、由边向中、阶梯重叠碾压"的原则，先轻后重，先稳压后振动，三个阶段连续完成无中断。终压时安排专人用3m直尺紧跟压路机检测平整度，发现不平整处及时处理。所有机械都必须连续稳定地作业，尽量避免人工修正。

(6) 现场至少配备1台小型振动压实机具，以用于压路机不便压实的地方，如摊铺机前缺陷处理、路缘石根部和桥面防撞护栏根部、桥头搭板、桥梁和挡土墙等构造物接头、拐弯死角、加宽部分及某些路边缘等局部地区。

2. 压实过程控制

(1) 碾压段长度以与摊铺速度平衡为原则选定，并保持大体稳定。气温高，风速小时，碾压段稍长；气温低，风速大时宜短；在摊铺机连续摊铺的过程中，压路机不得随意停顿。

(2) 为避免碾压时混合料推挤产生拥包，碾压时应将驱动轮朝向摊铺机；碾压路线及方向不应突然改变；禁止压路机突然起动和突然停车，应减速操作，不准刹车制动。

(3) 压路机采取并列梯队作业方式，避免首尾相接的纵列方式碾压。一进一退为一遍，一轮一行顺次碾压，严禁在一个碾压行上完成所有碾压遍数；换行碾压时，在已碾压完毕的路段上长距离V形转弯换行；严禁压路机在已完成的或正在碾压的路段上调头、急转弯、急刹车，振动压路机在已成型的路面行驶时应关闭振动，保证下面层表面不受破坏；碾压第一遍后，由专人检查平整度，必要时进行修补。碾压过程中及时检测温度和压实度，并填好有关记录资料。

(4) 碾压时，直线段应从外侧向中心碾压；在平曲线超高段，应从低处向高处碾压。相邻碾压带应重叠1/3~1/2轮宽，最后碾压路中心部分，压完全幅为一遍。当边缘有挡板、路缘石、路肩等支挡时，应紧靠支挡碾压。当边缘无支挡时，可用耙子将边缘的混合料稍稍耙高，然后将压路机的外侧轮伸出边缘10cm以上碾压。也可在边缘先空出宽30~40cm，待压完第一遍后，将压路机大部分质量置于已压实过的混合料面上再压边缘，以减少向外推移。

(5) 胶轮压路机严禁喷水，可涂刷隔离剂或防粘剂，或轮胎外围加设围裙保温。钢轮压路机要喷水，但应严格控制喷水量。为保持碾压温度，前进时不喷水，后退时可喷水。

(6) 压实过程中，压不到的边角应采用小型压路机予以补压。

(7) 随时观察路面早期的施工裂缝，发现推移产生裂缝时，应及时调整碾压方式。

(8) 每天摊铺机作业完成后，必须对夯锤、熨平板、螺旋布料器等部位用柴油清洗，清洗时不得污染路面。

(9) 当天碾压的尚未冷却的沥青面层或高于70℃已碾压完毕路段上，不得停放压路机或其他车辆，并防止矿料、油料和杂物散落在沥青层上，凡经油料污染的沥青路面必须清理并重新铺筑。

3.5.5.7 接缝处理

1. 施工接缝

(1) 横向施工缝必须人工挖除。在已成型沥青层的端部,先用 5m 直尺检查,将平整度超过 3mm 的部分切去,挖除干净,并将切面上的污染物用水洗涮干净,再涂以粘层沥青,基本干后,摊铺机再就位。

(2) 在熨平板开始预热前,量出接缝处沥青层的实际厚度,根据松铺系数算出松铺厚度,熨平板应预热 1h,使接缝处原路面的温度在 65℃以上。开始铺筑的速度要慢,一般不超过 1m/min。

(3) 碾压开始前,将原路面上的沥青混合料清除干净,接缝处保持线条顺直,固定 1 台振动压路机处理接缝,路面中间部分采用横向碾压,两侧采用纵向碾压。横压时钢轮大部分压在原路面上,逐渐移向新铺路面,前后 5~6 遍;纵压时应使压路机的后轮超出接缝 3~6m。先振压 2 遍,再静压 2~3 遍。

2. 纵向施工缝

(1) 采用两台摊铺机成梯队联合摊铺时,纵向接缝应采用斜接缝。在前部已摊铺混合料部分留下 10~20cm 宽暂不碾压,作为后高程基准面,并有 5~10cm 的摊铺层重叠,以热接缝形式在最后做跨接缝碾压,以消缝迹。如果两台摊铺机距离较近,也可以做一次碾压。上下层纵缝应错开 15cm 以上。

(2) 为保证双机联铺接缝处的路面平整度,要求各施工单位在现场使用 5m 直尺检查虚铺及压实后的平整度,虚铺平整度不符合要求时,可在碾压前人工适当撒料找补。

3.5.5.8 养护及交通管制

(1) 面层施工完成,等路面温度下降到 50℃后方可开放交通,严禁使用洒水降温措施。

(2) 对已完成的沥青路面,路面施工单位应经常进行巡查,雨后要求对上高速公路行驶的施工车辆进行轮胎干净程度的检查,发现问题应进行清洗后才允许上路。

(3) 建设单位和监理单位要督促绿化、机电、交通安全设施等单位合理安排工序,尽可能避免与路面,特别是面层交叉施工,并采取积极有效措施,避免在施工过程中对沥青路面产生柴油污染、水泥浆污染、黄泥污染等。

(4) 已施工的沥青面层上禁止一切超载车辆通行,以保护面层不出现早期破损。

(5) 在高速公路出入口设置彩条布或塑料布,出入口外设 20m,出入口内沥青路面上设 60m,以形成保护层防止污染。

3.5.6 质量控制与检查

3.5.6.1 一般规定

(1) 沥青路面施工根据全面质量管理的要求,建立健全有效的质量保证体系,对施工各工序的质量进行检查评定,达到规定的质量标准,确保施工质量的稳定性。

(2) 加强施工过程中质量控制,实行动态质量管理控制。

(3) 施工前必须检查各种材料的来源和质量,所有材料都应按规定取样检测,经质量认可后方可订货。

(4) 施工过程中必须进行严格的科学管理,以保证路面的施工质量,从料源到路面施工过程各项工艺中都要高标准、严要求。

(5) 施工单位应针对本项目制定质量保证体系、质量动态控制模式、施工组织计划、施工工艺流程。

(6) 施工前应进行岗前培训，持证上岗。施工过程中应跟踪检查工程质量，工程完工应进行质量检查评定。

3.5.6.2 原材料质量控制与检查

1. 沥青留样要求

(1) 沥青运达施工单位拌和站时，应对每批沥青留样三份，每份样品质量不少于2kg，并填写留样单，样品和留样单一直保存至竣工验收。

(2) 基质沥青每200t留样1次，改性沥青每200t留样1次。留样统一采用3kg铁皮桶，统一编号，每次1份，每份不少于2kg，随同质保书、留样单（表3-26和表3-27）由施工单位保存至工程竣工验收。

表3-26 基质沥青样品留样单（样品编号　　　）

标段_____　　　承包人_____　　　留样日期/时间_____

品牌	标号	到场日期	质保书编号	取样人员	监理人员	检测结果是否合格

表3-27 SBS改性沥青样品留样单（样品编号　　　）

标段_____　　　承包人_____　　　留样日期/时间_____

生产单位	生产日期/时间	质保书编号
取样人员	监理人员	检测结果是否合格

2. 基质沥青质量控制及检测频率

(1) 基质沥青进场时每500t检测一次全套指标，见表3-28，每批进场检测一次针入度、软化点、10℃延度和老化后10℃延度。

(2) 施工过程中重点检测10℃延度、软化点和老化后10℃延度，具体检测频率见表3-28。

(3) 基质沥青在储罐中的贮存温度不宜低于110℃，并不得高于170℃。

表3-28 基质沥青质量检测频率

项目		检查频度	平行试验次数或一次试验的试样数
针入度		每2d 1次	3
软化点			2
延度（10℃）		每1d 1次	3
含蜡量		每批及必要时	2~3
TFOT（或RTFOT）后残留物	延度（10℃）	每1d 1次	3
	针入度（25℃，0.1mm）	每2d 1次	3
	质量损失（%）		3

3. 改性沥青质量控制及检测频率

(1) 原材料控制。SBS改性剂必须具备生产厂家检测报告，经实体工程验证，并取得良好的应用效果，未经工程验证的材料不得使用。

(2) 沥青改性设备控制。改性设备的生产效率应与路面施工进度相匹配。同时设备应具有良好的稳定性。改性设备的生产效率应与路面施工进度相匹配。同时设备应具有良好的稳定性。设备使用前应按相关规范要求进行标定和检验，且定期检测设备运转情况。

改性沥青加工设备应安装远程监控信号采集系统。改性沥青供货单位在计量时必须附带系统中所采集的SBS掺量数据，掺量不足或缺少监控数据时不予支付。

(3) 改性沥青生产过程控制。

①通过配伍性和适应性试验确定改性剂掺量，改性后的沥青应符合规范及设计要求。

②改性过程中应严格控制SBS掺量，对改性后的沥青施工单位应外委有资质的检测单位进行SBS掺量检测。检测时需提供SBS掺量为3.5%、4.0%、4.5%以及5.0%的标准样品。

③改性沥青生产过程中，生产厂家应提供详细的改性流程工艺及实时记录并向驻场监理工程师提供当日材料消耗量清单，驻场能够承担改性沥青质量检测任务的试验人员，驻场验收人员应具备能够承担改性沥青质量检测任务的试验人员担任，驻厂监理工程师应对改性沥青的生产进行全过程监理，每天应对改性沥青生产总量、基质沥青、改性剂用量等进行总量核查，同时建立原材料使用台账。

④改性沥青加工过程中应严格按照设定的温度、研磨、溶胀、发育工艺及时间要求进行控制，生产厂家对每一批改性完的沥青进行质量检测并出具检测报告。

⑤改性沥青厂家和施工单位必须在实验室配备2名有相关资质的人员监控。

(4) 施工过程中成品改性沥青的质量控制。

①改性沥青运至工地后，监理工程师应检查随车出厂检验单、运单、铅封等，经确认无误后，方可启封取样检测各项指标，并留样封存。

②改性沥青在工地存储期间，在储罐中的贮存温度不宜低于130℃，并不得高于175℃，且罐内应安装搅拌设施，在存储期须不断搅拌或在罐内泵送循环，避免离析。

③改性沥青质量控制重点检测135℃运动黏度、针入度、软化点、延度、改性剂掺量、老化后延度、针入度比等关键指标，质量评定时须包括改性剂掺量检测内容。各项指标具体检测频率见表3-29。

表3-29 SBS改性沥青质量检测频率

项 目	检验频率		平行试验或一次试验试样数
	生产方	使用方	
针入度（25℃，100g，5s）	1次/罐	1次/d	3
软化点（$T_{R\&B}$）	1次/罐	1次/d	2
运动黏度135℃	1次/罐	1次/d	2
延度（5cm/min，5℃）	1次/罐	1次/d	3
针入度指数PI	1次/500t	1次/500t	2
弹性恢复25℃	1次/500t	1次/500t	3

续表

项 目		检验频率		平行试验或一次试验试样数
		生产方	使用方	
离析，48h 软化点差		1次/周	1次/周	2
TFOT（或 RTFOT）后残留物	质量损失	1次/罐	1次/d	3
	针入度比（25℃）			3
	延度（5℃）			3
SBS 掺量		1次/3000t	1次/3000t	2

4．骨料质量检测频率

（1）粗骨料。粗骨料质量检测频率见表 3-30。日常检测中应重点控制粗骨料中含泥量。

表 3-30　粗骨料质量检测频率

指标	抽检频率	平行试验或一次试验试样数
外观（石料品种）	随时	—
190℃石料压碎值	1次/2000t，料源变化时1次	2
水洗法＜0.075mm 颗粒含量		2
石料压碎值		2
洛杉矶磨耗损失		2
表观相对密度		2
吸水率		2
对沥青的黏附性		2
坚固性	1次/2000t，料源变化时1次	2
针片状颗粒含量		2～3
其中粒径大于 9.5mm		2
其中粒径小于 9.5mm		2
软石含量		2
单粒径级配范围		2～3

（2）细骨料。细骨料质量检测频率见表 3-31。

表 3-31　细骨料质量检测频率

指标	抽检频率	平行试验或一次试验试样数
颗粒组成（筛分）	随时	—
砂当量（或亚甲蓝值）	1次/1000t，料源变化时1次	2
表观相对密度		2
坚固性（大于 0.3mm 部分）		2
棱角性（流动时间）		2

5. 矿粉的检测频率要求

矿粉的检测频率见表 3-32。严格控制 0.075mm 以下颗粒含量,其允许误差为 ±1%。

表 3-32 矿粉质量检测频率

指标	抽检频率	平行试验或一次试验试样数
外观	随时	—
表观相对密度	1 次/100t,异常时 1 次	2
粒度范围		2
亲水系数		2
塑性指数		2
加热安定性		2
含水量		2

3.5.6.3 沥青混合料质量控制与检查

沥青混合料检查内容及检查频率见表 3-33。

表 3-33 沥青混合料质量控制要求及检查频率

项 目		规定值或允许偏差	检查频率
拌和时间	干拌时间	符合规范及设计要求	1 次/d
	湿拌时间		
	总拌和时间		
施工温度	矿料加热温度	符合规范及设计要求	1 次/d
	沥青加热温度		
	出料温度		每车检测
	摊铺温度		
	碾压温度		随时检测
厂拌矿料骨料级配偏差(%)		符合规范规定	2~3 次/d
马歇尔试件指标	沥青含量偏差(%)	±0.2	2~3 次/d
	VMA、VV、VFA(%)	符合规范规定	2~3 组/d
	稳定度(kN)		
	流值(0.1mm)		
	理论最大密度	实测记录	1 次/d
车辙试验动稳定度		符合规范规定	1 次/3d
浸水马歇尔试验			1 次/7d
冻融劈裂试验			配合比试验和施工过程中各 1 次
低温性能			配合比试验和施工过程中各 1 次

3.5.6.4 面层质量检查

1. 路面取芯要求

(1)沥青路面取样时间规定为施工后的第二天按照规定的点位进行。

(2) 路面取芯时应采用海绵围住钻头，取芯结束后应冲洗取芯部位周围，以免污染路面。

(3) 及时回填取芯孔，回填材料采用同一面层沥青混合料；回填前对取芯孔的孔壁涂刷改性乳化沥青，并分层夯实回填材料。

2. 压实度的检测

(1) 路面压实度测定时建议施工单位、监理、中心实验室三方共同进行，减少钻芯对路面的破坏，其试验检测数据共用。同时利用芯样检测面层厚度和层间黏结情况。

(2) 采取压实度和空隙率双重控制标准。压实度评定以钻芯样为准。压实度和空隙率的计算采用当天的马歇尔标准密度和最大理论密度，当天的马歇尔标准密度和最大理论密度与配合比设计时的标准密度及最大理论密度的偏差必须小于1%。

3. 厚度的检测

(1) 充分利用摊铺过程在线控制，即在满足路线纵坡、设计高程的前提下，不断地用插尺或改锥插入摊铺层测量松铺厚度。

(2) 利用每天拌和楼沥青混合料总量与实际铺筑的面积计算平均厚度进行总量检测。

(3) 在钻孔检测压实度的同时测量厚度并计算平均值和代表值。

4. 沥青路面层间黏结情况检测

通过取芯法进行路面层间黏结情况检测，检测频率同路面钻芯取样检测压实度和厚度时频率一致，在取芯法检测压实度和厚度的同时检测面层黏结情况。

5. 平整度的检测

施工过程中路面施工质量检测标准及频率见表3-34。

表3-34 施工过程中路面施工质量检测标准及频率

项 目		规定值或允许偏差			检查频率
		上面层	中面层	下面层	
压实度及芯样	理论最大相对密度	≥94%	≥94%	≥93%	每2000m^{2}一组，逐个试件评定并计算平均值
	马歇尔密度	≥98%	≥98%	≥97%	
	芯样空隙率	≤6%	≤6%	≤7%	
平整度	标准差	≤0.7mm	≤0.8mm	≤1.0mm	一段完工后
	3m直尺	≤3mm	≤3mm	≤5mm	
渗水系数（mL/min）		≤80mL/min	≤80mL/min	—	每1km不少于5点，每点3处取平均值，合格率不小于90%
厚度		设计值的-8%			每2000m^{2}一点，单点评定
宽度		±20mm			每断面
纵断面高程		±10mm			每断面
横坡		±0.3%			每断面
外观		表面平整密实，不得有明显轮迹、裂缝、推挤、油汀、油包等缺陷，且无明显离析			每日例行

3.5.6.5 施工动态质量管理

1. 检测指标波动图和直方图

绘制油石比、空隙率、级配、压实度、现场空隙和厚度等波动图和直方图，实行质量动态管理控制。当某一指标超出允许范围时,要分析原因,并对施工路段进行处理。

2. 总量检测控制

利用沥青拌和楼打印结果复核试验检测结果,进行总量检测控制。

(1) 利用沥青拌和楼当天生产的混合料总量与实际铺筑的面积计算平均厚度,复核取芯厚度的准确性,并进行总量检测和厚度复核与总量控制。

(2) 利用沥青拌和楼当天生产的混合料总量与所用沥青总量平均油石比,复核实测油石比的准确性,进行总量检测和油石比复核与总量控制。

(3) 要在不同阶段统计全线所用沥青总量,与沥青供应商的进场总量进行比较,宏观上控制沥青总用量。

3.6 桥面沥青铺装层施工

3.6.1 一般规定

(1) 桥面沥青混合料配合比设计时应充分考虑其高温稳定性、低温抗裂性及抗渗性能。

(2) 桥面沥青铺装层施工必须确保水泥混凝土完全干燥,严禁在潮湿、低温条件下摊铺沥青混合料。

(3) 严格控制沥青铺装层的摊铺速度、压实度、空隙率、渗水系数。桥面混合料压实必须以轮胎压路机揉搓为主紧跟碾压,钢轮压路机采用振荡压路机。

(4) 桥面排水设施必须完善、通畅。除了在桥梁上设置泄水孔以外,还应在桥面横坡较低的一侧沿着纵向设置碎石盲沟,引导排放结构层层间水。

(5) 桥面防水及铺装施工中,应对防撞栏等结构物采取遮挡、覆盖等措施加以保护,以免溅上沥青受到污染。

3.6.2 桥面板浮浆处理

(1) 桥面板处理前,应检查水泥混凝土桥面板质量,如有脱空、破损、开裂等问题应及时处理。

(2) 在桥面板大面积处理施工前,应选择长度不小于200m有代表性桥梁进行试验段施工,验证选择的桥面板处理的机械设备的组合形式及适用性,确定桥面板处理施工的标准施工工艺。

(3) 根据试验段施工确定的施工机械设备的类型、组合形式以及施工工艺,对水泥混凝土桥面板表层浮浆进行处理,边角部位采用人工配合小型设备处理。

(4) 先用强力清扫车清理桥面浮渣,后用强力清扫车清扫,全断面空压机吹尘。防水层施工前用森林灭火器再次吹尘,保持工作面干燥、清洁;检查排泄水孔是否通畅。

(5) 处理后混凝土桥面板应平整、粗糙、干燥、整洁,不得有尘土、杂物、油污,桥面横坡应符合要求。当不符合要求时应予及时处理,对尖锐凸出物及凹坑应予打磨或修补。

(6) 桥面板处理质量,具体技术指标见表3-35。

表 3-35 水泥混凝土桥面处理质量控制标准

项目	单位	质量或允许偏差	检测频度	检验方法
构造深度	mm	>0.9	洒布前，必要时	T 0961
平整度	mm	没有明显凸起或凹下，3m 直尺最大间隙≤5mm，高程偏差≤15mm	需要时	—
清洁度	—	指触无明显灰尘	每施工段落	目测

（7）伸缩缝保护处理。桥面铺筑层施工前须将桥梁伸缩缝用沥青混合料垫平并碾压密实，使摊铺机在该处平稳通过，确保平整度。用手扶振动压路机处理边角以减少桥头路堤日后的沉降。具体步骤是：

①将伸缩缝内的杂物、垃圾清理干净；
②用 8 号铁丝网状连接两边预埋钢筋；
③用麻袋装上低强度等级混凝土堵塞；
④铺筑填充 8～10cm 沥青混合料找平。

3.6.3 桥面防水层施工

（1）桥面板处理质量经监理工程师验收合格后方可进行桥面防水层施工。水泥浮浆未处理的，或废渣、粉尘清理不干净的，严禁进行防水层施工。

（2）桥面防水采用 SBR 改性乳化沥青，用于改性的基质沥青为 A-70 号基质沥青，技术指标符合规范要求。

（3）选取长度大于 200m 的有代表性的桥梁进行桥面防水层试验段施工，验证用于正式施工的 SBR 改性乳化沥青洒布量，同时确定洒布车的行驶速度和洒布宽度、合理的作业面长度以及防水层的标准施工方法。

（4）防水层的喷洒分两次进行，每次喷洒量为 $0.3kg/m^2$ 左右，总量控制在 $0.6kg/m^2$ 左右。待第一次喷洒的防水层破乳完全后再进行第二次喷洒。

（5）喷洒的防水层必须呈雾状，在路面全宽度内形成均匀薄层，不得有洒花漏空或呈条状，也不得有堆积。喷洒不足的要补洒，喷洒过量处应予人工刮除。

（6）喷洒防水层后应及时封闭交通。待乳化沥青破乳、水分蒸发完成后紧跟着进行 SBS 改性沥青同步碎石封层施工，确保防水层不受污染。

（7）桥面防水施工质量检测。
①桥面防水层施工用 SBR 改性乳化沥青质量检测结果应符合规范要求。
②桥面防水层施工质量检验结果应符合规范要求。

3.6.4 桥面 SBS 改性沥青同步碎石封层

（1）桥面防水施工质量经监理工程师验收合格后，方可进行 SBS 改性沥青同步碎石封层的施工。

（2）采用改性沥青 SBS（I-C）和 4.75～9.5mm 碎石。其质量应符合规范中对下封层原材料的要求。

（3）选取长度大于 200m 的有代表性的桥梁进行桥面 SBS 改性沥青同步碎石封层试

验段,确定用于正式施工的改性沥青洒布量、碎石撒布量、同步碎石封层车行驶速度及起步、终止的横向及纵向洒(撒)布布幅间搭接工艺、碾压工艺。同时,确定施工产量及作业段长度,修订施工组织计划,确定封层的标准施工方法。

(4) 桥面 SBS 改性沥青同步碎石封层施工应符合封层施工要求。

(5) 桥面 SBS 改性沥青同步碎石封层施工质量检测。

①SBS 改性沥青质量检测结果应符合要求。

②施工质量检测项目包括:沥青喷洒量、碎石撒布量、刹车试验、外观检查等。

3.6.5 桥面铺装层施工

3.6.5.1 材料及配合比要求

桥面铺装层结构、材料、配合比应专项设计,除应符合规范中有关规定外,还应满足以下要求:

1. 桥面铺装层结构设计

桥面结构受力不同于路基段和隧道内路面,因而沥青混合料桥面铺装层结构应专项设计。设计时重点考虑沥青铺装层与桥面板的黏结、桥面铺装层防水、抗剪切推移、抗车辙等。

2. 桥面铺装层材料设计

(1) 为了减少桥面沥青铺装层渗水,同时保证抗车辙性能,必须对桥面沥青铺装层原材料质量严格控制把关,包括矿粉的质量、机制砂的质量,并降低碎石的粉尘含量。

(2) 桥面铺装层沥青混合料的级配范围参考相关规范及设计,沥青混合料的关键筛孔允许偏差应符合规范的规定,同时为保证桥面铺装施工质量,桥面沥青混合料的级配应区别于路基段落,在遵循规范中规定范围的前提下可适当靠级配上限。

(3) 长大纵坡、急弯路段的桥面中面层配合比设计时,要考虑混合料的抗车辙能力、桥面层间黏结能力、防渗水能力。

(4) 中面层沥青混合料级配应用骨架密实结构,渗水系数应按小于 50mL/min 控制。

(5) 桥面铺装层沥青混合料的室内试验温度、马歇尔试验技术要求、路用性能要求应符合规范规定。

3.6.5.2 面层施工

(1) 桥面铺装层施工前的准备、机械、材料以及作业面的组织,应按施工组织设计组织施工。

(2) 桥面铺装层试验段应选在具有代表性的桥梁(长度大于 200m)上,采用两种或两种以上的试铺碾压方案,每种方案的长度不宜小于 100m,整个试验段长度不宜小于 200m。验证用于施工的混合料生产配合比,确定合理的施工机械配备、组合方式,以及混合料拌和设备与运输车辆及摊铺能力的协调性、摊铺工艺和碾压工艺等标准施工方法。

(3) 沥青混合料的拌和、运输按施工方案组织施工。

(4) 对于平整度差的桥面铺装层,以及桥头与路基衔接段落(长度不小于 100m),中面层施工时必须采用挂钢丝法引导高程,以提高平整度。

(5) 为确保桥面沥青铺装层的压实度和泌水效果，摊铺速度按 1.5～1.8m/min 控制。

(6) 因桥面凌空，混合料温度散失较快，混合料摊铺温度应适当比路基段提高 5～10℃，碾压时应紧跟摊铺机，在最短时间内碾压密实。

(7) 桥面铺装的压实应采用振荡压路机、振动压路机与胶轮压路机组合碾压。

①桥面沥青混合料铺装压实时，采用振荡压路机，并根据混合料种类、温度和层厚选用适宜的振动频率和振幅，层厚较大时选用较大的频率和振幅，具体频率和振幅应在试验段上确定。相邻碾压带重叠宽度为 5～10cm，振荡压路机倒车时应先停止振荡，并在向另一方向运动后再开始振荡，以避免混合料形成鼓包。

②桥面沥青混合料碾压方案一般为：初压采用双钢轮静压；复压采用振荡压路机与胶轮压路机同时进退的整体连续作业方式；终压采用双钢轮静压。具体碾压方案应通过试验路段确定。碾压必须及时，避免混合料温度降低过快造成碾压不密实，进而产生漏水现象，造成桥面早期破损。

(8) 边部碾压时，为避免对桥面混凝土护栏的碰撞，尽量采用小型压实设备，增加碾压遍数，确保边部密实。

(9) 严禁多台振动压路机碾压同一断面，防止共振。

(10) 桥面铺装层施工时，严禁运输车辆在桥面调头。除非特殊情况，应尽可能避免紧急制动，以避免破坏桥面防水层。

(11) 桥梁标高较高的一侧，中面层顶面边部 20cm 宽涂刷热沥青，防止边部碾压不密实导致渗水。

(12) 桥面沥青铺装层施工，应按设计做好桥面碎石盲沟的预留，以保证桥面排水系统的完善。桥面排水盲沟处须支立模板，控制线型。

3.6.5.3 质量检测及标准

(1) 桥面沥青铺装层原材料、混合料、施工质量控制应按施工组织设计中的技术要求进行质量控制。

(2) 施工过程中应随时进行外观（色泽、油膜厚度、表面空隙等）检查；当发现铺筑层局部渗水、严重离析时，必须采取补救措施。

(3) 桥面沥青铺筑层施工过程中如发现油斑或局部光面时，应检测油石比、矿料级配是否偏离设计，拌和是否均匀，有无矿粉结团和用量偏离设计等情况；严重者应予以铲除，并调整配合比。

(4) 应重点对桥面沥青铺装层压实度和渗水系数进行检查，其中渗水系数检测频率应是普通路段的 2 倍。

(5) 在桥面沥青铺装层施工过程中，应对桥面防水层的效果进行评定，确认防水层完整不透水、与桥面板黏结良好。

(6) 桥面沥青铺装层与路面连接部位应平顺。

3.6.5.4 沥青铺装层缺陷处理

1. 平整度处理措施

(1) 水泥混凝土铺装层平整度处理措施：铣刨。

(2) 中面层平整度处理措施：铣刨、沥青调平层。

(3) 桥面铺装表层横向接缝全部预留在桥梁伸缩缝内，减少永久性接缝的数量。

2. 局部渗水处理措施

(1) 桥面铺装层施工完毕，应进行质量回头望，对局部离析段落采用乳化沥青或离析处置材料进行防渗水处理。

(2) 在已铺筑桥面中面层横坡上游边部，布洒20cm宽的热沥青或用离析处置材料封边。

(3) 在已铺筑桥面上面层横坡上游边部，布洒2遍10cm宽的乳化沥青或离析处置材料封边。

3.7 附属工程

3.7.1 路缘石、路边石施工

3.7.1.1 预制

(1) 预制采用模具成型，模具尺寸严格遵照图纸标示尺寸。

(2) 严格按混凝土配合比设计报告要求，在模具内浇筑混凝土，预制出的路边石具有足够的强度，抗撞击，耐风化，表面平整，无脱皮现象。否则，予以废弃。

3.7.1.2 运输

预制件在运输过程中，应轻拿轻放，避免损坏。运到施工现场的路缘石要及时安装，不能及时安装的路缘石及其他材料要沿基础一侧依次摆放整齐，不能影响路容路貌。

(1) 上基层施工完并经监理工程师验收合格后，路缘石安装前，应校核道路中线，测设路缘石安装控制桩，直线段桩距为10m，曲线段桩距不大于5m。

(2) 运至施工现场的路缘石、路边石应再次检查，强度不合格、色泽不一致、外观尺寸误差较大、表观难看（有掉边、掉角、蜂窝、麻面、颜色不一致等现象）的不予使用。

(3) 路缘石必须在上面层施工之前安装完毕，路边石应在上面层施工完成后尽快安装完毕。安装后必须再挂线，调整侧石至顺直、圆滑、平整。

(4) 勾缝前先将侧石缝内的土及杂物剔除干净，并用水润湿，然后用水泥砂浆灌缝填充密实后勾平，缝宽均匀，勾缝密实，无杂物污染，用软扫帚除去多余灰浆，并应适当洒水养护。

(5) 垫层和勾缝砂浆按实验室配比拌和，勾缝砂浆采用细砂，强度满足施工图要求。施工质量检测见表3-36。

表3-36 质量检测项目

检测项目		要求值	检查方法和频率	
混凝土强度（MPa）		≥20	按照规范及监理指定	
断面尺寸（mm）	≤80	±5	尺量：2处	按构件总数的30%
	>80	±10		
长度（mm）		−10，+5	尺量	

3.7.2 护栏施工

（1）立柱放样后排查地下管线、泄水管或结构物情况，并根据排查情况调整立柱位置或固定方式，立柱及柱帽安装牢固，顶部应无明显塌边、变形开裂等缺陷。

（2）横梁安装：护栏板拼接方向与行车方向一致，再用高强螺栓拼接；立柱间距不规则时，利用调节板、梁进行调节，严禁现场切割护栏板；所有连接螺栓及拼接螺栓在护栏的线型调整完毕时拧紧；护栏端头通过螺栓与护栏板牢固连接，采用高强螺栓。

（3）施工工序：测量放线→立柱定位→立柱安装→立柱竖直度校正→波形梁安装→调整波形梁放线→拧紧紧固件→交工。

（4）施工时注意纵向排水沟、集水井、盲沟及管线等设施的保护。

3.7.3 中央分隔带施工

（1）当水泥稳定碎石左右两侧上、下层均施工完毕后，即可开始中央分隔带施工。

（2）根据中央分隔带内中心桩和盲沟的设计要求，确定盲沟开挖中心线、边线、坡度、平台宽度，确定各部位的控制点，盲沟中心线每10m放样打桩。按照图纸的断面尺寸要求，放样确定中央分隔带集水井的开挖面标高并计算出开挖深度标记在木桩上。

（3）水平测量确定各部位高程、宽度、坡度，以保证各部位尺寸能满足设计施工要求。

（4）中央分隔带内的排水设施和通信设施应根据施工进度尽快完成并进行回填。

（5）在现浇水泥混凝土的施工过程中，必须严格按照施工配合比施工，并采用振捣棒等设备加强对混凝土的振捣，混凝土振捣要求无蜂窝、麻面，并按规范要求进行覆盖养护。

（6）严格按照图纸施工，每道工序经监理工程师检查合格后才能进行下道工序的施工。

4 桥梁工程

4.1 编制原则

4.1.1 编制目的

为保证公司所承担监理项目的桥梁工程施工质量,加强安全管理,提高文明生产,优化施工工艺,并结合多个项目现场实际施工情况,特制定本实施细则。

4.1.2 编制依据

(1) 国家、交通主管部门发布的与工地建设相关的文件、标准、规范、规程和指南。
(2) 河南省颁布施行的有关施工管理的文件规定。
(3) 行业通行的先进施工工艺和管理办法。

4.2 施工准备

4.2.1 一般规定

(1) 桥梁工程现场管理模式以"三集中"方式实施。
(2) 施工进场后,场地及便道必须按标准要求进行整平、硬化处理。
(3) C40以上的混凝土构件所用的砂石料必须进行水洗,合格后方可使用。
(4) 钢筋加工使用全自动数控钢筋加工设备。
(5) 梁板预制养护,夏季配备自动喷淋养护设施,冬季配备蒸汽养护棚;其他混凝土构件,夏季采用一布一塑不间断滴灌养护法,冬季采用加热升温。
(6) 基坑开挖、支立模板、钢筋绑扎、混凝土浇筑、拆模后成品检查均应留存照片。
(7) 桩头凿除应采用人工凿除,严禁采用炸药、机械或膨胀剂等方式进行。
(8) 下部
①桩柱式桥台应在土方填至盖梁底部标高后,方可进行盖梁施工。
②墩台柱、盖梁等必须采用大型组合钢模板,禁止使用木模板。墩柱模板面板厚度应不小于5mm,盖梁模板面板厚度应不小于6mm。
③墩台、柱和系梁应同步浇筑,垫石、挡块和盖梁应同步浇筑。
④严格控制钢筋保护层厚度。
⑤沉降缝必须从上到下保持通缝,控制好垂直度、缝宽。

(9) 上部结构。

①预制。

a. 空心板预制采用非抽芯式聚苯乙烯泡沫板或定型钢模作内模,解决内模上浮的通病。

b. 张拉台座要求采用不小于10mm的钢板底模,严格控制其宽度、平整度和顺直度。

c. 侧模应为包底模,边梁带挑檐侧模要求采用整体钢板一次压制成型,在挑檐模板上要粘贴1~2cm半圆滴水条。

d. 钢筋在加工棚内集中加工,空心板钢筋骨架采用预制槽外绑扎,整体吊装到槽内。

e. 钢筋保护层厚度必须保证。采用与保护层厚度相同的砂浆垫块,垫块强度和混凝土的强度等级相等,绑扎前要在水中浸湿,放置时要错开。

f. 采用高频振动凿毛机对空心板腹板进行凿毛处理,凿除腹板表面浮浆,露出石子,以加强相邻梁板间铰缝混凝土的结合质量,顶面用钢丝刷刷去浮浆。

g. 空心板梁堆放不得超过三层,箱梁堆放不得超过二层,存梁时间不得超过90d。

h. 箱梁浇筑混凝土前应严格检查伸缩缝、护栏、泄水孔、支座等附属设施的预埋件是否齐全。施工时,应保证预应力孔道及钢筋位置的准确性;预制梁顶、底板及腹板较薄,施工单位应选用合适的骨料粒径并做好配合比试验;梁端2m范围内及锚下混凝土局部应力大、钢筋密、要求强度高,应充分振捣密实,严格控制其质量。

i. 预应力管道的位置必须严格按照坐标定位,如果管道与钢筋发生碰撞,应保证管道位置不变。浇筑前检查波纹管的密封,防止混凝土浇筑时阻塞管道。

j. 箱梁混凝土强度应符合设计要求,设计未规定时,应不低于设计强度的80%,且混凝土龄期不少于7d方可张拉预应力钢束,且两端同时张拉。

k. 施加预应力采用张拉力与拉伸量双控,实际量和理论量误差控制在6%。

l. 孔道压浆要求饱满,张拉完成48h内进行。水泥浆强度达到40MPa时,箱梁方可吊移。

②桥面铺装。

a. 采用机械方式清除桥面浮浆,做好桥面防水。

b. 桥面采用机械全幅一次性摊铺,若分幅应合理划分,纵向缝应设置在车道标线处;提倡使用槽钢标高行走轨道,严禁使用混凝土带标高行走轨道。

c. 采用短节钢筋对已绑扎好的钢筋网片进行支垫,确保位置准确,浇筑混凝土时严禁车辆碾压钢筋网片及混凝土未达到设计强度的桥面。

③护栏。

a. 护栏施工要重点控制好高程和顺直度,确保护栏高程准确、线型顺畅。

b. 护栏内侧模板每隔2m加附着式高频振动器,确保护栏混凝土密实、色泽一致。

c. 护栏模板底砂浆找平层严禁侵入护栏混凝土,护栏施工完毕后予以清除。

4.2.2 人员组织

(1) 承包人中标后,按投标文件承诺的技术人员及主要施工人员及时进场。

(2) 承包人进场后,根据合同工期合理安排专业施工队伍进场,并编制(月、季、半年、年)劳务用工计划且上报监理工程师批准。

(3) 专业化施工队伍的作业人员必须具有劳动部门颁发的特种作业许可证。

(4) 根据工程进展情况及时调整劳务用工计划,确保特殊季节(农忙、春节等)劳务人员数量。

(5) 承包人要及时统计劳务人员基本信息,及时与工程所在地公安机关、劳动部门沟通办理相关手续。

(6) 定期对劳务人员进行安全教育,按时对劳务人员发放劳保用品。

(7) 按时结算劳务人员工资,不准拖欠农民工工资。

4.2.3 主要设备、物资及管理

4.2.3.1 桥梁施工主要设备配备

(1) 成孔设备:钻机及配套设备。

(2) 钢筋加工设备:闪光对焊机、电渣压力焊机、电焊机、调直机、镦粗机等。

(3) 混凝土设备:混凝土拌和站、混凝土运输车、混凝土输送泵、装载机、塔式起重机、小型门架、振捣棒、附着式振捣器、导管、串筒、定型大块钢模板、异型大块钢模板等。

(4) 吊装设备:龙门架、架桥机、汽车起重机、浮吊、运梁车、慢速卷扬机等。

(5) 其他设备:挖掘机、推土机、张拉压浆设备、蒸汽锅炉、发电机组、凿毛机、抛丸(喷砂)凿毛机。

4.2.3.2 主要机械设备管理

(1) 施工车辆和各类机械设备按照类别统一编号,规范标识,标明机械名称、型号、状况、安全注意事项及机手姓名等(标牌具体要求见《河南省普通干线公路建设标准化管理指南》)。

(2) 设备停放位置,应合理规划、分区布置、摆放整齐。承包人应定期对施工机械(具)设备进行检查维修和保养清洗,严禁设备带病作业。

(3) 主要设备明确一名负责机手、一名替班司机。

(4) 设备进场后进行安全验收,保证施工设备安全可靠。

4.2.4 施工场地建设、临时设施、便道及便桥

4.2.4.1 钢筋加工场建设要求

(1) 钢筋加工场按照《河南省普通干线公路建设标准化管理指南》要求统一硬化处理。

(2) 详细、合理地布置加工场地。

(3) 建设标准的钢筋存储及钢筋加工棚,钢筋存储库房地面应高出周围地面20cm(图4-1)。

(4) 半成品钢筋按图纸统一编号分类堆放,禁止各种规格的钢筋混在一起乱堆乱放,并设立钢筋存放牌标明钢筋的编号、数量和使用部位。

(5) 按要求设置加工机具标牌,清楚地标明操作规程、质量标准及岗位负责人(标牌具体要求见《河南省普通干线公路建设标准化管理指南》)。

图 4-1　钢筋储存棚

4.2.4.2　混凝土拌和站（预制场）建设要求（见《河南省普通干线公路建设标准化管理指南》）

（1）拌和（预制）场地占地面积满足施工需求（图 4-2）。

图 4-2　混凝土拌和站

（2）拌和站（预制场）设置在地势相对高、易排水防洪的开阔地带，并修建隔离围墙；材料堆放区按《河南省普通干线公路建设标准化管理指南》要求进行硬化处理。

（3）拌和站、预制场建立通畅的排水系统，设置沉淀池，做到雨水、污水集中排放、沉淀、再利用，避免对原地表的冲刷和污染。

（4）每个拌和站须配有自动计量及自动打印设备；所有计量仪器必须经过计量部门标定，并经监理现场出料验证。

（5）拌和楼按全封闭设置，减少或防止灰尘污染。

（6）使用散装水泥和粉煤灰；水泥（或粉煤灰）罐必须安装避雷设施。

（7）上料斗之间加设隔板，隔板高度 50cm，避免上料时混杂，配料机料仓设置遮雨篷。

（8）拌和站附近按要求设置标牌，清楚地标明拌和站操作规程及当日所用材料施工配合比、质量标准及岗位负责人（标牌具体要求见《河南省普通干线公路建设标准化管理指南》）。

（9）配备能满足施工需要的水洗设备。

（10）冬季设加热措施。

4.2.4.3 桥梁施工便道、便桥的技术质量要求

（1）桥梁施工便道设在便于桥梁施工的一侧，宽度、错车道、硬化见《河南省普通干线公路建设标准化管理指南》。

（2）顺桥向便道必须全部贯通。每个墩、柱施工现场与便道（便桥）横向连接，连接部位及施工现场按便道（便桥）标准硬化。

（3）遇有河流、水库必须搭设便桥，便桥必须满足载重和排洪要求，便桥桥面宽度不小于4.0m，设置防护栏杆和限载标牌（标牌具体要求见《河南省普通干线公路建设标准化管理指南》）。如图4-3所示。

图4-3 施工便桥

4.2.4.4 施工临时用电

（1）承包人向供电部门申请用电应包括以下内容：临时用电负荷；临时用电线路的平面布置图；临时用电的安全使用方案。

（2）桥梁每1~2个墩对应点预设1个配电箱。现场必须实行三相四线制接零保护系统，必须做到"三级配电二级保护"和"一机一闸一漏一箱"。

（3）桥梁施工现场应配有2名以上专职电工，负责与地方供电部门的协调、对桥梁施工用电进行统一管理，以及对各种用电设备进行日常养护管理。

（4）施工现场的配电箱按电力规范配置，在配电箱明显位置设置安全警示标志（警示牌具体要求见《河南省普通干线公路建设标准化管理指南》）。

（5）根据工地现场的实际布置情况，在拌和站、预制场和各个桥梁施工现场应配备满足施工要求的备用电源。

（6）所有动力设备应有可靠的接地保护和防雷措施。

（7）设专人对现场用电进行管理，定期检查线路，严禁私搭乱接，杜绝用电安全事故发生。

4.2.4.5 施工临时用水

(1) 承包人进场后根据项目工程的大小计算项目的生产、生活及消防等用水量，合理地制定施工用水计划。

(2) 对施工现场（周围）的水源进行调查，同时进行水质检测（达到施工用水标准）。

(3) 设置足够的蓄水池，蓄水池应加盖或安装护栏并有安全警示标志，非施工人员禁止靠近。

4.2.5 技术准备

(1) 根据招投标文件、施工合同、设计文件及有关规范并结合现场情况编制切实可行的施工组织设计，总监办审批，业主备案。

(2) 开工前做好技术交底工作，并严格执行规范及有关技术操作规程的规定，建立和健全各项质量措施。

(3) 根据桥梁设计要求的精度，确定利用原设计控制点和加密控制网点。

(4) 开工前，进行导线点、水准点复核。相邻合同段复核导线，测量时必须进行 2 个导线点。

(5) 用于桥位放样的导线点（必要时加密导线点）满足测设桩位和桥梁修建过程中的通视要求。

(6) 桥梁施工测量成果经监理工程师批准后，进行具体的桩位施工放样工作。桩位经监理工程师复核无误后，进行护筒埋设工作（图 4-4）。

图 4-4　测量成果复核

(7) 导线点、水准点控制桩固定在地质条件相对稳定的地方。对控制桩严加保护，不准车压等情况发生，设立明显标志加以警示。

(8) 组织技术人员进行图纸会审，并进行技术交底。

(9) 进行单位、分部、分项工程划分，并经总监理工程师批准，业主备案。编制材料计划分析、危险源分析、机械设备、人员到场计划等。编制可行、合理并满足进度要求的施工进度计划。

(10) 对项目中的重点工序、关键工序及影响工期的工序的技术方案、安全方案、工期安排等进行分析，编制合理的施工措施，确保工程实施。

4.2.6 原材料的要求及验证流程

4.2.6.1 原材料的选用要求

为了保证桥梁质量，对用于桥梁施工的原材料质量严格控制，进入施工现场的原材料（包括甲供和甲控材料）应具有出厂合格证、材质单，进场前进行质量检测、比选。

4.2.6.2 原材料试验检测要求及流程

（1）各种原材料做到先检验后使用。

①承包人使用的原材料，进入施工现场后，按规定的批量和频率自检，检验合格后填写《进场材料报验单》报试验监理工程师审核。

②试验监理工程师根据检验报告及进场材料的数量按规定频率抽检，材料合格，试验监理工程师签发进场材料报验单。

③试验检测不合格的原材料不准用于工程中，并限时清理出施工现场。

（2）试验监理人员应独立完成现场抽检的一切工作，并执行试验检测旁站见证制度，以监督承包人实验室试验检测工作的运行情况，见证承包人实验室试验检测数据的真实性。

（3）同品种材料现场取样数量较多时，应做样品标识。标识内容包含规格、型号、批号、取样地点或使用部位等信息，避免样品之间混淆。

（4）现场制作好的有效样品应及时运送至实验室保管，防止损坏、丢失。对于有特殊温度、湿度要求的样品，应将样品及时存放于满足环境要求的样品室。

（5）在施工过程中，对用于工程的材料，各级实验室要随机抽样进行复核性试验，以保证材料的质量。

（6）对于一次样品抽检不合格的，应及时通知承包人，进行双倍取样复检。复检仍不合格的，视情况做出降级或作废处理。

（7）对所有原材料试验、标准试验、工艺试验、现场检测试验按照招标文件及规范规定的频率检测，使所有工程全部处于受控状态，并达到质量标准。

（8）配合做好第三方试验取样及验收试验检测准备工作（图4-5）。

4.2.6.3 材料的运输方式及路线规划

（1）原材料在运输过程中应做有效覆盖，避免散落、受潮。

（2）规划合理的材料运输路线，尽量不扰民，避免出现交通事故。

（3）各类原材料在采购、运输、存储、加工、搬运和使用过程中，要保证其质量不受损坏。

4.2.6.4 材料的储存方式、场地及保护措施

储存原材料场地必须按《河南省普通干线公路建设标准化宣贯材料》规定标准进行硬化处理。原材料存储要建立入库、出库台账，做到账物相符。入库、出库、试验、加工、使用记录台账一一对应。

1. 钢材储存要求

（1）搭设钢材储存棚，棚内地面进行15cm混凝土硬化处理，设置高于地面50cm

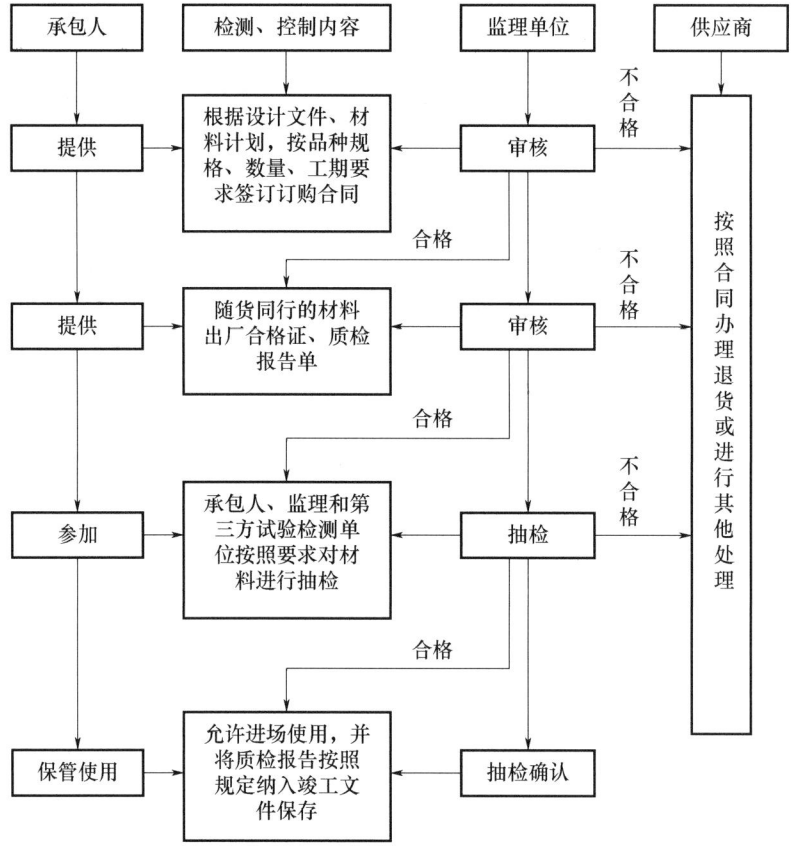

图 4-5 原材料试验检测流程

的混凝土支墩。

(2) 保证钢材不暴露在使其生锈的环境中,严禁浸水沾泥,以免引起表面锈蚀和污染。

(3) 钢材按不同品种、等级、牌号、规格及生产厂家分批验收、分别堆存,不得混杂,且设立标志(标志牌具体要求见《河南省普通干线公路建设标准化管理指南》)。

(4) 施工现场的钢材必须进行 50cm 支垫、苫盖,装卸钢筋时不得从高处抛掷,保证其不受机械损伤。

2. 水泥、掺和料、添加剂储存要求

(1) 架设水泥、掺和料储存罐,搭建储存库房,内设高于地面 30cm 混凝土平台,地面按《河南省普通干线公路建设标准化管理指南》要求进行硬化处理。

(2) 散装水泥及掺和料按品种分别储存于储存罐中,袋装水泥储存码放在库房内平台上,保证底部通风、上部覆盖。

(3) 袋装水泥及添加剂按规格、品种、进货批次分开堆放,不得混在一起。码放高度不超过 10 袋,分清强度等级,堆放整齐。有制度、有规定、专人管理,分类插标挂牌,记载齐全而正确,牌、物、账相符。

(4) 水泥使用应按先进先出原则出库,并应注意随时打扫散袋水泥,保持库区干净整洁。

3. 骨料储存要求

（1）设置骨料存储棚，棚内地面进行硬化处理，冬季设置保温、升温设施。

（2）骨料进场后，按不同级别分别储存。

（3）所有骨料水洗后进库，分区储存，并在显著位置设置标志牌，标明生产地、规格、级别、用途（标志牌具体要求见《河南省普通干线公路建设标准化管理指南》）。

（4）骨料储存高度不得大于5m，料仓储存能力满足本标段高峰期10d用料要求。

（5）冬期施工时，骨料储存棚内温度保持在50℃以上，骨料温度出库达到0℃以上。

（6）伸缩装置运到现场入库存放，底面离地面至少30cm，确保不受损害。

4.3 施工工序

4.3.1 桥梁施工（按照分项工程推行首件工程认可制）

（1）按照承包人分项、分部、单位工程划分，对每一个分项工程实行首件工程认可，以规范工程程序化施工。

（2）首件工程开工前由承包人上报分项工程开工报告，经专业监理工程师审批，在监理全过程旁站条件下开工，分项工程完成后总监办会同项目工程师对首件工程进行验收，对施工工艺、验收程序、外观质量等进行认可。

（3）承包人对发现的问题进行整改并总结经验。对于好的施工工艺和措施采用现场观摩会的形式全线推广。

4.3.2 钢筋

4.3.2.1 一般规定

（1）桥梁钢筋加工应在统一的钢筋加工场集中加工成型，禁止在每个桥位附近设置简易的钢筋加工场。

（2）钢筋原材、钢筋半成品必须搭棚存放。

（3）钢筋加工区：根据钢筋加工程序合理安排钢筋加工设备的位置。

（4）现场绑扎肋板等钢筋，应搭设钢筋稳定定位支架。箱梁钢筋绑扎，必须使用定位支架。

4.3.2.2 施工工序（图4-6）

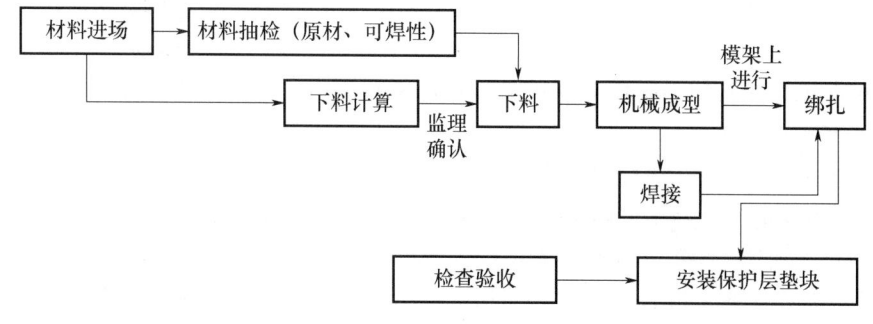

图4-6 钢筋加工工序框图

4.3.2.3 施工要点

(1) 严格控制钢筋制作,建立钢筋下料确认制度,由现场技术人员按照图纸计算各细部尺寸,由现场技术负责人及现场监理确认,钢筋工严格按照下料表(图)进行加工成型。

(2) 钢筋加工前应调直、切头,无局部弯曲,表面无伤痕、污渍、锈蚀等;焊接部位同心,焊缝长度、厚度、宽度满足规范要求;接头位置符合规范要求。钢筋加工采用自动钢筋数控加工设备。

(3) 对于桥位处在复杂地形的钢筋构件,可在加工场加工成半成品后现场绑扎,但现场应平整,搭设钢筋绑扎平台,绑扎完成后钢筋笼垫高覆盖存放。

(4) 保护层使用混凝土垫块,垫块强度不小于所在部位混凝土的设计强度。禁止使用塑料垫块、砂浆垫块和钢筋头垫块。垫块数量底板不少于 6 个/m^2、侧面不少于 4 个/m^2。垫块安装在钢筋交叉点处,使用绑丝绑扎牢固。

(5) 钢筋绑扎质量:钢筋骨架成型在模架上进行(绑扎模型),模架可以使钢筋准确定位,确保保护层厚度合格。根据构件净保护层、钢筋间距制作钢筋绑扎模架,在模架上绑扎钢筋骨架,成型后整体吊装就位,再对其中的细部钢筋进行绑扎加密,钢筋骨架必须有一定刚度。模架上绑扎混凝土保护层垫块。

(6) 钢筋的连接。

①受力钢筋焊接或绑扎接头应设置在内力较小处,并错开布置。

a. 绑扎接头,两接头间距不小于 1.3 倍搭接长度,且不小于 50cm。

b. 焊接接头,在接头长度区段内,同一根钢筋不能有两个接头,配置在接头长度区段内的受力钢筋,其接头的截面面积的百分率应符合规定。

②电弧焊接和绑扎接头与钢筋弯曲处的距离不应小于 10 倍钢筋直径,也不应位于构件的最大弯矩处。

③搭接焊。

a. 钢筋焊接必须在焊台上进行,禁止就地施焊。对施焊场地应有适当的防风、雨、雪、严寒设施,冬期施焊时满足冬期施工的要求。

b. 钢筋电弧焊焊条必须使用规范要求的型号。

c. 凡出现气孔、夹渣、裂纹(超过规范要求的)应断开重焊;焊缝处咬边深度超过规定时应补焊修正。

d. 钢筋焊接前必须弯小角,保证焊接同心,禁止焊后弯同心角。

e. 焊接完成后必须敲除药皮,检查焊缝质量,不合格的进行补焊。

f. 焊条的质量进场检测合格后使用,禁止使用假冒伪劣产品(J422、J502、J506)。

④对焊。

a. 对焊机做好防风、防雨等保护措施,调整对焊机电压,对焊头除锈;

b. 掌握钢筋的预热时间和加压时机及加压力度;

c. 对接头进行冷却及检查,对不合格的焊头切除重焊。

图 4-7 为国道 107 西平境桥梁钢筋冷挤压机械连接和搭接焊连接。

(7) 实行焊工现场考核制度和焊工准入制度,以提高钢筋焊接质量。

①承包人开工前上报总监办工程部和中心实验室本合同段所有入场焊工(对焊、电弧焊)名单,由总监办指定时间现场考核,在总监办、承包人共同见证下现场施焊,现

图 4-7　国道 107 西平境桥梁钢筋冷挤压机械连接和搭接焊连接

场试验,现场给焊工照相。

②试验合格的焊工,允许其进行钢筋焊接,实验室按照抽检频率进行抽检,抽检合格,由总监办核发焊工上岗证(只限本工程使用)。

③通过考核的焊工操作时必须佩戴上岗证,更换焊工必须重新进行考核。焊接现场公示合格焊工照片,由总监办专业工程师负责检查。

(8) 混凝土构件外露钢筋的防锈措施。

①一般采用大小合适的 PVC 套管,防止养护水锈蚀钢筋。

②对于较长时间不进行混凝土施工外露钢筋的防锈处理:采用水泥净浆涂刷钢筋表面,混凝土施工前清理干净,涂刷时水泥净浆不能污染混凝土表面。

4.3.2.4　质量检验

(1) 钢筋加工及安装、钢筋网的实测项目及外观鉴定,按照《公路工程质量检验评定标准 第一册 土建工程》(JTG F80/1—2017)中的有关规定执行。

(2) 骨架片的焊接,必须从弯起点开焊,保证焊接长度,尾部点焊。

(3) 重点检查骨架焊台和绑扎模架的准确性。

(4) 对焊取样必须从焊接成品中切割取样(图 4-8),禁止专门制作对焊件。

(5) 对于搭接焊及对焊必须对接头进行 100% 外观验收(图 4-9)。

图 4-8　钢筋原材料及钢筋连接取样

 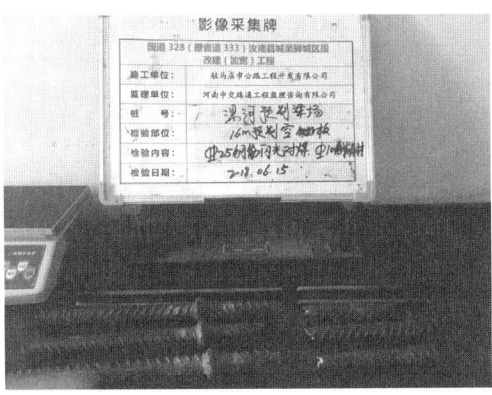

图 4-9　试验结果

4.3.2.5　质量问题预防措施

1. 钢筋加工质量问题防治

（1）钢筋外表锈蚀与裂纹的预防措施。

①施工现场露天堆放钢筋时，应选择地势较高的地方，钢筋要用垫木（或其他物体）垫起，一般宜离地面 50cm 以上，堆放时间尽量缩短，并用棚布遮盖。

②加强仓库管理，对仓库中的钢筋必须执行先进先用原则。

③对表面有浮锈的钢筋应清除浮锈后再使用。

④对表面有严重锈蚀、麻坑、裂纹并削弱截面的钢筋，采取锈后降级使用或另作处理。

（2）钢筋硬弯的预防措施。在运输和堆放过程中严格按照操作规程实施。矫直后若无局部细裂纹，可用于非受力部分。

2. 钢筋连接质量问题防治

（1）搭接焊不同轴的预防措施。

①钢筋表面涂刷水泥净浆防锈。

②严格按规范施工，施焊前做好预弯。

（2）对焊接头中有氧化膜、未焊透或夹渣预防措施。

①增加预热程度。

②加快临近顶锻时的烧化速度。

a. 确保带电顶锻过程；

b. 加快顶锻速度；

c. 增大顶锻压力。

（3）接头区域出现裂纹的预防措施。

①检验钢筋的碳、磷、硫等含量。

②采取低频预热的方法，增加预热度。

（4）钢筋表面过熔及烧伤的预防措施。

①清除钢筋被夹紧部位的铁锈和油污；

②清除电极内表面的氧化物。

a. 改进电极槽口形状,增大接触面积;
b. 夹紧钢筋。
(5) 接头弯折或轴线偏移预防措施。
①正确调整电极位置。
②修正电极钳口或更换已变形的电极。
③切除矫直钢筋的弯头。
3. 钢筋的安装质量问题防治
(1) 同截面钢筋接头过多的防治措施。
①配料时按下料单钢筋分号,特别注意每组钢筋的搭配。
②分不清钢筋受拉区或受压区时,接头均按受拉区的规定设置。
③绑扎或安装完钢筋骨架才发现接头未错开,可视情况采取拆除返工或加焊帮条的方法解决。
(2) 箍筋间距不一致的防治措施。根据配筋要求,算出箍筋实际分布间距,结合质量检验评定标准中箍筋间距的要求,在纵向钢筋上做出标记后进行绑扎。
4. 不按照规范使用焊条的处罚措施
对于不按照规范使用焊条或使用假冒伪劣焊条的焊件视为不合格产品,必须切除重焊,对项目部现场负责人、现场监理进行处罚。

4.3.2.6 安全生产、文明施工

(1) 钢筋加工的安全问题主要是安全用电及安全防护。
(2) 安全用电必须遵照安全用电操作规程,禁止私拉乱接,特别是电焊机地线的设置。
(3) 实行"一机、一闸、一漏、一箱"。
(4) 对焊机做好绝缘工作,操作人员必须站在干燥的木板上进行操作,佩戴防烫伤的保护帽。
(5) 钢筋焊接操作时必须穿绝缘鞋、戴防护手套、穿工作服。
(6) 场地规划按照加工次序依次设置,减少各工序间的干扰。
(7) 做好场地排水,防止雨水浸泡钢筋。
(8) 钢筋加工机械排放有序、合理,注意机械的保养,设备旁树立设备的操作规程及注意事项,操作人员严格按照操作规程安全操作。

4.3.3 模板安装

4.3.3.1 一般规定

所有构件模板使用新制作的大块钢模板,平面模板面积不小于 $1.0m^2$,禁止使用木模板、竹胶板(包括芯模)。模板使用前仔细进行抛光处理。

4.3.3.2 施工工序(图 4-10)

4.3.3.3 施工要点

(1) 尽量使用对拉螺栓,尽量减少使用穿膛螺栓,桥梁小面积外露面模板应加强模板刚度,禁止使用穿膛螺栓加固。薄壁墩、薄壁墙身使用穿膛螺栓,应采用优质 PVC 管作套管,长度须穿出模板以便于螺栓拔出;模板打孔应与 PVC 管外径统一。

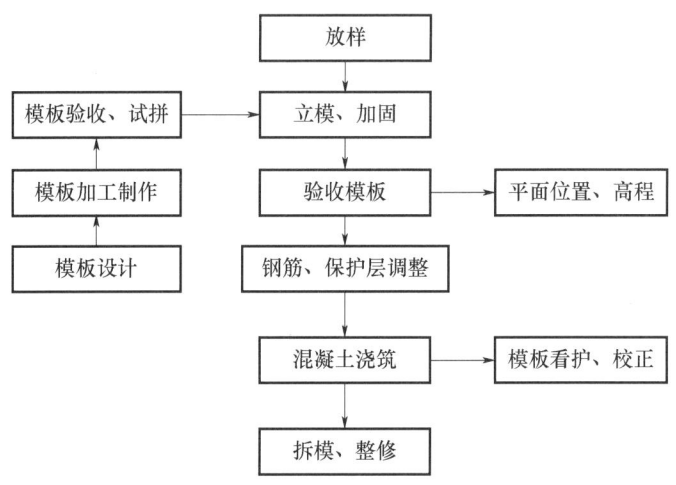

图 4-10　模板施工工序框图

(2) 在混凝土施工过程中，采取有效措施，防止模板上浮。

(3) 采用不污染混凝土表面的脱模剂，涂刷要少而均，防止流淌和产生较多的油泡，影响外观质量。

(4) 涂刷脱模剂前，彻底清理模板面板及接缝，使表面清洁、接缝严密。模板接缝间夹密封胶条，经常检查底模与侧模及侧模之间的胶条，发现损坏及时更换。

(5) 模板安装过程中，严格按照设计尺寸进行，对于就地支立模板时，浇筑 15cm 厚低标号混凝土作为底板。在底板上进行轮廓线放样，放样采用双线制，一条为轮廓线，另一条为检查线。

(6) 模板的拆除。应按照组装顺序反向拆除，禁止野蛮拆除。拆模时间根据模板不同部位（如侧模、底板等）满足规范要求的时间而定。

(7) 模板的整修。经常对模板进行检查，发现变形及时修复、更换。

4.3.3.4　安全生产、文明施工

(1) 大块模板的安装采用机械吊装，严格按照操作规程进行施工。

(2) 高空作业注意安全，注意佩戴安全帽、保险带及穿防滑鞋等安全保护措施。

(3) 模板的堆放应整齐有序，禁止满地乱堆。

(4) 清理模板的垃圾应统一处理，禁止随意倾倒。

(5) 安装模板时，注意临时堆放的模板稳定并加固，特别是大风天气和高空作业及大块模板拼装，必须注意拼装安全。

4.3.4　混凝土

4.3.4.1　一般规定

(1) 混凝土采用集中拌和方式，根据施工具体情况，合理选择拌和站位置与数量。

(2) C40 及以上混凝土所用砂石料必须水洗。水洗设备选择合理的位置，设置沉淀池、清水池，做好废水的沉淀、循环利用及排放。水洗后的砂石料覆盖存放（图 4-11 和图 4-12）。

(3) 混凝土拌和采用可自动计量和自动打印的拌和设备，设备安装调试完成后定期

由计量监督部门对设备计量部分进行标定。

图 4-11 混凝土用砂过筛

图 4-12 粗细骨料的水洗

（4）对于就地浇筑地系梁等地面以下混凝土时，禁止使用溜槽输送混凝土。

4.3.4.2 施工工序（图 4-13）

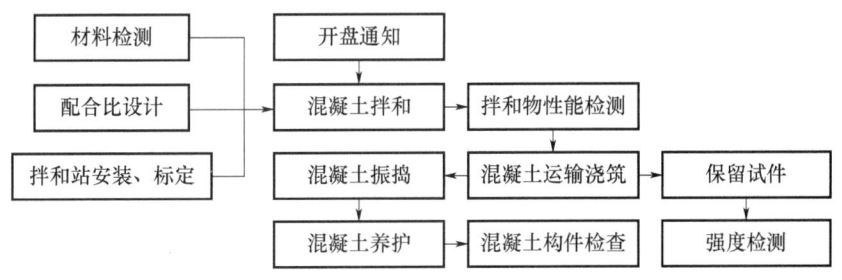

图 4-13 混凝土施工工序框图

4.3.4.3 施工要点

（1）混凝土配合比设计。进场后，承包商工地实验室提前做好各种混凝土配合比的设计。所有的配合比设计必须经过监理工程师验证、批准（图 4-14）。

（2）浇筑混凝土前，应对支架、模板、钢筋和预埋件进行检查，并做好记录，符合设计要求后方可浇筑。

（3）自高处向模板内倾卸混凝土时，为防止混凝土离析，应符合下列规定：

①从高处直接倾卸时，其自由倾落高度不宜超过 2m，以不发生离析为度。

图 4-14 国道 328 汝驿段总监办工地实验室混凝土配合比验证

②当倾落高度超过 2m 时,应通过串筒、导管等设施下落;倾落高度超过 10m 时,应设置减速装置。

③在出料口下面,混凝土堆积高度不宜超过 0.4m。

④对于高墩混凝土的竖向运输优先选用输送泵。

(4) 混凝土采用合理的布料方式按一定厚度、顺序和方向分层浇筑,应在下层混凝土初凝前浇筑完成上层混凝土。上、下层同时浇筑时,上层与下层前后浇筑距离应保持 1.5m 以上。

(5) 在高温或低温环境下进行混凝土施工,应对模板进行温度养护,减小混凝土与模板之间的温差。

(6) 混凝土振捣一般采用机械振捣方式。用振动器振捣时,应符合下列规定:

①使用插入式振动器时,移动间距不应超过振动器作用半径的 1.5 倍;与侧模应保持 5~10cm 的距离;插入下层混凝土 5~10cm;每一处振动完毕后应边振动边徐徐提出振动棒;应避免振动棒碰撞模板、钢筋及其他预埋件。

②表面振动器的移位间距,以使振动器平板能覆盖已振实部分 10cm 左右为宜。

③附着式振动器的安装间距,考虑构件钢筋的疏密程度、振捣部位和振捣难度疏密排列。附着式振动器采用低频振捣,禁止使用高频振捣。振捣时间根据混凝土的流动性和钢筋的疏密程度综合考虑。

④对每一振动部位,必须振动到该部位混凝土密实为止。

⑤附着式振动器不能单独使用,必须配合手持式振动棒,以振动棒为主,附着式振动器为辅。

⑥附着式振动器的开启、关闭由专人指挥,模板内无混凝土时禁止开启振动器。振动器必须经常检查,防止漏电。

(7) 施工缝的位置应在混凝土浇筑前确定,宜留置在结构受剪力和弯矩较小且便于施工的部位,并应按下列要求进行处理:

①应凿除处理层混凝土表面的水泥砂浆和松软层。

②经凿毛处理的混凝土面,应用水冲洗干净,不能有积水。在浇筑次层混凝土前,对垂直施工缝混凝土表面宜刷一层稀水泥净浆润湿。

(8) 混凝土浇筑完成,初凝后随即开始覆盖,以减少混凝土表面水分的散失而产生收缩裂缝,并根据环境温度及构件表面温度适时进行养护,保持混凝土表面始终处于湿润状态,混凝土养护期不少于7d。

(9) 对于大体积混凝土的浇筑和养护,制定专门的施工工艺,使混凝土内外温差保持在25℃范围之内,以防止出现温差裂缝。

(10) 浇筑混凝土期间,应设专人检查支架、模板、钢筋和预埋件等稳固情况,当发现松动、变形、移位时应及时处理。

(11) 浇筑混凝土时,应填写混凝土施工记录(图4-15)。

图 4-15 国道 328 汝驿段总监办混凝土强度试件抽检留样

4.3.4.4 质量问题防治措施

1. 大体积混凝土裂缝的预防措施

在浇筑大体积混凝土时,必须采取一定的控制混凝土水化热的措施:

(1) 混凝土配合比设计时采用水化热较低的水泥,采取掺加混合料、控制水泥剂量等措施。

(2) 减少浇筑层厚度,加快混凝土的散热速度,或加大通风降低混凝土温度。

(3) 混凝土用料要遮盖,避免日光暴晒,并用冷却水搅拌混凝土,以降低入仓温度。

(4) 在大体积混凝土内埋设冷却管通水冷却,通过控制冷却水循环速度,保证混凝土内外温差不大于25℃。

(5) 在遇到气温骤降的天气或寒冷季节浇筑混凝土后,应注意覆盖保温,加强养护。

2. 混凝土蜂窝孔洞的预防措施

(1) 根据不同的构件特点和混凝土的工作性能选择振动器及振捣时间。

（2）注意掌握振捣间距，掌握插入式振动器的振捣工艺。

3. 混凝土硬化产生干缩裂缝的预防措施

（1）浇筑完成混凝土要及时养护，根据施工对象、环境、水泥品种、外加剂以及对混凝土性能的要求，提出具体的养护方案。

（2）覆盖时不得损伤或污染混凝土的表面。混凝土面有模板覆盖时，应在养护期间经常使模板保持湿润。

4. 混凝土浇筑间断、顺序失误产生施工缝的预防措施

（1）要做到从施工前原材料、机械设备、人员等方面的准备工作到施工中混凝土搅拌、浇筑、振捣等工序连续施工，保证在初凝时间内将混凝土浇筑施工完毕。

（2）对于现浇混凝土，施工方案中必须有包括浇筑顺序、浇筑中注意事项、浇筑操作人员等内容的专项浇筑方案。

（3）在施工方案交底和工序技术交底中强调浇筑顺序及注意事项。

（4）浇筑中，指定专人检查贯彻技术措施的落实，并应有明确的分工及岗位质量责任制，浇筑中指挥应严格、有效。

5. 过振的预防措施

严格掌握振捣时间和间距。浇筑过程中及同一构件不得换人操作。

6. 混凝土外观颜色不一致的预防措施

（1）选用优良的脱模剂。

（2）混凝土拌和过程中禁止随意增减用水量；根据浇筑速度控制混凝土的供应速度，减小坍落度的损失。

（3）合理安排，尽量采用同一批次的材料。

（4）加强振捣，保证混凝土的密实度。

（5）浇筑混凝土时，保证模板表面清洁。

4.3.4.5 安全生产、文明施工及环保措施

（1）混凝土施工过程中必须严格遵守操作规程。

（2）必须保证安全用电及高空作业的安全防护措施。

（3）混凝土废料禁止随意倾倒，应按照环境评价要求选择合适的位置掩埋处理或挪作他用。

4.3.5 桩基础

4.3.5.1 一般规定

（1）根据地质情况选择钻机形式。

（2）钢筋集中加工成型，拖板车运输。现场成型必须在模架上进行。

（3）选择合适的钻头直径，在钻进过程中经常检查，发现磨损严重及时补足钻头直径，以保证成孔直径不小于设计。

（4）Ⅱ级钢筋直径超过25mm的连接采用镦粗直螺纹钢筋接头机械连接，接头必须按照有关试验规范进行试验和验收。采用镦粗直螺纹钢筋接头时，应根据不同品牌的钢筋原材料直径负偏差控制镦粗机内模内径、滚丝机滚丝轮直径和细微调整螺纹套筒内径。使用机械套管的镦粗直螺纹钢筋接头，应满足以下要求：

①螺纹套筒的长度应比《钢筋机械连接用套筒》(JG/T 163—2013) 规定的最短长度长 1cm，其两端应有塑料保护塞保护，出厂合格证应规范，内螺纹不得有缺牙、错牙、污染、生锈、机械损伤等严重现象。

②钢筋下料裁切时，应在砂轮切割机上切头 0.5~10mm，以确保端部平整，不得有马蹄形、挠曲、缺角和与钢筋轴线不垂直的现象，确保钢筋端部顺直。

③机械套筒连接时，必须使竖向主筋对号，再同步拧紧套筒，使套筒两端正处于上下主筋已标明的画线上，否则应重新调整，以确保钢筋连接质量。

④丝头应有塑料保护套，不得有污染、生锈、机械损伤现象。

⑤严格遵照中华人民共和国行业标准《钢筋机械连接用套筒》(JG/T 163—2013) 规定的方法和要求，确保接头性能检验、套筒检验和丝头检验的抽查验收频率、取样送检的接头数量和批次。

(5) 钢筋笼下放到位后，要对其顶端定位，防止浇筑混凝土时钢筋笼偏移、上浮，下放过程要留存影像资料。

4.3.5.2 钻孔灌注桩

1. 施工要点

(1) 护筒中心竖直线应与桩中心线重合，除设计另有规范外，平面允许误差为 50mm，竖直线倾斜不大于 1%。

(2) 制备泥浆，钻孔泥浆由水、黏性土和添加剂组成（图 4-16）。

(3) 钻孔深度达到设计标高后，应对孔深、孔径、垂直度、沉淀厚度进行检查。
成孔质量采用专用检孔器进行检验（图 4-17）。有条件限制时可使用钢筋笼检孔器检验。检孔器外径应比钢筋笼外径大 10cm，长度不得小于孔径的 4~6 倍。

图 4-16 泥浆性能试验　　　　图 4-17 检孔器成孔检验

(4) 不论采用何种清孔方法，在清孔时，注意保持孔内水头，防止坍孔。正循环清孔采用稀浆置换法，禁止直接在孔底注入清水换浆。

(5) 钢筋笼保护层采用中孔圆柱形混凝土垫块，垫块直径不小于保护层厚度，中孔直径大于所穿钢筋直径 1mm，中心所穿钢筋焊在主筋上。每隔 4m 左右设一道，每道沿圆周对称设置不少于 4 块。

(6) 钢筋笼在运输吊装时按设计间隔焊接加强箍筋，应对每个加强箍筋增设临时十字支撑,待钢筋笼吊入桩孔后拆除。

(7)钢筋笼吊装,采用适合的吊装方式防止钢筋笼变形,采用四点起吊、三点起吊,如图 4-18 和图 4-19 所示。

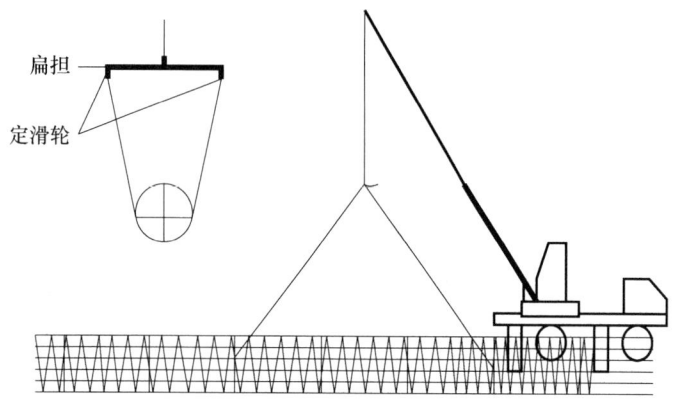

图 4-18 扁担+定滑轮四点起吊钢筋笼示意图

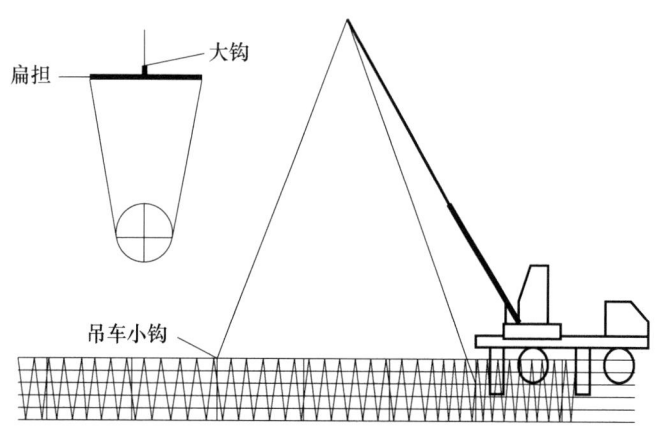

图 4-19 吊车大小钩三点起吊钢筋笼示意图
大钩吊扁担双绳吊钢筋笼上端,小钩吊钢筋笼下部,两钩将钢筋笼抬离地面后,
起大钩落小钩,直至钢筋笼垂直吊起,下钢筋笼,孔口倒绳。

第一节钢筋笼放入孔内,在护筒顶用工字钢穿过加劲箍挂住钢筋笼,吊放第二节钢筋笼与第一节对准后进行机械套筒连接或焊接,然后下放钢筋笼,如此循环。下放钢筋笼时,要缓慢均匀,根据下笼深度,随时调整钢筋笼入孔的垂直度,尽量避免其倾斜及摆动。

(8)钢筋笼下料时注意保证安装后钢筋笼顶面不低于护筒内泥浆面,钢筋笼定位要准确、牢固。多节钢筋笼焊接时监理现场旁站,并留存影像资料。

(9)水下混凝土灌注。钻孔桩水下混凝土灌注一般采用直升导管法,导管使用前进行水密性试验和抗拉试验,严禁采用气压试压。混凝土必须连续浇筑不得中断,逐根进行施工记录和桩基完整性检验。

导管选用。导管直径按桩长、桩径和每小时需要通过的混凝土数量确定,可参照表 4-1;导管的壁厚应满足强度和刚度的要求,确保混凝土安全浇筑。

表 4-1　导管直径表

导管直径（mm）	通过混凝土数量（m³/h）	桩径（m）
200	10	0.6～1.2
250	17	1.0～2.2
300	25	1.5～3.0
350	35	>3.0

导管在使用前和使用一段时间后，应对其规格、质量和拼接构造进行认真检查，并做拼接、过球和水密、承压、接头、抗拉等试验。

导管埋深应严格按照规范要求执行。

水下混凝土的强度、抗渗性能、坍落度等应符合设计和规范的要求。混凝土的生产能力应满足桩孔在规定时间内灌注完毕的要求。灌注时间不得长于首批混凝土初凝时间。对于灌注时间较长的桩，应对混凝土生产量和浇筑时间进行计算后，设计混凝土的初凝时间。

首批混凝土灌入孔底后，应立即测探孔内混凝土面高度，计算出导管内埋置深度，如符合规范要求，即可正常灌注。如发现导管内进水，则表明出现灌注事故，应立即进行处理。

为防止钢筋骨架上浮，当灌注的混凝土顶面距钢筋骨架底部 1m 左右时，应降低混凝土的灌注速度。当混凝土上升到骨架底口 4m 以上时，应提升导管，使其底口高于钢筋骨架底部 2m 以上，即可恢复正常灌注速度。灌注开始后，应紧凑、连续地进行，严禁中途停顿。

要加强灌注过程中混凝土高度和混凝土灌注量的测量和记录工作，可按照每灌注 8m³ 测一次（约一罐车混凝土），及时绘制成曲线，以确定桩的灌注质量。在进行水下混凝土灌注时，严禁用泵车泵管直接伸入导管内进行灌注，必须经过料斗进行灌注（若将泵管直接伸入导管里面进行灌注，易产生混凝土离析，同时在导管内易产生高压空气囊，从而形成堵管）。

在灌注接近结束时，由于导管内混凝土柱高度减小，超压力降低，而导管外的泥浆及所含渣土稠度增加，相对密度增大。如在这种情况下出现混凝土顶升困难，可在孔内加水稀释泥浆，并掏出部分沉淀土，使灌注工作顺利进行。为确保桩顶混凝土质量，桩混凝土灌注要比设计高 1.0m 以上。在拔出最后一段长导管时，拔管速度要慢，以防止桩顶沉淀的泥浆挤入导管下形成泥心（图 4-20）。

(10) 桩头破除。

①灌注桩有一定强度才能开始破除桩头，禁止爆破破除桩头。桩头破除的流程为：基坑开挖—高程测量—无齿锯环切（桩顶高程+2cm）—剥出钢筋—断桩头—吊车吊出—桩头清理。

②环切时注意不要伤及钢筋，钢筋弯折不能超过 15°角。桩头破除后，桩顶部分微凸（桩中心略高，周边略低）。在破除桩头过程中，要保护好声测管。

(11) 破除桩头后，桩顶应无残余的松散混凝土，每个桩头留取照片存档。

(12) 钢护筒在普通作业场合及中小孔径的条件下，一般使用不小于 8mm 厚的钢板

图 4-20 桩基水下混凝土灌注

制作；在深水、复杂地质及大孔径等条件下，应用厚度不小于 12mm 的钢板卷制。另外，可在护筒上下端和接头外焊加劲肋，以增加其刚度。护筒顶部应设置护筒盖。

2. 施工工序（图 4-21）

4.3.5.3 质量检验

钻孔灌注桩实测项目包括桩位、桩径、桩长、倾斜度、沉淀厚度、钢筋笼偏位、混凝土强度及完整性检测，检验方法及外观鉴定参照《公路工程质量检验评定标准 第一册 土建工程》（JTG F80/1—2017）。

4.3.5.4 质量问题预防措施

1. 钻进中坍孔预防

（1）在松散粉土或流砂中钻孔时，应选用较大比重、黏度的泥浆，并放慢进尺速度。也可投入黏土掺片石，低锤冲击，将黏土膏、片石挤入孔壁稳定孔壁。

（2）根据不同地质，调整泥浆比重，确保泥浆具有足够的稳定度，确保孔内外水位差，维护孔壁稳定。

（3）清孔时应指定专人负责补水，保证钻孔内必要的水头高度。

（4）发生孔口坍塌时，可立即拆除护筒并回填，重新埋设护筒再钻。坍孔部位不深时，可用深埋护筒法，将护筒周围土填密实，重新钻孔。

（5）发生孔内坍塌时，判断坍塌位置，回填砂和黏土（或砂和黄土）混合物到坍孔处以上 1～2m。如坍孔严重时应全部回填。待回填物沉积密实后再进行钻进。

2. 钻孔偏斜预防

（1）安装钻机时要使转盘底座水平，其中滑轮轴、固定钻杆的卡孔和护筒中心三者应在一条竖直线上，并经常检查校正。

（2）由于主动钻杆较长，转动时上部摆动过大，必须在钻架上增设导向架，控制钻杆上的提引水笼头，使其沿导向架向下钻进。

（3）在有倾斜的软硬底层中钻进时，应采用减压钻进，控制进度或回填片石、卵石冲平后再钻。

（4）偏斜严重时应回填砂黏土到斜处，待沉积密实后再继续钻进。

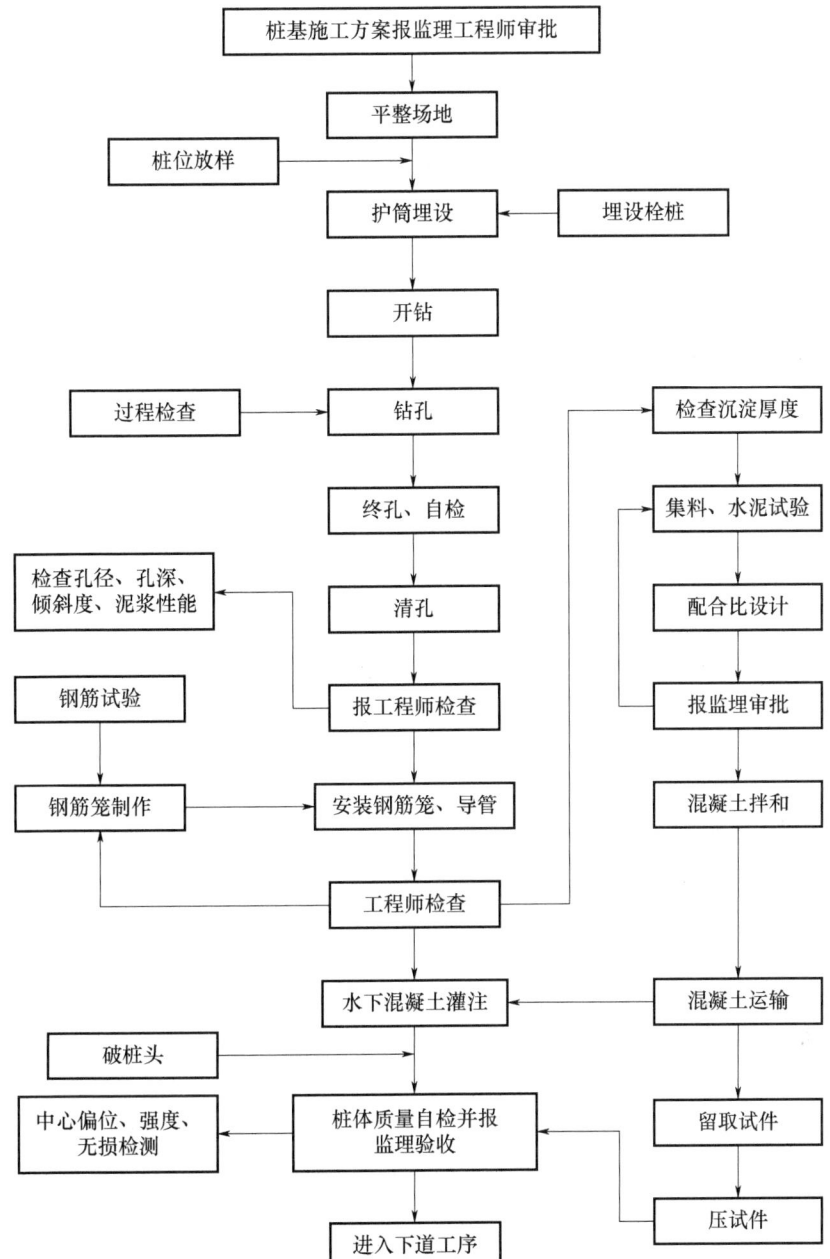

图 4-21 钻孔灌注柱施工工序框图

3. 缩径预防

(1) 应经常检查钻具尺寸，及时补焊或更换磨损的硬质合金。有软塑土时，采用失水率小的优质泥浆护壁。

(2) 采用钻具上下反复扫孔的方法来扩大孔径。

4. 护筒冒水、钻孔漏浆预防

(1) 埋设护筒时，护筒四周土要分层夯实，土质要选择含水量适当的黏土。

(2) 起落钻头，要注意对中，避免碰撞护筒。

(3) 护筒刃脚冒水，用黏土在周围填实、加固。
(4) 如护筒严重下沉、位移，则应返工重埋护筒。

5. 提升导管时，导管卡挂钢筋笼预防
(1) 导管拼装后轴线顺直，吊装时，导管应位于井孔中央。
(2) 发生卡挂钢筋笼时，可转动导管，待其脱开钢筋笼后，将导管移至井孔中央继续提升。

6. 钢筋笼在灌注混凝土时上浮预防
(1) 灌注中，当混凝土表面接近钢筋笼底时，应放慢混凝土灌注速度。
(2) 根据孔径的大小选择不同直径的导管，控制混凝土的通过量。

7. 隐蔽工程隐蔽施工时无技术人员和监理旁站预防

对于隐蔽工程隐蔽施工时必须有监理旁站及技术人员在场，发现隐蔽工程施工现场无旁站，所进行的隐蔽工程为不合格工程，原地返工。对于不负责任的技术人员及监理人员进行处罚，甚至驱除出施工范围。对于确有偷工减料、弄虚作假现象的施工队伍，驱除出场。

4.3.5.5 安全文明施工

(1) 现场人员一律戴安全帽，吊装钢筋笼时不要站在机械臂活动半径范围内。
(2) 护筒埋设完成后，对护筒顶要覆盖。
(3) 对起吊设备应经常进行安全检查，对破损部件应及时更换，确保安全。钻孔施工设备停放地点应平整、夯实，并避开高压线。
(4) 钻机作业区域应平整，并设立警示标志，非工作人员未经批准不得入内。
(5) 在进行钻机安装时，机架应垫平，保持稳定，不得产生位移。
(6) 钻机需设工程标示牌，标明所施工桥名、墩台及桩位编号、护筒顶高程、设计桩长、孔深及桩底高程等，施工中做好详细钻孔记录，保留好渣样。
(7) 禁止随地排放泥浆和钻渣，钻渣应外运到指定弃土场。
(8) 制浆材料的堆放地应有防水、防雨和防风措施，钻渣泥浆应及时外运。
(9) 泥浆池进行围护，设警戒围栏（图4-22）、夜间警示红灯。泥浆池废弃后要回填处理，防止人员及设备陷入池内。
(10) 导管要及时清洗并码放整齐。灌注时做好排浆工作，保持灌注现场的清洁。

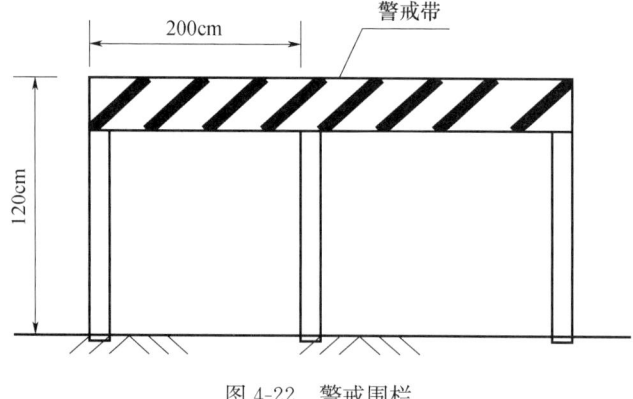

图 4-22 警戒围栏

(11) 晚上施工要有充足的照明设备。

(12) 灌注结束后，清理现场。

4.3.6 墩（柱）、台帽盖梁

4.3.6.1 一般规定

(1) 完成有关墩柱的施工技术文件，报监理工程师审核批准。

(2) 施工技术人员与工人应全部到位，并进行技术交底，明确质量、安全、工期、环保等要求；钢筋、水泥、砂、碎石、模板等材料均应到场，并通过检验。

(3) 桥梁基础应检测完成，并符合有关要求。完成桥墩的测量放样，其精度应满足规范要求。

(4) 桥梁施工现场，在完成墩柱、盖梁施工后立刻平整桥下场地。

4.3.6.2 施工要点

(1) 钢筋安装。

①在骨架运输、吊装过程中，不能使骨架变形、扭曲。合理选择运输工具和吊装设备（图4-23）。

②盖梁钢筋采用整体吊装时，保证成品有足够的刚度。吊点分布要合理。避免成品整体变形。盖梁高度小于10m时可以在地面绑扎，大于10m时在盖梁底板上绑扎成型。

③当墩柱预留的钢筋和盖梁钢筋发生冲突时，可以改变墩柱预留的钢筋倾斜角度，盖梁钢筋尽可能不动。

④使用外露面比较小的垫块，如梅花形垫块或外露面有三个凸起的垫块（图4-24）。垫块强度不低于构件的强度，绑扎牢固。

图4-23 盖梁骨架安装

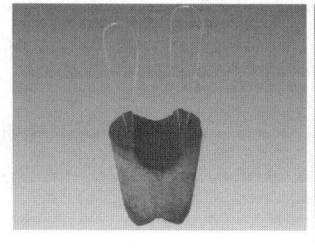 

图4-24 保护层垫块

⑤预埋件要与钢筋的连接及位置的固定准确可靠。

（2）对现场使用的混凝土，随时检测坍落度，和易性差的混凝土禁止使用。坍落度要保持在配合比设计的范围之内。

（3）浇筑混凝土的质量应从施工准备、混凝土原材料、拌和振捣及养护四个方面加以控制。

（4）注意掌握混凝土的浇筑速度，防止混凝土坍落度的损失。

（5）在混凝土浇筑过程中，应随时观察所设置的预埋螺栓、预留孔、预埋支座的位置是否移动，若发现移位应及时校正。

（6）盖梁底板的架设可采用搭设支架，超过10m可采用抱箍法（图4-25）。

（7）支座垫石与盖梁混凝土同时浇筑。

（8）混凝土施工操作平台必须单独搭设，禁止与模板连接或悬挂于模板之上。

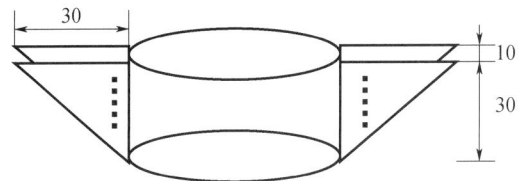

图4-25 抱箍法施工示意

抱箍要求：钢板厚度不小于10mm，法兰盘厚度不小于20mm。

抱箍内衬三合板和土工布，土工布与混凝土接触。

（9）墩柱养护采用一布一塑不间断滴灌养护法，即采用土工布缠绕墩柱，外裹紧塑料布，墩顶设置水桶，底部设开水口，不间断向土工布供水，保持混凝土处于湿润状态（图4-26）。

图4-26 国道328汝驿段王化寺桥立柱内缠土工布、外覆膜、滴灌养护

4.3.6.3 施工工序（图 4-27）

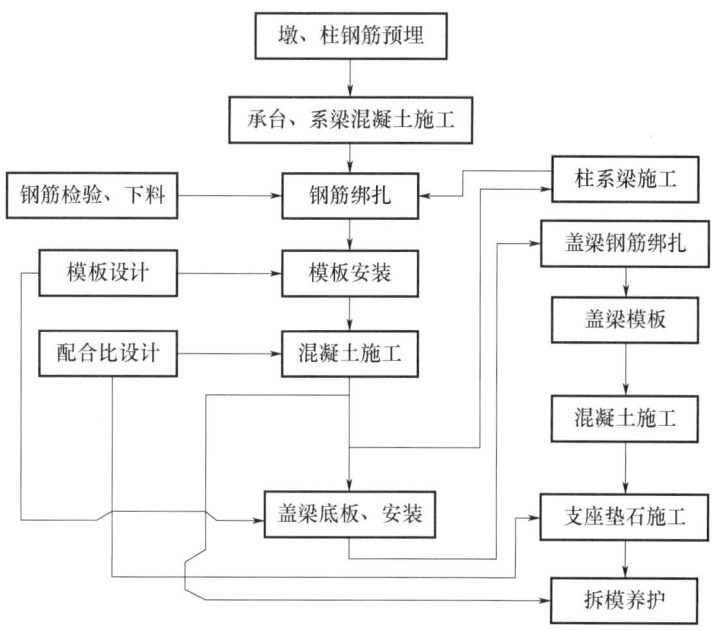

图 4-27 墩、柱施工工序框图

4.3.6.4 质量检验

检验方法及外观鉴定参照《公路工程质量检验评定标准 第一册 土建工程》(JTG F80/1—2017)，如图 4-28 所示。

图 4-28 刘大桥立柱钢筋保护层厚度、竖直度、强度、柱间距抽检

4.3.6.5 安全文明施工

(1) 人行通道的设置和安全。桥墩柱施工采用上下安全梯。

(2) 操作平台的设置与安全防护。桥墩施工操作平台附于模板外表面，采用焊接的方式与模板加强肋连接，并设置上斜拉杆与下支撑。水平杆之间设跳板连接，注意防止出现翘头板。平台外侧设置 1.5m 栏杆及防护网（图 4-29）。

(3) 人员操作安全。

①对桥墩施工人员必须经常进行用电安全、安全操作、不良环境下的自身保护等方面的安全教育。

②每天上墩前，专人检查安全防护用具。

(4) 遇 5 级及 5 级以上的大风、雷雨等恶劣天气，应停止露天高空作业。

(5) 在施工过程中应设置临时标志牌，标志牌规格为 0.3m×0.5m，应包括墩台编号、墩高、结构类型、混凝土强度等级、施工班组等内容。

(6) 每个墩台施工完毕后，应及时编墩台号，并将其标注在左、右幅外侧墩台。

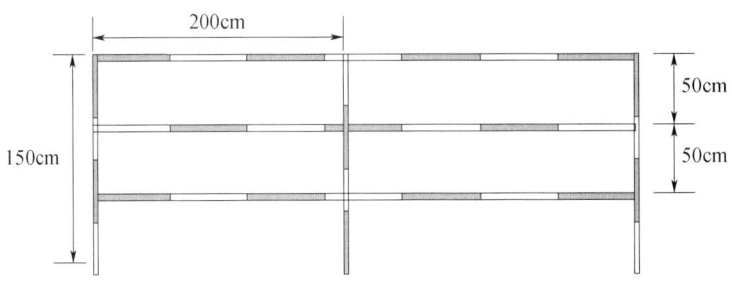

图 4-29 高空作业安全护栏结构图

4.3.7 预制梁

4.3.7.1 一般规定

(1) 适用于预制小箱梁及预制空心板梁的预制施工。

(2) 预制场建设应已完成，具备梁片生产的条件。

(3) 预制梁施工使用的千斤顶、油泵、钢筋加工机械及压浆泵等机械设备均应进场。张拉设备千斤顶、油表、油泵在使用前由相应资质部门配套标定。

(4) 先张法张拉台座的设计必须经过计算且经过抗倾覆验算。

(5) 预制梁泄水孔必须提前预埋直径大于 5cm 的 PVC 管，预留泄水孔（通气孔）。不得用水钻钻泄水孔（通气孔）。

(6) 拆除模板时应防止损伤混凝土。拆模时按设计规定且不低于以下要求：跨径不超过 4m 的梁板，当混凝土强度达到设计强度标准值的 50% 以上时，方可拆除承重模板；跨径超过 4m 的梁板，应达到设计强度标准值的 75% 以上时，方可拆除承重模板。严格掌握非承重模板拆除时间，混凝土终凝后达到设计强度标准值的 10% 以上方可拆除；低温及冬期施工时，模板应自最后浇筑完成时间计至少 48h 后拆除。

(7) 采用预应力智能张拉系统如图 4-30 所示。

图 4-30 箱梁预应力钢绞线、锚具等取样

4.3.7.2 施工工序（图 4-31）

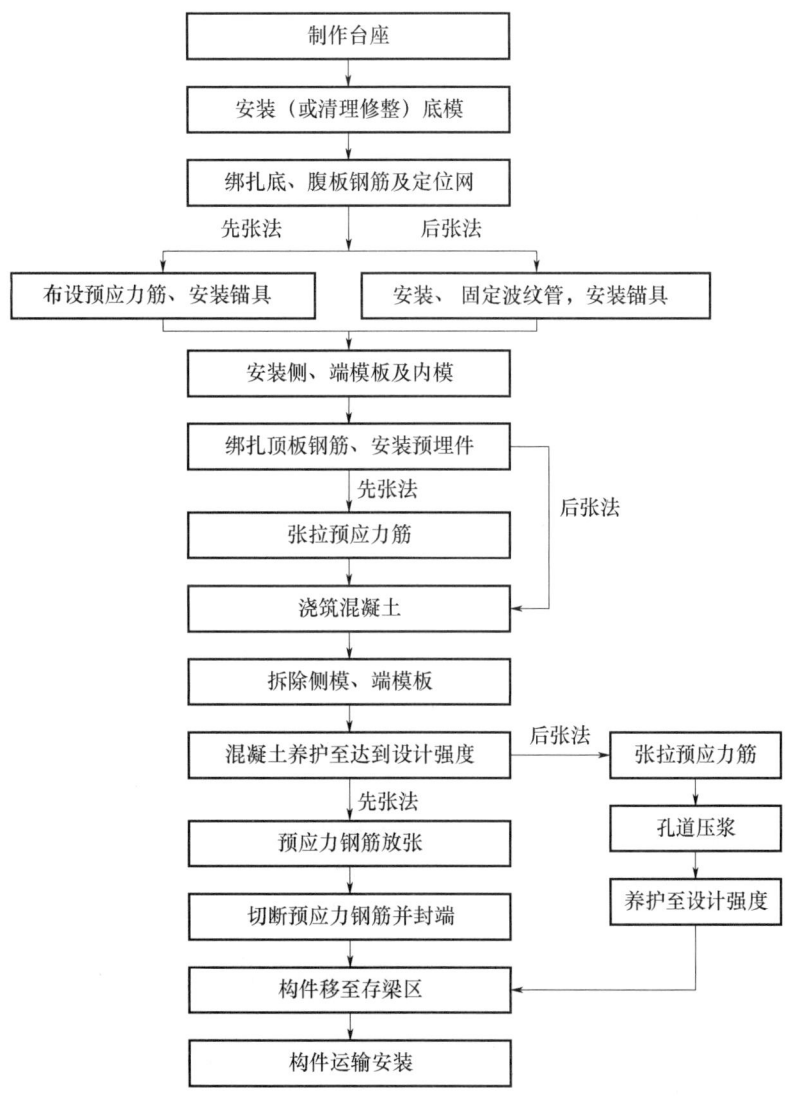

图 4-31 预制梁施工工序框图

4.3.7.3 后张法预制梁板

1. 梁底座制作

(1) 预制场区硬化、排水按《河南省普通干线公路建设标准化宣贯材料》施工。

(2) 台座两侧采用L50mm×50mm角钢包边,保证侧模与底座紧密挤贴。

(3) 台座顶面铺设不低于10mm的钢板。钢板焊接接缝打磨抛光,表面平整、光洁。吊装孔采用不小于16mm的钢板,切割齐整保证不漏浆,并做好支撑防止变形。

2. 钢筋绑扎

(1) 钢筋的制作与绑扎。钢筋在模架上进行绑扎,整体吊装入位。注意防撞护栏钢筋预先埋入。

(2) 与波纹管等相互干扰的钢筋不得切断,应采取合理措施避开。

(3) 预制空心板梁铰缝钢筋安装应确保其密贴模板,并有效固定,确保混凝土拆模完毕后能够立即人工凿出,禁止大范围破坏混凝土。

(4) 钢筋绑扎、安装时应准确定位,伸缩缝及防撞护栏预埋筋、桥面板钢筋应使用钢筋定位辅助措施进行定位;横隔板钢筋应使用定位架安装,确保高低、间距一致,符合设计要求。螺旋筋必须紧贴锚垫板并使波纹管居中。

3. 模板的安装

(1) 梁(板)模板外模、内膜采用整体式定型组合钢模板,端模根据角度、长度不同做成定型组合钢模,模板使用前进行试拼装,合格后才能使用。

(2) 模板拼装前涂好脱模剂,脱模剂必须不污染混凝土表面。

(3) 安装从底模台座一端开始,模板接缝粘贴双面胶条并用螺栓压紧。外模必须安装牢固,线条顺直。芯模采用同标号预制混凝土支撑柱固定,禁止使用钢筋。

(4) 负弯矩齿板的定型模板厚度不小于10mm。

4. 波纹管的安装

(1) 波纹管在安装前应通过检查,确保无变形、渗漏现象。负弯矩波纹管采用镀锌波纹管。

(2) 波纹管的连接,采用大一号同型波纹管做接头管,接头管长30cm。波纹管接头及锚垫板喇叭管接头处用密封胶带封口。

5. 锚具安装

(1) 锚具出厂时附带本批产品出厂检验证书。

(2) 在锚垫板上,采用适当定位措施保证锚环与孔道的同心度。

6. 钢绞线

(1) 预应力钢绞线在现场根据计算下料长度用砂轮切割机切割。切割前用黑色胶布将切割部位缠紧,防止切割时"炸头",禁止采用气焊和电焊。

(2) 将切好的钢绞线编束,并每隔1.5~2.0m用绑丝绑扎。

(3) 钢绞线应随用随下料,防止因存放时间过长锈蚀,不得出现死弯。

7. 混凝土的浇筑和拆模

(1) 钢筋、模板、预埋件、预应力孔道、混凝土保护层厚度等检查合格后才能浇筑混凝土。

(2) 浇筑前,检查施工机具的完好性及各种设施的安全性是否达到规定要求、振捣器是否正常工作。

（3）现场技术负责人在浇筑前检查混凝土的和易性和坍落度是否满足要求。

（4）混凝土浇筑顺序。

①先浇筑底板混凝土，从梁的一端开始向另一端逐渐推进施工。

②进行腹板混凝土浇筑。腹板的振捣采用细振捣棒（直径30mm）配合附着式振动器振捣，插入式振动棒应避免触及波纹管。

③顶板的混凝土振捣采用附着式振动棒配合插入式振动器振捣。

（5）混凝土的浇筑应连续进行。在浇筑过程中应防止模板、钢筋、波纹管等松动、变形、破裂和移位。

（6）拆除时应防止损伤混凝土。

8. 锚具、千斤顶安装要点

（1）锚环及夹片使用保持干净。

（2）钢束外伸部分应保持干净。穿入工作锚的钢束要对号入座，不得使钢束扭结交叉。

（3）工作锚必须准确地放在锚垫板的定位槽内，并与孔道对中，夹片间隙均匀，钢束穿入工具锚时，位置要与工作锚位置一一对应。

（4）为使工具锚能够顺利退出，在工具锚的夹片光滑面或工具锚的锚孔中涂润滑剂。润滑剂可用石蜡，也可用机油、石墨。

9. 观测并记录梁（板）起拱度

张拉完成后要对梁（板）起拱度进行观测，并做好记录，起拱度有异常时及时查找原因。

10. 冬季养护

（1）采用框架式移动养护棚或轨道式养护棚。

（2）物资准备：养护棚、蒸汽锅炉、蒸汽管道（保温）、燃料、检测器材等。

（3）蒸汽管道的选材与布设。

①蒸汽管道的选材。提前加工蒸汽管道。

②蒸汽管道的布设。在每个构件底部两侧和梁体内模中间各设1根开孔蒸汽管道，共计3根；喷汽孔的孔径为2.0～2.5mm；喷汽孔的间距为500～1000mm。

（4）混凝土养护按四个阶段控制：

①预养期（静停阶段）。混凝土蒸汽养护的预养期为2h（从混凝土浇筑完成至开始通蒸汽的时间间隔）。

②升温期（升温阶段）。即预养期之后开始向蒸养棚内通入蒸汽升温，一般以5℃/h的速度连续、均匀升温，直至蒸养棚内的温度达到60～65℃。在升温期内一定要控制升温速度。

③恒温期（恒温阶段）。恒温期温度控制在60～65℃，养护时间36h以上。

④降温期（降温阶段）。在降温期内，一定要控制降温速度，降温速度不大于3℃/h，并直至棚内外温差不大于5℃时，方可掀棚，掀棚6h后方可拆模。

（5）构件开棚后与拆模后，仍要对构件继续洒水养护，时间不少于3d。其他季节养护采用自动喷淋设备洒水、覆盖养护，以混凝土面保持湿润为准，养护期不低于7d。

11. 凿毛

顶板、梁端、梁侧强度达100%后及需要新老混凝土接合的部位采用凿毛机进行全面凿毛，棱角处留出1~1.5cm，防止凿毛时破坏棱角，影响外观。

4.3.7.4 后张法预应力张拉

1. 后张法预应力张拉的施工工序（图4-32）

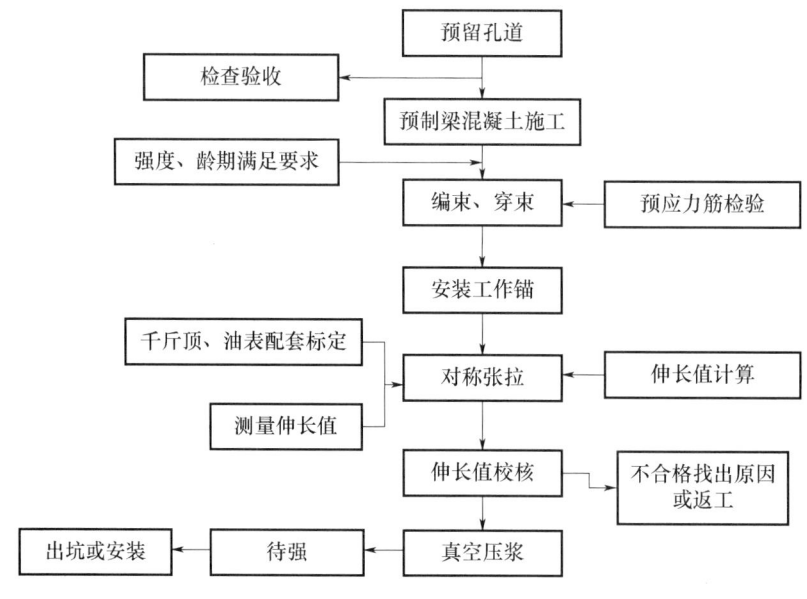

图4-32 后张法预应力施工工序框图

2. 后张法预应力张拉施工要点

（1）孔道预留采用设计规定的材料和方式，采用钢波纹管预留孔道，钢带厚度、密封性、环刚度等满足规范要求。对于负弯区的孔道预留应考虑防腐。锚垫板使用螺栓固定于堵头模板上。

（2）穿束采用人工穿束。穿束前进行编束、编号。穿束过程中禁止钢绞线在地面拖动，以免污染钢绞线。

（3）张拉施工必须保证混凝土强度达到设计要求，设计没有要求的，不低于设计强度的90%，龄期不小于7d。穿束后24h内进行张拉。

（4）安装千斤顶，要保证千斤顶、工作锚、锚垫板三者同心，且千斤顶与锚垫板垂直。锚垫板的安装位置必须准确，工作锚必须进槽。

（5）根据标定的回归直线方程计算张拉各阶段应力对应的油表读数，做好张拉记录，进行实测伸长值计算，与理论伸长值的偏差控制在±6%范围内，超出范围应停止张拉，查找原因。张拉过程中，监理人员现场旁站。

（6）按照设计的张拉顺序采用两端对称张拉。张拉过程中，两端应加强联系，协调统一，确保两侧的千斤顶顶长度均匀和张拉速率基本相同。同时注意梁体的变化。

（7）在钢绞线表面做好记号，检查张拉后是否有滑丝现象。

（8）张拉完成后，在24h内进行孔道压浆。压浆前使用高压水冲洗管道，并用高压风干燥。孔道压浆采用真空压浆工艺，压浆前对锚具进行认真封堵，以提高孔道内的真空度。

（9）水泥净浆强度未达到规定强度时禁止移梁。

（10）多余钢绞线的切除使用无齿锯切割，禁止使用电焊、气割切除。

3. 孔道压浆施工要点

（1）预应力孔道压浆采用真空压浆技术，真空泵采用水环式真空泵。

（2）通过试验确定真空压浆的配合比，确定配合比的最小泌水率。

（3）检查真空泵的抽真空能力，关闭机体阀门，真空度为－0.08MPa。

（4）压浆前先对孔道抽真空，真空度为－0.06～－0.04MPa，开启压浆泵，当真空泵透明管中出现浆液，关闭真空泵（防止浆液进入真空泵损坏设备），继续压注。至孔道内流出浓浆（浓浆由真空泵单向阀排出）后关闭真空泵侧阀门，继续压浆，压力达到0.5～0.7MPa后关闭压浆侧阀门，保持压力不小于3min。

（5）孔道压浆施工工序框图（图4-33）。

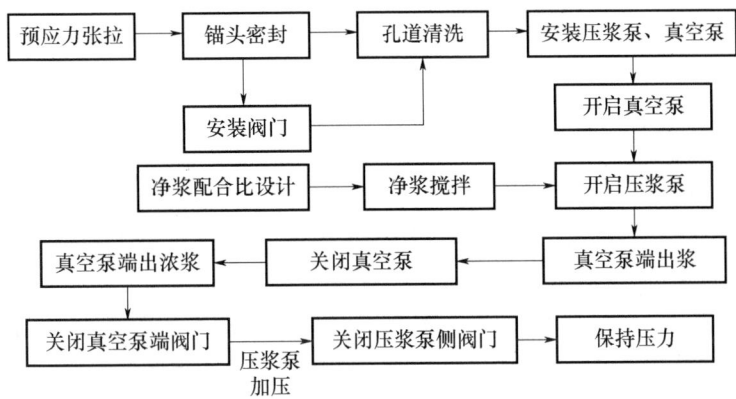

图4-33 真空压浆施工工序框图

端头封锚可采用水泥浆材料，但是压浆时，必须保证砂浆强度满足需要，也可使用真空帽的方式（密封帽）或原子灰密封（图4-34）。

图4-34 端头封锚

4.3.7.5 先张法预制空心板

1. 先张法预应力张拉

（1）施工工序（图4-35）。

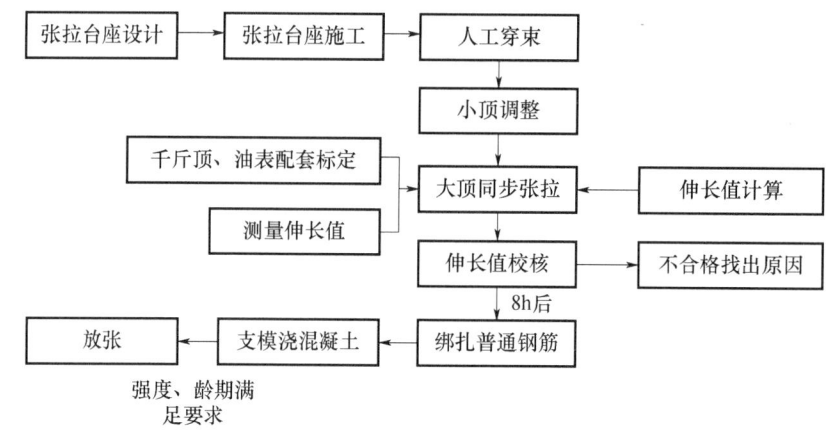

图 4-35　先张法预应力施工工序框图

（2）施工要点（图 4-36）。

图 4-36　先张法预应力张拉

①张拉台座设计中考虑预应力张拉施工过程中的安全防护措施。

②预应力筋位置必须满足设计和规范要求。张拉前严禁暴晒预应力筋，防止温度过高。

③张拉施工由专业技术工人操作。张拉前使用 25t 小千斤顶调整各钢绞线处于同一应力状态（5MPa），并做好张拉安全防护措施。张拉采用两台大千斤顶推动移动横梁整体张拉。

④张拉施工时必须设安全防护设施，并有明显的警示标志"危险工序请勿靠近"。

⑤在张拉槽全长范围内间断设置防止钢绞线拉断的安全防护措施。

⑥张拉过程中，必须由专人负责测量千斤顶的伸长，来保证移动横梁平行前进。预应力张拉，以油表读数控制张拉应力，伸长值校核。实测伸长值应在理论伸长值±6%范围内。伸长值应考虑张拉前预应力筋温度对伸长值的影响。

⑦张拉至控制应力后，采用合适的锚固方式进行锚固，锚固过程避免预应力损失。

⑧张拉完成 8h 后，进行普通钢筋的绑扎，以保证安全。混凝土施工过程中禁止振捣棒触及钢绞线。

⑨张拉完成后，张拉槽内的所有工序禁止使用电焊、气焊。防止张拉的钢绞线突然

断裂发生危险。张拉过程中,根据张拉伸长值计算的要求,测量不同应力下的钢绞线实际伸长值。

⑩预应力的放张。混凝土强度达到设计强度且龄期满足要求后,方可进行预应力放张。放张过程应缓慢进行,禁止突然切断钢绞线放张。放张后使用切割片切断梁间钢绞线并作防腐处理,对梁体进行检查并做好记录。

2. 先张法混凝土浇筑施工要点

(1) 先张法预制空心板内外模采用定制的钢模板,严禁用胶囊作为芯模(图4-37)。

(2) 采取措施控制芯模上浮(采用压杠、两侧对称浇筑)。

(3) 混凝土浇筑采用二次浇筑工艺,即先浇筑底板混凝土,后安装芯模,再浇筑腹板及顶板混凝土。

(4) 禁止先穿芯模一次混凝土浇筑成型(过分振捣芯模容易上浮或振捣不充分,只有水泥浆对芯模底部钢绞线握裹,放张后水泥浆的强度不能满足对钢绞线的握裹,梁底中心产生沿钢绞线的纵向裂缝)。

(5) 顶板、梁端、梁侧强度达100%后及需要新老混凝土接合的部位采用凿毛机进行全面凿毛,棱角处留出1~1.5cm,防止凿毛时破坏棱角,影响外观(图4-38至图4-40)。

(6) 根据同条件养护试件的强度及龄期满足要求后进行预应力放张。放张后,存梁场存放,存放高度不大于3层。在存梁场进行钢绞线的防腐处理(图4-41)。

图4-37 空心板钢筋骨架

图4-38 机械凿毛

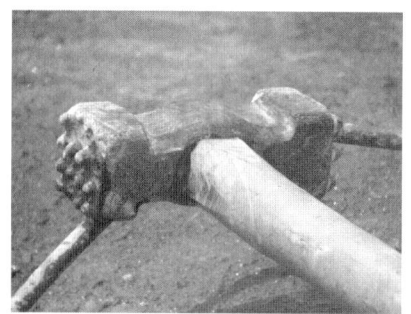 

图 4-39　人工凿毛

图 4-40　凿毛效果

图 4-41　空心板养护

4.3.7.6 质量检查

(1) 预应力张拉施工质量检查包括张拉应力与油表读数的对应关系、理论伸长值、张拉应力值、实测伸长值、预应力筋的位置、起拱度、梁体的检查等。

(2) 预制梁板及外观鉴定的内容参考《公路工程质量检验评定标准 第一册 土建工程》(JTG F80/1—2017)。

(3) 由业主委托的第三方试验检测单位对预制梁进行无损检测（BCT 检测），检测梁体密实性、均匀性、弹性模量等。抽检频率为不同种类预制梁总数的 1%，梁片选择由第三方检测单位随机抽取。发现不合格梁片应加大抽检频率，并对不合格梁片由业主会同检测单位提出处理意见。

(4) 上级质量监督部门、业主及监理单位对质量怀疑的梁板须进行 BCT 检测，确定其质量情况。

4.3.7.7 质量问题预防及处理措施

1. 伸长值超过规范要求的预防措施

(1) 预应力张拉理论伸长值必须按实测弹性模量和截面面积进行计算。

(2) 对于连续多波曲线筋和小半径曲线筋，应实测孔道摩阻力。加强对操作工人的岗位培训。

2. 滑丝、断丝的预防措施

(1) 穿束前，预应力钢束必须按规范要求进行检验、编束及正确绑扎。

(2) 张拉前锚夹具需按规范要求进行检验，对夹片进行硬度试验。

3. 预应力筋回缩值偏大的预防措施

选用合适的限位板。对钢绞线截面面积进行检测，严重超出要求范围的不得使用。

4. 顶板厚度不够的预防措施

(1) 固定芯模的箍筋绑扎牢固。上部采用压杠把芯模压住。

(2) 对称浇筑，减小混凝土的上浮力。

5. 负弯矩锚垫板拉裂的预防措施

(1) 锚垫板下部混凝土要用直径比较小的振动棒振捣，确保密实。

(2) 上齿板必须使用定型模板，支模板时要把锚垫板固定牢固。

6. 起拱偏差大的预防措施

(1) 张拉前测定温度，避免高温、低温下进行张拉，冬期施工应对梁板进行加温后张拉。

(2) 强度、龄期满足要求后进行张拉。存梁时间不得超过 3 个月，否则对梁板加载。

4.3.7.8 安全文明施工

(1) 预制施工现场应封闭管理，必须有醒目的安全警示标志，与工程建设无关的人员严禁入内。

(2) 现场应配备简易爬梯，使施工人员上下方便，便于预制梁施工、检查。

(3) 应严格按规定时限和程序拆卸模板，不得野蛮拆卸模板。

(4) 油管和千斤顶油嘴连接时应擦拭干净，新油管应检查有无裂纹、接头是否牢靠，高压油管接头应加防护套，以防喷油伤人。

(5) 千斤顶工作时,正面不能站人,不得拆卸液压系统中任何部件。压浆泵的使用应严格按安全操作规程进行。

(6) 压浆施工人员必须佩戴安全防护眼镜,在管道有压的情况下禁止拆卸各种管件。

(7) 每次压浆机停用时,应及时清洗压浆泵及管道。设备检修时,防止机油污染构件和钢筋。

(8) 已张拉完尚未压浆的梁,不得剧烈振动,禁止未压浆的梁出坑,防止预应力筋断裂而酿成重大事故。

(9) 梁片存放。预制小箱梁及空心板梁板均必须采用四点支撑堆放,空心板叠放不得超过3层,小箱梁堆放高度不得超过2层。

(10) 梁片编号。

①预制完成后,应在各片梁上标注梁号,在各梁片腹板侧面标明桥名、编号、制作日期及承包人和监理单位名称(图4-42)。

②梁片标识牌规格为宽90cm、高48cm,中文字体为印刷黑体,规格为5cm×8cm,采用红色油漆标注于梁片里程前进方向端外侧。

```
桥梁名称:                    张拉日期:
梁片编号:
浇筑日期:
承包人:
监理单位:                    压浆日期:
```

图4-42 梁片标识

4.3.8 支座

4.3.8.1 一般规定

(1) 工程所用的支座采用提货制度,由监理工程师和承包人共同到厂家提货,禁止厂家送货。

(2) 支座的材料、质量和规格必须满足设计和有关规范的要求,经验收合格后方可安装。安装后由监理工程师检查,并留照片。

(3) 支座上下各部位纵轴线必须对正。当安装温度与设计不同时,应通过计算设置支座顺桥向预偏量。

4.3.8.2 施工要点

对于板式橡胶支座,其施工要点如下:

(1) 支座安装前应将墩、台支座及垫石和梁底面清洗干净,去除油污。检测支座垫石标高、平整度及四角高差是否满足规范要求。

(2) 支座安装应尽可能安排在接近年平均气温的季节进行,或按设计要求进行。

(3) 梁板安装必须就位准确且与支座密贴;就位不准时,必须吊起重放,不得用撬杠移动梁板。

（4）当墩台两端标高不同时，顺桥向或横桥向有横坡时，支座必须严格按照设计规定控制标高。

（5）做好支座周围的排水坡，及时清理支座附近的尘土、油污与污垢等。

（6）每片梁安装后，检查支座是否脱空，发现脱空吊起重安，在支座底安装薄钢板（防锈处理），禁止使用砂浆找平。

4.3.8.3 质量问题预防及处理措施

1. 板式支座

（1）支座脱空。

①预防措施。梁板安装后，逐个检查支座情况，发现支座脱空，吊起重新安装。支座底加经防锈处理的薄钢板。

②管理措施。对于事后发现支座脱空现象的处罚措施为：必须重新安装，并对承包人的现场负责人及现场监理人员进行处罚。

（2）支座剪切破坏预防措施。表面安装光洁度满足要求的不锈钢板。保证梁体自由滑动。

（3）支座与梁体、垫石不密贴或局部受压预防措施。梁底承托表面必须平整、水平。支座垫石顶面必须保证水平、平整。钢板必须加垫在支座下。

2. 支座安装方向和型号错误

（1）预防措施。安装前认真核对设计图纸及支座的安装说明。梁板安装前认真对支座进行逐个检查。

（2）管理措施。对于事后发现支座方向安装错误现象的处罚措施为：必须重新安装，并对承包人的现场负责人、现场监理人员进行处罚。

4.3.9 梁板安装

4.3.9.1 一般规定

（1）安装前的技术准备。

①对梁板进行检查，不合格的梁板禁止安装；

②在梁体上标明支座中心线，在梁端弹出垂线；

③台帽、盖梁顶面放样，弹出每片梁的端线、位置线及支座的中心线（纵横向）。

（2）梁板安装后，做好临时支撑，及时进行横向联系，防止梁体倾覆。

（3）在未进行横向联系施工的梁体上运梁，必须对梁体进行荷载验算，保证运梁过程中不损坏梁体。

（4）临时支座采用钢砂筒，禁止使用砌砖、简易砂箱作为临时支座。临时支座的拆除应满足同时拆除的需要。禁止野蛮拆除临时支座。

砂筒钢板厚度不小于6mm，其中的砂经过过筛、烘干、压实，上活塞可采用混凝土预制块，其强度不小于C30。

（5）安装完成一孔后，检查桥面宽度、中线偏位、顶面高程是否满足要求，不满足及时调整。调整合格后，再跨孔安装。

（6）梁（板）在吊移出预制台座时，混凝土和压浆强度不得低于设计所要求的吊装强度。

(7) 梁 (板) 安装时, 墩、台、盖梁、垫石的强度应符合设计要求。支撑结构和预埋件 (包括预留锚栓孔、锚栓、支座钢板等) 的尺寸、标高及平面位置符合设计要求。

(8) 梁 (板) 安装就位完毕并经过检查校正符合要求, 及时横向焊接以固定构件。

(9) 边跨孔的安装应控制伸缩缝间距, 应该严格按照每片梁的不同安装温度, 按不同的设计要求安装, 满足伸缩缝宽度要求。

4.3.9.2 施工工序 (图4-43)

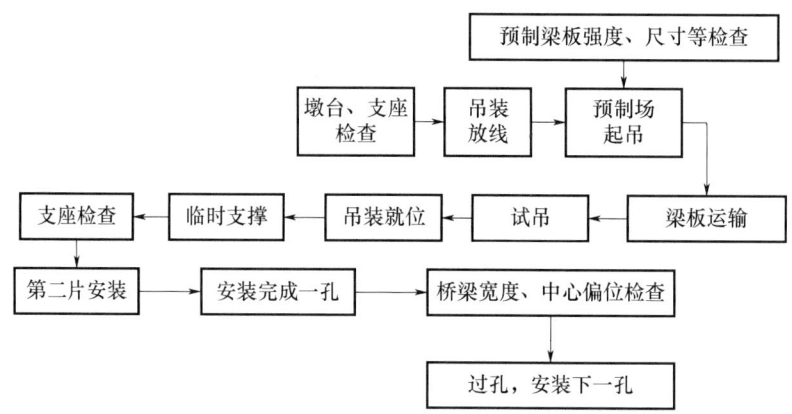

图4-43 梁板安装工序框图

4.3.9.3 施工要点

1. 吊车安装

(1) 桥下场地平整; 桥梁高度较小, 一般安装高度小于10m; 梁板重量较小, 多适用于空心板安装。

(2) 桥下场地尽量平整, 保证吊车、运梁车通行方便, 且场地必须压实, 保证梁板平稳。

2. 跨墩门架安装 (可进行双幅同时安装)

(1) 桥下场地较好, 可铺设门架轨道和运梁道 (门架轨道不能跨越泥浆坑); 安装高度不大于20m。

(2) 平整压实场地, 门架有良好的制动性和抗倾覆能力。

3. 架桥机安装 (采用双导梁架桥机)

(1) 架桥机就位后必须保持中支腿、后支腿水平及主梁水平, 禁止主梁下坡。

(2) 合理选择主梁长度, 保证后支腿的位置必须位于已安装孔位的梁端, 禁止后支腿支于1/4或1/2跨径位置。

(3) 喂梁过程中, 保证前台车与运梁车同步, 禁止台车拉梁或运梁车推梁。

(4) 桥上运梁, 已安装孔必须进行梁间临时连接。轨道运梁, 轨道下必须设置枕木, 调整两轨道水平。

(5) 充分考虑外边梁的安装工艺和安装安全, 如图4-44所示。

4.3.9.4 质量问题与预防措施

1. 桥面板错台预防措施

预制梁时认真检查模板横坡, 保证与设计一致; 出坑前梁端弹出垂线, 安装后, 通

图 4-44　国道 328 汝驿段京港澳高速驻马店南站互通区跨高速桥架桥机作业

过垂线使梁体垂直。

2. 翼缘板不顺接预防措施

安装时，第一片外边梁严格按照放样安装，另一个边梁综合考虑桥面宽度、梁间宽度安装。下一孔安装，近端以翼缘板顺接控制（已考虑桥宽、中线），远端依照第一片外边梁严格按照放样安装，另一个边梁综合考虑桥面宽度、梁间宽度安装，依次循环。

4.3.9.5　质量验收

梁板安装的质量验收内容包括：垫石质量与平整度及四角高差、支座的验收、桥面宽度、中线偏位、梁板间错台、梁板垂直度、伸缩缝间距等项目。实测内容及外观鉴定参照《公路工程质量检验评定标准 第一册 土建工程》（JTG F80/1—2017）。

4.3.9.6　安全生产（图 4-45 至图 4-47）

1. 设备安全

（1）所有吊装设备在正式吊装前必须经过技术监督部门的检测，检测合格后投入使用。

（2）操作人员必须通过安全教育技术培训，持证上岗。

（3）吊装设备必须由专业的安装队伍进行安装和调试，操作人员必须经过上岗培训。

（4）安装前进行试吊，目的是检验设备的安全性、可操作性及人员安排的合理性、协调性。

（5）吊装设备应经常进行检查和维修，防止漏电。专人操作，专人指挥。禁止设备带病作业。禁止酒后操作设备。

2. 高空作业

（1）架桥机、门架上的所有人员必须穿戴安全帽、保险带、绝缘鞋、劳保手套。

（2）做好必要的防护网、防护栏杆等安全措施。

（3）严格操作规程，每次进行操作时，必须有预警信号。

（4）作业时至少两人，一人作业，一人看护。

（5）高空作业时，其下部禁止施工，禁止立体交叉施工。

3. 安全用电

（1）禁止以运梁轨道作为电焊机的地线。

（2）做好设备与构件的绝缘。

图 4-45 跨京港澳高速桥架桥机施工
作业前班组安全交底

图 4-46 张庄东桥空心板安装，
检查机械操作证件

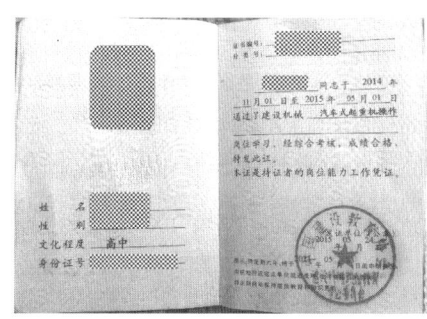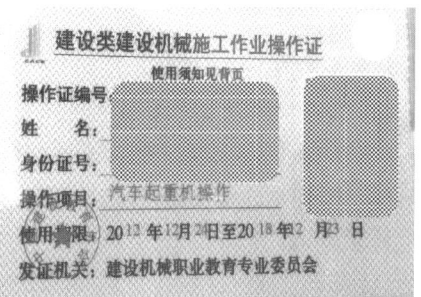

图 4-47 特种机械设备操作证

4.3.10 防撞护栏

4.3.10.1 一般规定

（1）防撞护栏放样必须保证桥面净宽，放样的同时须弹出护栏检查线。

（2）护栏在桥墩顶处设置 1cm 宽的变形缝，内填浸透沥青的松木板纵向连续长度不得超过 30m，且纵向每 5m 左右设置假缝一道，纵向钢筋按假缝间隔长度适当调整。

（3）护栏混凝土施工必须在体系转换后进行。

（4）安装模板之前，应清理干净护栏范围内的松散混凝土及钢筋表面的防锈水泥净浆。

4.3.10.2 施工工序（图 4-48）

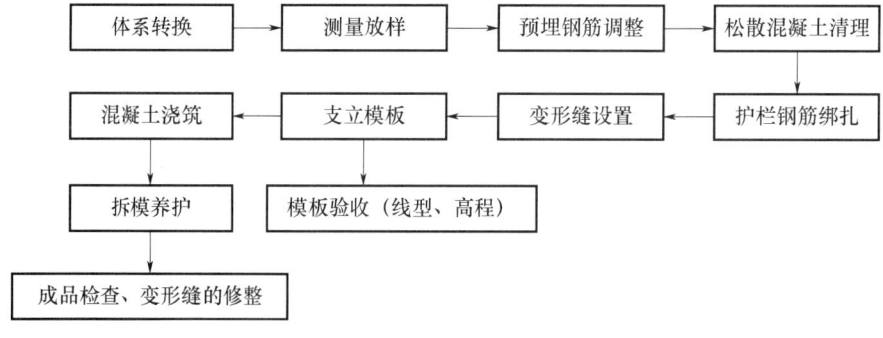

图 4-48 防撞护栏施工工序框图

4.3.10.3 施工要点

（1）防撞护栏高程测量，以护栏顶面高程控制。

(2) 诱导缝（假缝）拆模后弹线切割，深度为 5mm。护栏的变形缝与诱导缝应充分考虑与模板接缝统一。

(3) 护栏顶面必须进行压光处理。

(4) 混凝土必须分层浇筑，曲面处应加强振捣，减少产生气泡。

(5) 选用专用的脱模剂，保证混凝土颜色均匀、表面光滑。

(6) 安装模板时注意预埋件及伸缩缝安装槽口的预留；安装外侧模板使用轮式悬臂小门架，并做好临时固定。

(7) 混凝土采用一布一塑不间断滴灌养护。

4.3.10.4 质量问题处理措施

混凝土防撞护栏不顺直、不圆滑、蜂窝麻面的处罚措施如下：

(1) 对于线条不顺直、不圆滑的段落，原地返工处理。

(2) 蜂窝麻面，可采用整体修饰，视修饰效果处理。

4.3.10.5 安全文明施工

(1) 安装和拆除外侧模板应做好高空作业的安全防护。

(2) 尽量减少立体交叉作业，禁止向桥下倾倒施工垃圾。

4.3.11 桥面系

4.3.11.1 一般规定

(1) 所有的施工机械设备、材料、人员等准备就绪。

(2) 梁板凿毛要彻底；清理梁板上的杂物；受污染的梁顶要清理干净。

(3) 检查横向连接的钢板。

(4) 混凝土桥面铺装禁止使用泵送混凝土，收面采用二次收面工艺，第一次人工收面，第二次必须采用机械收面（提浆机）、机械压光。强度满足要求后进行机械凿毛（抛丸凿毛）。

(5) 伸缩缝采用反开槽安装，铺筑沥青混凝土面层后，开槽安装伸缩缝。

(6) 铺筑沥青混凝土前，使用砂填平伸缩缝预留槽，表面砂浆浆面，方便摊铺机通过。预留槽内禁止填沥青混凝土。

(7) 伸缩缝安装温度尽量与设计一致，伸缩装置的安装应在与安装温度相差±3℃范围内施工。当安装温度与设计温度相差超过±3℃时，应由厂家重新调整，禁止现场自行调整。

4.3.11.2 施工工序框图（图 4-49 至图 4-51）

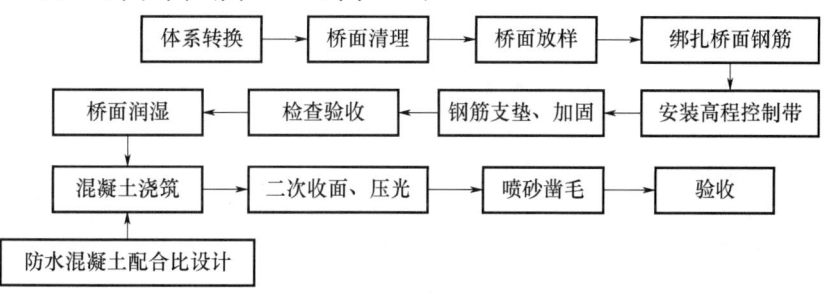

图 4-49 混凝土桥面铺装施工工序框图

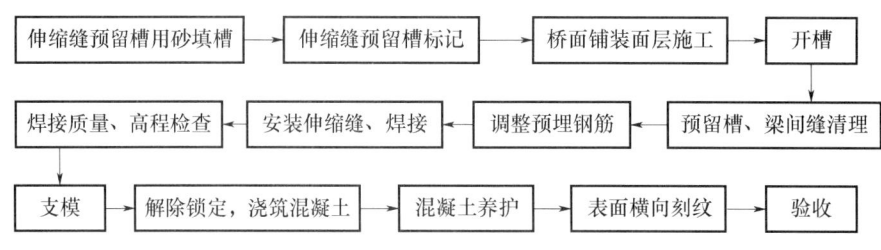

图 4-50　伸缩缝安装工序框图

提浆机　　　　　　　压光机

图 4-51　桥面铺装机具

4.3.11.3　施工要点

1. 铰缝、湿接缝、湿接头

（1）铰缝混凝土施工前，采用竹片或木条进行掉缝，再使用 M15 砂浆堵缝，并捣实，待砂浆强度达 50％后进行微膨胀铰缝混凝土施工，混凝土应充分振捣，表面应低于梁面 1cm，以备进行养护和灌水试验。对于灌水试验漏水的铰缝必须凿除重新施工。施工完毕用凹缝进行底板勾缝。

（2）桥面连续遵循先纵向后横向的原则进行。湿接头的施工应严格遵循设计的次序进行，禁止依次浇筑施工。微膨胀混凝土施工前，检查钢筋的焊接质量、负弯矩波纹管的密封质量、支座表面的清洁程度等。混凝土应分层浇筑，接缝处充分振捣。浇筑完成，及时覆盖滴灌养护。

（3）湿接缝施工前，认真检查翼缘板的凿毛情况及钢筋焊接质量，应留有照片。湿接缝底模采用螺栓悬吊的方式固定，禁止使用铁丝。浇筑时应保持模板内干净，老混凝土表面应润湿。接缝处应充分振捣。及时覆盖滴灌养护。

2. 混凝土桥面铺装（图 4-52）

(1) 钢筋网片焊接牢固，并和梁板预埋剪力钢筋焊接。采用植筋法支垫钢筋网片，以保证钢筋网上下保护层。

(2) 严格控制轨道的高程，轨道有足够的刚度，不能塌陷，以保证桥面的厚度。

(3) 要求整幅浇筑，尽量减少施工缝。禁止混凝土运输车辆在钢筋上行走。

(4) 浇筑前要洒水保持梁顶湿润，但不能积水。混凝土要连续浇筑，进行二次收浆并压光抹平。收浆过程中禁止向混凝土表面洒水。

(5) 混凝土初凝之前，禁止踩踏桥面，以免对桥面造成破坏。

(6) 混凝土桥面铺装必须采用振捣梁，并配有平板振动器和振捣棒。低洼处禁止用浮浆找平。

(7) 浇筑结束后，及时进行洒水养护。用土工布覆盖保湿。

(8) 禁止拉毛或刷毛，等桥面强度合格后用喷砂抛丸机械凿毛。凿毛后保持桥面清洁。

(9) 等桥面强度合格后，才能开放交通。

(10) 泄水管顶面应略低于混凝土铺装层表面，以利于沥青层间水的排除。泄水管安装应做好密封。

图 4-52 国道 328 汝驿段刘大桥桥面铺装钢筋网与混凝土养护

3. 伸缩缝

(1) 伸缩缝开槽应顺直，确保沥青层不悬空。

(2) 伸缩缝焊接，尽量使用原预埋钢筋，尽量保证预埋钢筋支立，必要时采用植筋焊接。焊接禁止采用点焊，如图 4-53 所示。

图 4-53 国道 328 汝驿段英河桥伸缩缝预埋钢筋

(3) 安装模板，必须保证模板刚度，防止胀模。

(4) 伸缩缝顶面应低于沥青顶面1~2mm，以补偿沥青层开放交通后的压缩量。

(5) 浇筑混凝土前拆除锁定，混凝土表面压光，采用刻纹机横桥向刻纹（宽度、深度同混凝土路面）。

(6) 安装橡胶密封条。

(7) 严格控制伸缩缝安装温度，安装时监理旁站，并做好记录，并列入验收内容。

4.3.11.4 质量问题预防及处理措施

1. 厚度不合格的预防措施

(1) 严格控制预制梁板的高度，控制在高度的下限。安装时，检查每一片梁的标高，避免积累误差。

(2) 可以在支座垫石上提前调整，保证梁顶最高处的桥面厚度满足设计要求。

(3) 负弯矩锚垫板位置超高部分混凝土要凿除，但不能破坏锚垫板。

2. 桥面裂缝的预防措施

(1) 梁顶浮浆清除冲洗干净，以保证梁板与桥面铺装的接合。采用植筋法支垫钢筋网，以保证钢筋网上下保护层。

(2) 严格控制盖梁垫石标高，以保证桥面铺装层的厚度。

(3) 水泥混凝土桥面铺装施工完成后必须及时用土工布覆盖保湿养护。

(4) 避开高温施工，采用二次收浆、压光施工工艺。

3. 混凝土桥面铺装龟裂的处罚措施

(1) 凿除返工。

(2) 养护不到位的，对承包人进行处罚；其他原因，视情况而定。

4. 伸缩缝胀模的防治

增强缝间模板刚度，加强缝间支撑，发现胀模，必须凿除胀模部分，保证梁体伸缩。

桥面铺装的相关检验如图4-54至图4-56所示。

图4-54 桥面铺装厚度检验

图 4-55 桥面铺装高程检验　　　图 4-56 桥面钢筋网间距检验

4.3.11.5 安全文明施工

(1) 禁止向桥下倾倒施工垃圾。
(2) 伸缩缝施工采用单幅施工,一幅施工一幅通行。
(3) 清理伸缩缝预留槽、浇筑混凝土,注意防止污染混凝土路面。
(4) 浇筑伸缩缝混凝土强度满足要求后开放交通。

4.3.12 台背回填

4.3.12.1 一般规定

(1) 结构物应达到设计强度的 100%,隐蔽工程验收合格后才能进行台背回填施工。
(2) 台背回填应对称进行。控制填筑层厚度(每层 15cm 为宜),不允许进行强夯或冲击碾压。台背填筑完成后应增加弯沉值检测。
(3) 基坑回填完毕,原地表清理压实。
(4) 回填材料和范围。
填筑材料必须采用透水性材料(中粗砂),最大粒径不超过 50mm。
填筑宽度不小于所对应路基的宽度,并设置分层厚度控制标志。
(5) 压路机碾压不到位的边角部位必须配备振动冲击夯人工夯实。
(6) 台背回填的每一层(包括基底)必须有照片作为质量资料的一部分,照片背景要有标明构造物桩号、台背位置、具体层位等内容的标牌,同时反映本压实层的整体面貌。
(7) 构造物桥台必须安排提早开工,以便台背回填与相邻路堤同步填筑。否则与路堤交界处必须开挖坡率不大于 1:5 的斜坡,保证压路机上下自如。

4.3.12.2 台背回填施工工序（图 4-57）

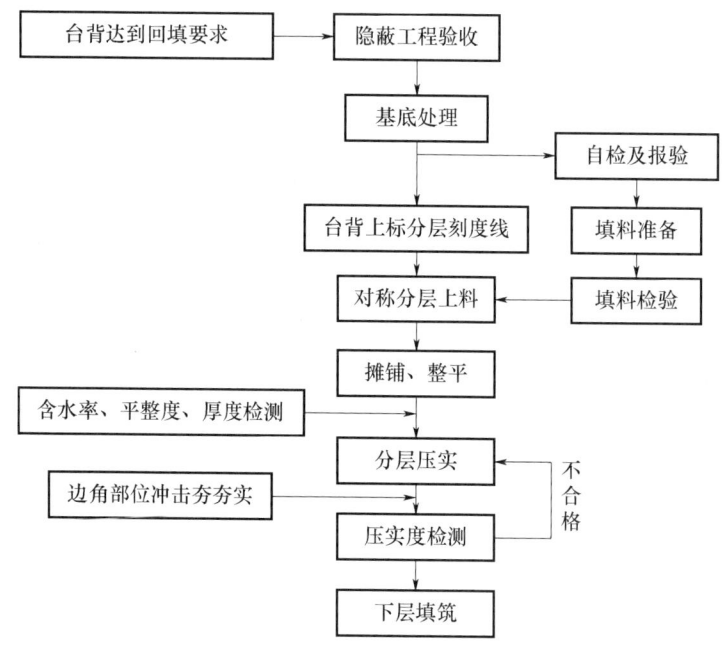

图 4-57 台背回填施工工序框图

4.3.12.3 施工要点

（1）台背回填的范围必须严格按照设计文件执行，做好过渡段，过渡段路堤压实度不小于 96%，同时纵向和横向防排水系统应连接通畅。

（2）台背回填应分层填筑，每层最大压实厚度不大于 15cm。

（3）结构物回填前，在台背用醒目油漆画好每一层压实厚度标志线并标明层次。

（4）台背回填的顺序必须符合设计要求。柱式桥台台背填土，应在台帽施工前，柱侧对称、平衡地进行。

（5）在回填过程中，应防止水的侵害。回填结束后，顶部应及时封闭。

（6）锥护坡回填与台背回填同时填筑，台前护坡设置检修平台，每个锥坡后设置人行踏步，检修平台与踏步连接。

4.3.12.4 质量要求

（1）台背回填压实度必须符合设计或规范要求。

（2）压路机不能碾压到的部位的压实度必须加大抽检频率。

4.3.12.5 质量问题预防及处理措施

台背填土下沉，造成桥头跳车。

1. 技术措施

①严格按设计或规范要求确定填土范围，路堤交界处必须开挖坡率不大于 1:5 的斜坡，压路机上下自如。

②台背基底应严格按设计或规范要求处理及压实，减小台背的沉降量。

③采取有效措施，做好排水工作，减小水对搭板下填土的影响，确保边坡稳定。

④台背和锥坡、护坡同时施工。

⑤路面的下承层不同结构之间设过渡段。
⑥尽早安排台背回填，为台背留有足够的沉降时间，再进行搭板施工。

2. 管理措施

①桥头回填作为分项工程单独划分，承包人配备专门的台背回填施工队伍和技术人员，技术人员跟班作业，单独报验，要求资料齐全。

②要求监理人员全过程旁站。

③发现回填厚度超标和压实度未满足要求，必须一返到底，重新回填，并对有关责任人严肃处理。

④明确台背填筑施工负责人、监理责任人。

⑤质量奖惩措施如下：

对台背进行跟踪测量，发现下沉超标现象，必须进行返工处理。

对承包人及现场监理进行罚款处理。严重时可以把现场监理及施工队伍清理出场。

4.4 冬期、雨期及热期施工

4.4.1 冬期施工

4.4.1.1 一般规定

（1）冬期施工是室外日平均气温连续 5d 稳定低于 5℃时混凝土、钢筋混凝土、预应力混凝土及砌体工程的施工。

（2）冬期施工的项目必须经过业主同意，并编制冬期施工组织设计。

（3）制定防火、防冻、防煤气中毒等安全措施，做好气温观测工作。

4.4.1.2 冬期施工措施

1. 施工准备

（1）及时掌握气象变化趋势及动态，做好预防准备工作。

（2）技术准备。制定冬期施工各工序的施工要求和施工注意事项，制定冬期施工混凝土的配合比、搅拌、运输、浇筑、养护方案及冬期施工质量检验标准。

（3）材料准备。冬期施工中应做好加温、保温、防冻等施工用材料准备及施工人员的冬期取暖、防冻材料的准备。

（4）设备准备。施工机械加强冬期保养，对加水、加油润滑部件勤检查、勤更换，防止冻裂设备。

（5）现场准备。冬期施工现场应提前做好施工便道、便桥、作业场所的防滑、防火、防风措施。

2. 混凝土冬期施工措施

（1）混凝土拌和。

①配合比。选用较小的水灰比和较低的坍落度，以减少拌和用水量。当混凝土掺用防冻剂时，其试配强度较设计强度提高一个等级。在钢筋混凝土中禁止掺用氯盐类防冻剂。

②拌和设备设置在温度不低于 10℃的暖棚内。拌制混凝土时，砂石料的温度在

0℃以上，拌和用水温度不低于5℃。必要时，先将拌和用水加热。水的加热温度不宜高于80℃。拌和时先投入骨料和已加热的水进行搅拌均匀，再加水泥。骨料存于保温仓内。

③混凝土拌和时间较常温施工延长50%，对于掺有外加剂的混凝土拌制时间应取常温拌制时间的1.5倍。

(2) 混凝土运输。

①冬期施工采用混凝土搅拌运输车，并做好保温措施，装入混凝土前先用热水预热罐体，并将水放净。

②尽量减少装卸次数并合理组织装入、运输和卸出混凝土工作。

(3) 冬期施工的混凝土浇筑。

①混凝土浇筑前，清除干净模板和钢筋上的冰雪和污垢。

②混凝土的入模温度在任何情况下均不低于5℃，细薄截面混凝土结构的浇筑温度不宜低于10℃。

③冬期施工接缝混凝土时，在新混凝土浇筑前对接合面进行加热使接合面有5℃以上的温度，浇筑完成后，及时进行蒸汽或升温养护，直至浇筑混凝土获得规定的抗冻强度（图4-58和图4-59）。

图4-58 蓄热养护

图4-59 移动式框架蒸汽养护

(4) 冬期施工混凝土质量检查。冬期混凝土质量检查除满足一般混凝土要求外，还要满足下列要求：

①在混凝土拌制和浇筑期间，测定水和粗细骨料装入搅拌机时的温度、混凝土的拌制温度、入模温度和环境温度。

②冬期施工混凝土除按规定制作标准养护的试件外，制作施工检查试件（同条件养护），查明强度的发展情况。

3. 钢筋加工和焊接冬期施工

(1) 钢筋加工和焊接必须在棚内进行；保温棚必须具备足够空间和加温、保温措施，满足不同构件及部位钢筋加工、制作的需要，保证棚内温度不低于5℃。

(2) 焊接后的接头采取保护措施，禁止焊后立刻接触冰雪、雨水。

(3) 钢筋焊接试验抽检频率比正常施工增加1倍。

(4) 预应力筋的张拉必须保证环境温度不低于5℃，压浆后环境温度48h内不低于5℃。

(5) 当气温低于 5℃时，应采取保温措施，不得洒水养护。

4.4.1.3 安全保证措施

(1) 进行详细的风险分析，认真地查找危险源，制定防火、防冻、防滑、防烫伤、防煤气中毒等安全措施，并增加有关设施。生活及施工道路、脚手架、坡道做到经常清理积水、积雪，保证良好的通行条件。

(2) 电线铺设要做到防砸、防碾压，防止电线冻结在冰雪之中。大风雪后，应对供电线路进行检查，防止断线造成触电事故。

(3) 凡高空作业必须系安全带、穿胶底鞋，防止滑落或高空坠落。

(4) 定期对有关人员进行安全教育和操作规程培训。在每道工序施工前，做好安全技术交底。

4.4.2 雨期施工

4.4.2.1 施工准备

1. 组织准备

为了保证雨期施工期间，因大雨、暴雨天气等发生险情时，能够及时组织人员进行抢险救灾，成立雨期施工防洪领导小组，并成立雨期施工应急救援分队。汛期内主要领导要执行轮流值班制，发现险情立即指挥抢救和上报。

2. 材料准备

水泵、泥浆泵、编织袋、手推车、塑料布、防水电缆、铁锹、雨衣、鞋等。

3. 技术准备

雨期到来之前，组织有关人员按照方案要求进行技术交底，提出雨期施工计划，为施工提供技术准备。

4. 现场准备

雨期施工前，整理施工现场，清理施工现场的排水沟，保证排水畅通。确保排水设备完好，以保证暴雨后能在较短的时间内排出积水。

4.4.2.2 雨期施工措施

1. 基坑开挖、回填

(1) 基坑开挖后组织力量突击施工；在基坑四周设集水坑或排水沟，防止地面水灌入基坑。受水浸坑，在基础施工前应将基底清理干净后方可施工。

(2) 基坑回填土应连续进行，尽快完成。施工中注意雨情，雨前应及时夯完已填土层，并做成一定坡势，以利排除雨水。

(3) 雨期土方回填施工应严格控制回填土的含水率，及时取样试验，将回填土的含水率控制在设计要求范围内。

2. 混凝土工程

(1) 混凝土浇筑前应及时了解天气预报，尽量利用非雨天气组织施工。

(2) 混凝土浇筑前必须清除模板内的积水。

(3) 浇灌混凝土时，如突然遇雨，要做好临时施工缝，方可收工。雨后继续施工时，先对接合部位进行技术处理后，再进行浇筑。

(4) 雨期施工要每天定时测定砂、石等骨料的含水率，及时调整各种配合比。混凝土浇筑过程中或浇筑完毕未达到初凝,如遇下雨,立即用塑料膜或篷布覆盖,防止雨淋。

(5) 雨后接缝时应凿掉被雨水浸泡冲刷过的松散混凝土,继续浇筑混凝土时应按施工缝处理。

3. 吊装施工

(1) 做好防雷防电措施,架梁前在架桥机上设好避雷装置,防止雷击伤人。

(2) 随时检查制动运梁平车装置是否完好。

(3) 大雨、暴雨及大风时应停止吊装作业。

(4) 高空操作人员雨后施工时注意防滑,要穿防滑鞋。

4.4.2.3 安全保证措施

(1) 选择驻地、料场、拌和场、预制场、弃土场必须考虑雨期暂时性地表径流等危险。雨期时节安排专人值班巡视,发现险情发出警报,人员、设备及时撤离。

(2) 电气设备要有可靠的接地措施,检查电焊机把线、电缆线、胶皮线是否老化、破损,不合格的胶皮线应调换和修理,防止漏电事故发生。

(3) 现场临时电源应进行全面检查,各种线路只准架空铺设,电源开关箱要有防雨设施。

(4) 配电箱、电缆线接头、电缆接线箱、电焊机等必须有防雨措施,防止水浸受潮造成漏电或设备事故。

(5) 雷雨天气应注意防雷,避免作业人员直接暴露在建筑物最高处,防止雷电直接伤人。

4.4.3 热期施工

4.4.3.1 一般规定

(1) 当昼夜日平均气温高于30℃时,混凝土工程和砌体工程的施工应符合热期施工的规定。

(2) 热期施工应编制相应的施工技术方案。施工前及时掌握天气温度、风雨、汛情等。

4.4.3.2 热期施工措施

(1) 应采取必要的措施对水泥和砂石骨料等遮阳防晒,或对砂、石料堆喷水降温,降低原材料进入搅拌机的温度。

(2) 对拌和水宜采用冷却装置或其他适宜的方法降温;对水管及水箱应设置遮阳或隔热设施。

(3) 配合比的设计应考虑高温对混凝土坍落度损失的影响。混凝土宜选用水化热较低的水泥,当掺用缓凝减水剂时,可根据气温情况适当提高坍落度。

(4) 混凝土宜在气温较低时进行搅拌,入模温度宜控制在30℃以下。

(5) 混凝土的运输宜采用搅拌车,且有防晒设施。在运输过程中应慢速、不间断地搅拌混凝土,不得加水搅拌,最大限度缩短运输时间。

(6) 混凝土浇筑施工应对模板、钢筋和地基上喷水降温,但不得有积水。浇筑施工在一天温度较低时进行。浇筑完成后加快表面混凝土的修整速度,修整时可采用喷雾器喷洒少量的水，但不得直接浇水。

（7）混凝土施工完成后尽快开始养护，应在其表面立即覆盖清洁的塑料薄膜；初凝后应增加覆盖浸湿的粗麻布或土工布，继续洒水保湿养护。养护期不少于7d。

4.4.3.3　热期施工质量检验

（1）砂、石骨料的含水率检查，每台班应不少于1次。

（2）混凝土浇筑与养护时，环境温度每日检查4次，并做好记录；当温度超过规定时，应采取降温措施保证混凝土质量，否则停止施工。

（3）除留置标准养护试件外，还应制取相同数量的试件，在与结构相同环境下养护，检查混凝土的强度用以指导施工。

（4）混凝土施工过程中，严格控制混凝剂的掺量，检查混凝土的凝结时间，防止混凝剂掺量不准确对结构造成危害。

4.4.3.4　安全保障措施

（1）注意对施工现场、居住区用电线路的检查，对易燃物品妥善保管，制定防火、防水及防雷电措施。

（2）施工便桥、临时排水沟保持排水畅通，无堵塞。

（3）对参与工程的人员要有防暑降温措施。

4.5　安全生产、文明施工、环境保护

4.5.1　安全生产

安全生产工作是一项经常性的、长期的、细致的工作，必须坚持"安全第一、预防为主"的方针，严字当头。依靠科学管理和先进技术，认真履行有关安全生产、文明施工管理的相应职责，保障人身和工程安全，确保工程质量。

（1）施工现场安全生产实行项目经理负责制。建立健全安全组织保障体系，制定和完善安全生产管理制度，人员到位，责任到人。

（2）施工现场必须具备良好的施工环境和作业条件，进入施工现场的所有人员必须遵守施工现场安全管理规定。

（3）施工人员必须经过上岗前的安全生产教育，应备有各个工种安全生产手册或须知，并做到每个职工人手一册。特殊工种须经专业培训，持证上岗。

（4）施工现场必须做好防火、防电、防爆和防坠等防护工作。

①必须遵守国家有关消防规定，各种消防设施配置齐全，并由专人负责，经常检查和定期更换。油库、易燃品存储等重点防火区域禁止火源进入。

②供电线路布设及施工用电必须遵守有关安全用电的规程和规定，并应避免妨碍作业和交通。

③火工产品、高压气瓶等易爆物品的使用和管理必须遵守国家有关规定，接受当地公安部门的指导、管理。火工产品的运输、存放必须报当地公安部门批准。

④高空作业必须遵守有关作业规程，设置必要的安全防护网或防护栏杆，特殊情况下使用安全带。

(5) 施工现场必须杜绝违章指挥、违章作业、违反劳动纪律的"三违"行为。

(6) 施工现场应建立完善的机具设备例保、检修制度，保证机械设备正常安全运转。

(7) 承包人要加强汛期施工安全管理，成立防汛组织，组织防汛抢险队伍，并准备必要的抢险物资。坚持汛期 24 小时值班和领导带班制度。

(8) 在河道、沟渠内进行桩基施工的单位，要合理安排工程进度，尽量避开汛期施工。

(9) 承包人的弃土场要严格按照水土保持设计要求进行及时处理，防止弃土滑坡、冲淤农田、堵塞河道。

(10) 监理单位应具备施工现场安全生产的监理知识和能力，了解安全生产规章制度，认真履行相应职责和义务。

4.5.2 文明施工

(1) 施工现场所有管理人员、监理人员都必须佩戴上岗证。

(2) 施工现场作业道路应保持平整，设有路标。机具材料应做到"二整"：机械设备保持状态良好、洁净、停置整齐；施工材料堆放有序、存储规整合理，并插置标示牌。

(3) 工地现场外观应做到"三洁"：施工场地整洁、生活环境清洁、施工产品美观洁净。

(4) 施工便道应进行日常养护，保证正常通车，经常整修、洒水，防止尘土飞扬，影响当地群众正常生活、生产活动。

(5) 现场进行的各项施工操作，必须按施工前的施工操作安排或相应的规范进行，做到层次清楚、紧张有序，杜绝违章操作和野蛮施工。

(6) 监理人员对承包人的文明施工情况应随时进行监督检查，对不能满足文明施工要求的要及时予以下令整改。

(7) 每个墩台施工完毕后，应及时编墩台号，并将其标注在左、右幅外侧墩台。

4.5.3 环境保护

工程建设期间的环境保护是坚持环境保护"三同时"制度和贯彻"预防为主、建设与保护并重"原则，按环保评价报告和水土保持报告要求做好相关工作，保证施工期环保管理措施有效实施。

(1) 承包人应当根据谁破坏谁恢复、谁利用谁补偿的原则，保护和合理利用自然资源。

(2) 加强对水资源的管理和水环境的保护。严格限制在地下水采补失调地区取水。严禁向河流排放污染物、倾倒废弃物。

(3) 应当加强环境的保护工作。

严禁捕猎，禁止乱砍滥伐树木，防止植被破坏。

(4) 防治环境污染和其他公害。

①对造成环境污染的承包人，责令限期治理。被责令限期治理的承包人，必须按期

完成治理任务。

②产生噪声和振动的机械设备、机动车辆以及其他噪声源，应当采取消声防振措施，产生的噪声、振动必须符合国家规定的标准。

4.6 首件工程认可制和工法管理

4.6.1 首件工程认可制

4.6.1.1 首件工程制概念及意义

该制度就是在某些分项工程全面开工之前，由承包人申报监理单位批准后进行首件工程（或者试验段）的施工，施工结束经评定达到要求后方可进行该分项工程的全面施工。通过实施首件工程样板制，可以建立某些分项工程形象的、直观的必须达到的标准。实施首件工程认可制能够更直接地验证承包人施工方案的可行性，检查施工人员组织情况、施工机械设备等在施工过程中的整体配合效果、所用施工机械作业效果、质量保证体系运转情况、施工方案的可行性、安全制度体系及环保制度体系实施效果等。

4.6.1.2 首件工程制的实施步骤

1. 首件的开工申请

首件工程的每道工序要制订详细施工方案和施工作业指导书，提供质量保证体系，确定自检体系和质量责任人，明确检测方法、检测频率，以及重点、难点部位的控制措施。监理工程师据此制定相应的监理实施细则，明确监理责任人。

2. 施工方案审批

监理工程师审批承包人提交的施工方案、施工作业指导书、质量保证体系等。对于重大、复杂、采用新技术与新工艺的分项工程，应签署审批意见后上报总监理工程师批准。

3. 工程实施

首件工程施工实行项目经理质量终身负责制度。项目经理、项目总工要亲自盯岗、认真负责，应严格按照批准的施工方案进行施工。监理人员必须对所有的首件工程全过程旁站，并做好相应记录。对实施过程中发现的问题应及时会同有关方面提出可行的调整处理方案，以保证其顺利实施。

4. 评价认可

首件工程完成后，由监理组织进行检测、验收和评定。承包人应对已完成的首件工程的施工工艺和质量进行综合评价，提交总结报告。由监理组织有关人员对其进行分析、研究，验证施工工艺的可靠性、合理性，提出改进意见，并形成评审会议纪要。分项工程评分未达到98分以上不能视为首件工程。

5. 确定最终方案

首件工程经评审通过后，承包人、监理工程师应根据评审报告进一步完善施工和监理实施方案作为最终方案。在此基础上审批分项开工报告。

6. 推广示范

首件工程检验评定后被认可为样板工程的项目，由监理组织召开现场会，推广示范，以保证后续工程质量水平不低于首件工程的质量标准。

7. 资料管理

得到认可的首件工程检查评定结果形成总结报告并加盖承包人与监理单位的公章,有关人员签字。首件工程认可的所有相关资料均作为分项工程开工报告的附件整理和归档。

4.6.1.3 首件工程的划分

桥梁工程对需要进行首件工程认定的具体分项工程是:钢筋加工、墩(柱)、盖梁、预制梁、预应力张拉、压浆、梁板安装、现浇连续梁、桥面铺装、防撞护栏、伸缩缝。

4.6.2 工法

4.6.2.1 企业级工法的选题

(1) 通过总结工程实践经验,形成的有实用价值、带有规律性的、新的先进施工工艺技术,其技术水平应达到国内先进及以上水平。

(2) 通过应用新技术、新工艺、新材料、新设备而形成的新的施工方法。

(3) 对现有类似的公路工程建设有所创新、有所发展而形成的新的施工方法。

4.6.2.2 企业级工法编写内容

工法的编写内容分为前言、工法特点、适用范围、工艺原理、施工工艺流程及操作要点、材料与设备、质量控制、安全措施、环保措施、节能降耗、效益分析和应用实例共12项。

1. 前言

概括工法的形成原因和形成过程。其形成过程要求说明研究开发单位、关键技术鉴定结果、工法应用及有关获奖情况。

2. 工法特点

说明工法在使用功能或施工方法上的特点,与传统的施工方法比较,在工期、质量、安全、造价等方面的先进性和新颖性。

3. 适用范围

适宜采用该工法的工程对象或工程部位,某些工法还应规定最佳的技术经济条件。

4. 工艺原理

阐述工法工艺核心部分(关键技术)应用的基本原理,并着重说明关键技术的理论基础。

5. 施工工艺流程及操作要点

(1) 工艺流程和操作要点是工法的重要内容。应该按照工艺发生的顺序或者事物发展的客观规律来编制工艺流程,并在操作要点中分别加以描述,对于使用文字不容易表达清楚的内容要附必要的图表。

(2) 工艺流程要重点讲清基本工艺过程,并讲清工序间的衔接和相互之间的关系以及关键所在。工艺流程最好采用流程图来描述。对于构件、材料或机具使用上的差异而引起的流程变化应当予以说明。

6. 材料与设备

说明工法所使用的主要材料名称、规格、主要技术指标,以及主要施工机具、仪器、仪表等的名称、型号、性能、能耗及数量。对新型材料还应提供相应的检验检测方法。

7. 质量控制

说明工法必须遵照执行的国家和行业（地方）标准、规范名称和检验方法，并指出工法在现行标准、规范中未规定的质量要求以及达到工程质量目标所采取的技术措施和管理方法。

8. 安全措施

说明工法实施过程中，根据国家、行业（地方）有关安全的法规所采取的安全措施和安全预警事项。

9. 环保措施

指出工法实施过程中，遵照执行的国家和行业（地方）有关环境保护法规中所要求的环保指标以及必要的环保监测、环保措施和在文明施工中应注意的事项。

10. 节能降耗

指出工法实施过程中，遵照执行的国家和行业（地方）有关节能法规中所要求的节能指标、所采取的节能措施。

11. 效益分析

从工程实际效果（消耗的物料、工时、造价等）以及文明施工中，综合分析应用本工法所产生的经济、环保、节能和社会效益（可与国内外类似施工方法的主要技术指标进行分析对比）。

12. 应用实例

说明应用工法的工程项目名称、地点、结构形式、开竣工日期、实物工作量、应用效果及存在的问题等，并能证明该工法的先进性和实用性。一项成熟的工法，应至少有2个工程实例。

工法中属保密的专利技术或诀窍技术，编写时可说明其代号和作简要描述。编写的工法层次要分明，数据要可靠，用词用句应准确、规范，附图要清晰。其深度应满足指导项目施工与管理的需要。

4.6.2.3 工法管理

承包人进场后，根据本企业的施工水平、施工规范，编制具有先进性、科学性和实用性，以及保证工程质量和安全、提高施工效率、降低工程成本、节约资源、保护环境等特点的适用于项目建设的工法。上报工程处，工程处根据工法的适用性、可操作性进行全线推广，做到资源共享。

4.6.2.4 工法编制的范围

（1）梁板预制、安装工法。

（2）混凝土桥面铺装施工工法。

（3）大体积混凝土施工工法。

4.7 资料管理与质量检查验收

4.7.1 档案资料管理

（1）承包人及监理单位设置专门人员负责内业资料的整理及文件和档案资料的管

理，设置专门的资料室和档案室。

（2）内业资料的整理必须由相应专业技术人员及现场监理负责填报，资料能够反映施工的实际情况，真实可信。禁止专人闭门编资料。发现资料造假现象，对承包人及相关监理人员进行处罚。

（3）工程资料的填报与整理必须与工程进展同步，禁止事后补资料。

（4）内业资料和档案的管理应分门别类，便于查找，并编制相应的目录。

（5）资料的整理尽量保存原始页。对隐蔽工程在隐蔽前必须留存全面的影像资料。对于关键工序和重点部位的施工必须留有影像资料。

（6）在完成文本格式的资料后，通过扫描形成电子文档，共同保存。

（7）资料签名本着谁负责谁签名的原则，禁止代签。

4.7.2 质量检查验收

（1）工程质量检查验收程序为承包人班组内部自检、互检、交接检及质检人员检查，合格后报监理工程师验收。验收合格后，承包人进行下一工序的施工；对于监理工程师提出的意见，承包人须认真整改，并再次申请验收。

（2）第三方检测单位独立地对工程进行抽检和质量评定。

4.8 附录

4.8.1 桥梁基础施工图（图 4-60～图 4-63）

图 4-60 国道 328 汝驿段刘大桥钢管桩沉入

4 桥梁工程

图 4-61 桩基钢护筒沉入

图 4-62 水中作业钢平台

图 4-63　桩基钢筋笼制作与安装

4.8.2　桥梁下部构造施工图（图 4-64～图 4-67）

图 4-64　王化寺桥墩柱、盖梁

4 桥梁工程

图 4-65 墩柱覆盖薄膜洒水养护

图 4-66 异型墩模板安装与混凝土浇筑

图 4-67 支座垫石的养护

4.8.3 桥梁上部构造施工图（图 4-68～图 4-95）

图 4-68 驻马店市南互通区跨 328 线立交桥

图 4-69 现浇箱梁满堂支架搭建及中横梁钢筋骨架

图 4-70 水袋预压与底模、侧模安装

(a)每套模板还应配备相应的楔块模板调节

(b)预制箱梁芯模使用定型钢模

(c)空心板芯模应使用定型钢模

图 4-71 预制梁施工

图 4-72 侧模加劲竖梁宽度和间距

图 4-73 梁片钢筋定位架

图 4-74 横隔板筋定位架

图 4-75 翼缘环形钢筋定位辅助措施

图 4-76 防撞护栏预埋筋与面板钢筋点焊连接

图 4-77 与波纹管冲突的横隔板钢筋安装
（不得将钢筋截断）

图 4-78 面板钢筋使用模具制作

图 4-79 面板钢筋制作好整体吊装

图 4-80 钢筋的保护层垫块

图 4-81 支座预埋钢板

图 4-82 波纹管 U 形定位筋

图 4-83 端部负弯矩预应力波纹管

图 4-84 圆形波纹管

图 4-85 养护时土工布应覆盖至梁底

图 4-86 梁板接缝处拆模后立即凿毛

图 4-87 成品钢筋

图 4-88 钢筋网定位

图 4-89 轨道定位钢筋

图 4-90 混凝土浇筑

图 4-91 混凝土振捣、抹面收浆、平整度控制

(a) 采用尼龙丝刷进行表面拉毛处理　　(b) 拉毛后采用土工布进行覆盖养护

图 4-92 混凝土在二次抹面后处理

图 4-93 模板拆除后立即进行诱导缝的切割　　图 4-94 在伸缩缝处预留槽口以便于伸缩缝的安装

图 4-95 伸缩缝设置

5 施工安全

5.1 安全生产责任体系

5.1.1 一般规定

(1) 责任制是安全生产的核心,是改进安全状况的根本途径、基本方法和工作平台。项目经理部应按照"安全第一,预防为主,综合治理"的方针,构建工程项目安全生产责任体系。责任体系主要包括但不局限于:项目安全生产目标、组织管理机构、安全生产条件、安全生产责任及安全生产管理制度等重点内容。

(2) 安全生产管理必须坚持"管生产必须管安全""谁主管谁负责"的原则,坚持全员参与、全面覆盖和全过程管理的原则。

(3) 工程项目应成立由项目经理、总工、主管安全副经理、相关部门负责人共同参与的工程项目安全生产领导小组(或项目安全生产委员会),负责规范、指导、协调工程参建单位的安全生产行为。

(4) 项目经理部应建立内部安全生产责任体系,依法设立安全生产组织管理机构,完善安全管理制度,明确安全生产条件,确定安全考核目标,开展安全检查和隐患排查工作,落实安全生产责任。

(5) 安全生产责任制是安全生产责任体系的重要载体。项目经理部应与协作队伍、施工队、项目管理等相关人员每年签订一次安全生产责任书。

(6) 项目经理部应落实"一岗双责"要求,细化各岗位职责,按年度层层签订安全生产责任书,并定期组织考核。

(7) 在施工过程中,当责任人发生变更时,应重新签订安全生产责任书。

5.1.2 安全生产目标

安全生产目标应以"减少危害,预防事故,尽量避免生产过程中的人身伤害、财产损失、环境污染等"为准则设定。项目安全生产目标应通过设立相应的考核指标,强化落实。

5.1.2.1 安全生产考核指标

(1) 项目经理部安全生产领导小组应确定工程项目安全生产总目标。应将项目安全生产总目标分解为分项目标,制定各自的安全生产考核指标。

(2) 安全生产考核指标包括以下几类:

①管理类:项目安全管理总体目标、安全管理人员到位率、培训教育覆盖率、设备完好率等。

②事故类:事故起数、重伤人数、死亡人数、设备事故率等。

③隐患类：重大安全事故隐患整改率等。

5.1.2.2 安全生产目标实施

为确保工程安全生产总目标达到预期效果，一般从以下几个方面组织实施：

（1）制定实施计划，分解总目标。依据工程项目的安全生产总目标，结合社会形势、施工环境、气候变化和工程进展等情况，提出年度、季度、月度分项目标和考核指标，并分解到各参建单位、各类管理人员和作业队、班组，制定相对应的安全生产管理措施，认真组织实施。

（2）落实主体责任，分级考核控制。工程项目安全生产总目标的实现，主要依靠各级目标责任者根据设定的考核目标自我控制完成。在实施安全生产总目标保证措施计划的过程中，积极发挥项目经理部的主体作用，落实自我管理、自我控制的分级考核措施。

（3）组织考评验收，管理缺陷整改。在安全生产总目标管理过程中，应对分项目标的实施情况加强检查、考核与评价，并提出下一阶段的分项目标及措施。结合工程进展情况，对分项目标措施的实施情况，每个月检查验收一次，利用安全工作例会讲评一次；每个季度考评一次，以通报形式排出名次，分出优劣；结合半年和年度工作总结讲评一次。每次检查、考核、验收和讲评，应紧紧围绕有关薄弱环节，利用通报或《隐患整改指令》的方式，按照"三定一落实"（定人、定时、定措施、复查确认落实）的原则组织缺陷整改。做到认真考核，严格验收，整改到位。

（4）兑现目标奖惩，推动循环活动。在实施安全生产总目标管理过程中，将各级领导、各个部门、各类人员的岗位考核指标成果与经济利益挂钩。按照考评情况兑现奖惩。通过目标分解、检查考评、缺陷整改、兑现奖惩，实现安全生产总目标管理向前滚动发展。

5.1.3 项目安全生产领导小组

5.1.3.1 组织管理机构

项目经理部安全生产领导小组，组长由项目经理担任，副组长由安全总监、副经理、总工程师担任，成员由各相关职能部门负责人及分包单位负责人组成。安全生产领导小组下设办公室，成员由安全管理部门负责人兼任。项目经理部安全生产领导小组机构如图5-1所示。

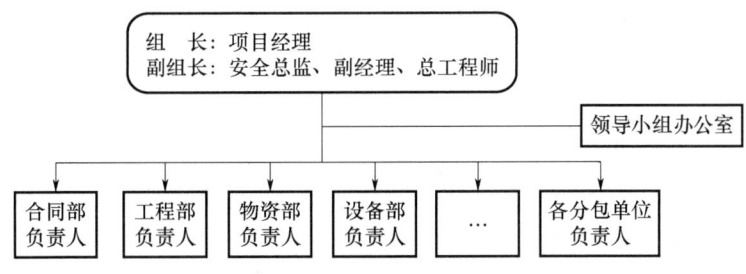

图 5-1　项目经理部安全生产领导小组机构

5.1.3.2 安全生产条件

（1）取得有效的施工企业安全生产许可证，具备法律法规等规定的相关资质和资格。

（2）建立健全安全生产责任制，制定相应的安全生产规章制度和操作规程。

（3）保证安全投入并规范使用。

（4）设置安全管理机构，施工现场应按照每 5000 万元施工合同额配备 1 人的比例配备专职安全生产管理人员，不足 5000 万元的至少配备 1 人。

（5）企业主要负责人、项目负责人和专职安全生产管理人员（简称"三类人员"）必须取得交通运输主管部门颁发的"安全生产考核合格证书"，特种作业人员应经有关业务主管部门考核合格，取得特种作业操作资格证书，所有从业人员应按规定参加安全生产教育培训。

（6）应依法参加工伤保险，为从事危险作业的人员办理意外伤害险。

（7）按照"平安工地"考核标准，每月组织自查，作业场所和安全设施、设备工艺等符合有关安全生产法律法规和标准规范的要求，为从业人员配备符合国家、行业标准的劳动防护用品。

（8）按规定开展施工安全风险评估工作，实施重大风险源监控管理。

（9）制定生产安全事故应急救援预案，为应急救援组织或应急救援人员配备必要的应急救援器材、设备。

（10）法律、法规规定的其他条件。

5.1.3.3 安全生产责任

1. 项目经理部安全生产责任

（1）项目经理部是安全生产责任主体，主要负责人依法对本单位安全生产工作全面负责。项目负责人应由取得相应执业资格证书的人员担任，经授权对相应的工程项目施工安全生产负责。

（2）工程项目实施施工总承包的，总承包单位对施工现场安全生产负总责。总承包单位依法将建设工程分包给其他单位的，应在分包合同中明确各自的安全生产权利和义务，总承包单位和分包单位对分包工程的安全生产承担连带责任。

（3）列入工程概算的安全作业环境及安全施工措施所需费用，应用于施工安全防护用具及设施的采购和更新、安全施工措施的落实、安全生产条件的改善。安全施工措施费应单列，专款专用，不得挪作他用。

（4）施工组织设计方案应明确安全技术措施，危险性较大的分部分项工程还应编制专项施工方案，并附安全验算结果，经项目经理部技术负责人、项目经理签字后实施。超过一定规模的危险性较大的分部分项工程，项目经理部应组织专家对专项施工方案进行论证、评审。项目经理部应按规定制定施工现场临时用电方案。

（5）项目经理部应将施工现场的办公、生活区与作业区分开设置，并保持安全距离；现场临时搭建的建筑物应符合安全使用要求，使用装配式活动房屋应具有产品合格证；项目经理部不得在尚未竣工的建筑物内设置员工集体宿舍。职工的膳食、饮水、休息场所等应符合卫生标准。

（6）项目经理部应在施工现场出入口、沿线各交叉口、施工超重机械所在处、拌和场、临时用电设施所在处、爆破物及有害危险气体和液体存放处，以及孔洞口、隧道口、基坑边缘、脚手架边缘、码头边缘、桥梁边缘等危险部位，设置明显的符合国家标准的安全警示标志或者必要的安全防护设施。

（7）项目经理部应建立健全消防安全责任制度，确定消防安全责任人，制定用火、用电、使用易燃易爆材料等各项消防管理制度的操作规程，设置消防通道，配备相应的消防设施和灭火器材,并在施工现场入口处设置明显标志。

(8)工程施工前,项目经理部应将有关施工安全技术要求分三级向施工项目部各职能部门、施工作业班组、一线作业人员作出详细说明,向作业人员书面告知危险岗位和操作规程及应急措施,并由双方签字确认。

(9)项目经理部应定期开展安全检查评价和隐患治理工作,消除安全事故隐患。专职安全员应按规定每日巡查施工现场安全生产,并做好检查记录,发现安全事故隐患时,应及时向项目安全管理机构负责人报告;对违章指挥、违章操作,应立即制止;一时难以消除的事故隐患,施工单位应制定治理方案,明确治理的措施、时限、资金、验收和责任人等要素。

(10)项目经理部应根据不同施工阶段、周围环境及季节、气候变化,在施工现场采取相应的安全施工措施。施工现场暂时停止施工的,应做好现场防护,所需费用由责任方承担,或按合同约定执行。

(11)项目经理部对因工程施工可能造成损害的毗邻建筑物、构筑物和地下管线等,应进行安全风险论证并采取专项防护措施。

(12)项目经理部应遵守环境保护的法律法规,在施工现场采取措施,防止或减少粉尘、废气、废水、固体废物、噪声、振动和施工照明对人和环境的危害和污染。

(13)施工现场的安全防护用具、机械设备、施工机具及配件必须由专人管理,定期进行检查、维修和保养,建立相应的资料档案。采购、租赁的安全防护用具、机械设备、施工机具及配件,应具有生产(制造)许可证、产品合格证,在进入施工现场前进行查验。

(14)安装、拆卸施工起重机械,整体提升脚手架、模板等自升式架设设施,必须由具有相应资质的单位承担。使用前,应组织有关单位进行验收,也可以委托具有相应资质的检验检测机构进行验收(并出具相关验收合格证明文件);使用承租的机械设备、施工机具及配件的,应由施工总承包单位、分包单位、出租单位和安装单位共同进行验收,验收合格的方可使用;使用起重机械等特种设备,在验收前应经有相应资质的检验检测机构监督检验合格。

(15)项目经理部在签订的起重机械租赁合同中,明确租赁双方的安全责任,要求租赁单位提供起重机械特种设备制造许可证、产品合格证、制造监督检验证明、备案证明和自检合格证明,提供安装使用说明书。

(16)项目经理部不得租用有下列情形之一的起重机械:
①属国家明令淘汰或者禁止使用的;
②超过安全技术标准或者制造厂家规定的使用年限的;
③经检验达不到安全技术标准规定的;
④没有完整安全技术档案的;
⑤没有齐全有效的安全保护装置的。

(17)作业人员应遵守安全施工的规章制度、强制性标准和操作规程,正确使用安全防护用具、机械设备。有权对施工现场的作业条件、作业程序和作业方式中存在的安全问题提出批评、检举和控告,有权拒绝违章指挥和强令冒险作业。发生危及人身安全的紧急情况时,有权立即停止作业或者在采取必要的应急措施后撤离危险区域。

(18)项目经理部应建立安全培训教育制度,对管理人员和作业人员每年至少进行一次安全生产教育培训，作业人员走上新的岗位、进入新的施工现场前或在采用新技术、新工艺、新设备、新材料时应接受安全生产教育培训。未经教育培训或者教育培训考核不合格的人员，不得上岗作业。

（19）项目经理部应针对本工程项目特点制定生产安全事故应急预案，定期组织演练。发生事故时，施工单位应立即采取措施减少人员伤亡和事故损失，启动应急预案，并按有关规定及时、如实地向建设单位、监理单位和事故发生地的工程安全生产监督管理部门以及地方安全监督部门报告。

2．分包单位安全生产责任

（1）分包单位必须具有相应的资质，并在其资质等级许可的范围内承揽施工业务。严禁个人承揽分包的工程业务。

（2）分包单位应与总承包单位就所承建的工程签订安全分包合同，约定双方权利、义务。

（3）分包单位应服从总承包单位的安全生产管理，遵守总承包单位的安全生产规章制度。分包单位不服从管理导致生产安全事故的，由分包单位承担主要责任。

（4）禁止分包单位将其承包的工程再分包。

3．施工单位内部各岗位安全生产责任书

项目经理部应根据岗位职责签订如下安全生产责任书：

（1）项目经理安全生产责任书；

（2）项目副经理安全生产责任书；

（3）项目总工程师安全生产责任书；

（4）项目各职能部门部长安全生产责任书；

（5）项目各部门管理人员安全生产责任书；

（6）班组长安全生产责任书；

（7）分包单位安全生产责任书。

5.1.3.4 安全生产管理制度

项目经理部安全生产管理制度是安全生产工作的行为准则，制度应明确项目经理部安全生产各阶段管理的内容、程序与职责分工等，包括但不局限于表5-1所列出的各项制度，一般以汇编形式印发。

表5-1 项目经理部安全生产管理制度

制度名称	制度内容
安全生产会议制度	会议制度分领导小组会议、安全例会和安全生产专题会等形式，会议制度应包括制度适用范围、职责和工作程序，重点明确会议频次、参会人员、讨论议题、会议签到、会议记录和纪要等
安全生产责任制及考核制度	制度应明确项目部与各分包单位之间所签订的安全生产责任书（或安全合同）的内容、签订频次、履行情况的考核、奖惩等内容
安全生产专项费用管理制度	制度应明确施工安全生产专项费用适用范围、费用年度计划、费用支取申报程序与阶段、会计科目及票据、形成的固定资产管理等内容
安全生产检查评价制度	制度应明确检查考核的目的、要求、依据、责任、标准、形式、内容、频次、整改等内容
"平安工地"考核评价制度	制度应明确项目安全生产条件审核，施工过程"平安工地"创建内容、实施步骤、职责分工和考核评价标准、评价周期、考核结果运用等内容

续表

制度名称	制度内容
安全事故隐患排查治理制度	制度应明确工程项目安全事故隐患分级管理，一般安全事故隐患排查方式、治理措施和责任分工，重大安全事故隐患治理方案、时限、措施、资金和责任人等内容
安全生产教育培训制度	制度应明确施工从业人员岗位培训内容、学时、频次和考核等内容。培训对象应包括施工现场管理、技术、特种作业及一般作业人员和分包单位等。培训内容应包括安全意识、安全知识和安全技能等
施工安全技术交底制度	制度应明确分级、分专业、分岗位交底的程序、内容等
施工安全风险评估制度	制度应明确施工现场危险作业环境和重大风险源辨识、分析、估测和评估结论审核等管理程序、职责分工、重大风险预警预控和书面告知等内容
专项施工方案的编制和审核制度	制度应明确适用范围、编制依据、编制原则、主要内容、安全保障措施、内部审核程序与责任分工、实施管理等内容
生产安全应急管理制度	制度应明确预案编制、审核的程序要求，预案构成的主要要素、应急处置组织、应急演练培训、方案评审改进等内容
生产安全事故报告制度	制度应明确事故报告的责任、信息报送流程、内容、时限等
施工设备安全管理制度	制度应明确施工设备设施的管理责任、登记要求、保养维修以及使用责任人资格等内容
劳动防护用品配备和管理制度	制度应明确安全防护用品的采购、验收、发放登记、使用等内容
施工现场消防安全责任制度	制度应明确施工现场消防安全责任分工、责任区域划分、器材配备台账、检查维护记录、消防器材管理等内容
危险品安全管理制度	制度应明确施工现场用火、用电、使用危险品等的消防安全管理程序、要求和责任分工、作业人员资格要求，危险品管理台账记录等内容
分包单位安全管理考评制度	制度应明确施工分包单位的管理台账、考评方式与时间、评价与结果应用等内容
特种作业人员管理制度	制度应明确特种作业人员的进场考核、岗前培训、继续教育、人员登记台账等内容
安全生产奖罚制度	制度应明确安全生产奖励、处罚的条件和方式，以及结果的应用等内容
施工单位项目部主要负责人带班制度	制度应明确项目主要负责人带班生产、检查的工作计划，内容与时间要求、管理程序与内业资料等内容
施工作业操作规程	制度应明确施工各工序、工种的具体操作要领，培训要求，规程流转管理等内容
其他法律和行业内规章制度	

5.2 安全生产专项费用管理

5.2.1 一般规定

（1）安全生产专项费用是指企业按照规定标准提取，在成本中列支，专门用于完善和改进企业或者项目安全生产条件的资金。

（2）安全生产专项费用管理应坚持"规范计取，合理计划，计量支付，确保投入"的原则，并按照有关规定、行业标准以及合同约定确定提取标准。

（3）公路水运工程安全生产专项费用根据国家有关规定，应采用不低于建筑安装工程造价1.5%的比例计取，且不作为竞争性报价。项目经理部在编制工程劳务招标文件时，应明确安全生产专项费用的总金额或比例、预付金额比例、计量支付方式与时限、具体使用要求、调整方式等条款。安全生产专项费用不足时，应协商解决。

5.2.2 安全生产专项费用使用范围

根据《中华人民共和国安全生产法》等有关法律法规和交通运输部《公路水运工程安全生产监督管理办法》，财政部、国家安全生产监督管理局《企业安全生产费用提取和使用管理办法》的规定，结合公路水运工程特点，安全生产专项费用使用范围和各类安全生产专项费用清单如表5-2所示。

表5-2 安全生产专项费用使用范围和各类安全生产专项费用清单

序号	类别	内容
1	设置、完善、改造和维护安全防护设施设备支出	指为保障工程安全生产而设置的相关安全防护设施、设备，以及对其进行技术、性能、质量等方面的完善、改造和维护等所发生的相关费用 设置费用主要指直接用于项目安全生产的相关设施设备购置、制作、安装等费用 完善费用主要指因正常损耗或因工程变更导致的安全防护设施设备的补充购置、制作、安装等费用 改造费用主要指为增加安全防护设施设备的安全系数，增强施工安全，对现有安全防护设施设备进行的设计、试验与制作加工等费用 维护费用主要指对现有安全防护设施设备的日常保养费用
2	配备、维护、保养应急救援器材、设备支出和应急演练支出	指项目经理部应急救援器材、设备的购置、使用、维护、更新以及按照合同约定所组织的应急演练等所发生的相关费用 应急救援指在应急响应过程中，为消除、减少事故危害，防止事故扩大或恶化，最大限度地降低事故造成的损失或危害而采取的救援措施或行动 应急救援器材、设备指在应急救援过程中需要使用的消防、急救等常用小型器材与设备，不含消防车、救生船等由社会专业救援机构配备的大型救援设备或非常用器材 应急演练指项目经理部依据应急预案，模拟应对突发事件组织的应急救援活动
3	重大风险源和事故隐患评估、监控和整改支出	指针对重大风险源和事故隐患进行评估、监控和整改所发生的相关费用。重大风险源指风险影响因素比较复杂、事故发生可能性较大或事故严重程度较高，必须从结构、环境、施工工艺、安全管理等多个角度进行控制和防范的风险源。对于重大风险源的识别，根据风险源的性质、场所、设备、设施等的不同，结合公路水运工程实际情况，重大风险源应重点关注以下几类：易燃、易爆原材料的存储区；具有爆炸危险的生产场所；危险性较大的分部分项工程；重大事故隐患 安全生产事故隐患（以下简称事故隐患），是指生产经营单位违反安全生产法律、法规、规章、标准、规程和安全生产管理制度的规定，或者因其他因素在生产经营活动中存在可能导致事故发生的物的危险状态、人的不安全行为和管理上的缺陷。事故隐患分为一般事故隐患和重大事故隐患。一般事故隐患，指危害和整改难度较小，发现后能够立即整改排除的隐患。重大事故隐患，指危害和整改难度较大，应全部或者局部停产停业，并经过一定时间整改治理方能排除的隐患，或因外部因素影响致使生产经营单位自身难以排除的隐患
4	安全生产检查、评价、咨询和标准化建设支出	指安全生产检查、评价、咨询和标准化建设过程中所发生的相关费用 安全生产检查指项目经理部日常安全生产工作检查以及聘请专业安全机构或专家对项目安全生产情况进行的检查；安全生产评价指施工单位聘请专业安全机构或专家对项目进行的施工安全风险评估，或对其安全方案、安全工作情况进行评价，并出具相应评价报告；安全生产咨询指就安全生产工作中存在的问题向相关专业安全机构、咨询单位或专家进行咨询，由其给出咨询意见 安全生产标准化建设指项目经理部按照有关规定或合同约定进行的安全生产方面的标准化建设
5	配备和更新现场作业人员安全防护用品支出	指为保障现场施工人员人身安全和身体健康而配备的、供现场施工人员使用防护必需品所发生的相关费用

续表

序号	类别	内容
6	安全生产宣传、教育、培训支出	指项目经理部在施工现场对安全生产进行宣传，对施工人员进行安全知识教育、安全技术交底、安全操作规程培训等所发生的相关费用
7	安全生产适用的新技术、新标准、新工艺、新装备的推广应用支出	指项目经理部配合相关科研机构，对其安全生产方面的新技术、新标准、新工艺、新装备等研究成果进行试用所发生的相关费用
8	安全设施及特种设备检测检验支出	指项目经理部邀请法定检测检验机构对相关安全设施及特种设备进行安全性检测检验所发生的相关费用
9	其他安全生产费用支出	指不在以上范围内，由项目经理部根据项目实际情况，在投标书中列支的相关安全生产费用

5.2.3 安全生产专项费用计量支付

（1）安全生产专项费用计量支付应以现场计量为主，现场计量与总额包干相结合的方式进行，原则上以当月计价施工产值为计提依据。

（2）安全生产专项费用计量应由安质部制定计量报表、计价清单，并附有安全生产专项费用投入使用的相关证实性书面材料。

（3）施工总承包单位依法将部分工程进行专业分包时，分包合同中应明确专业分包工程安全生产专项费用及支付条款，根据分包单位的投入使用情况专项专用，及时支付。

（4）工程发生重大设计变更，合同总金额发生较大变化的，应按合同中安全生产专项费用变更的相关约定处理。合同无相关约定的，应由施工单位与建设单位协商解决。

（5）安全生产专项费用应做到专款专用，按照"投入多少支付多少"的原则实施，当施工单位实际投入少于投标时安全生产专项费用报价时，经监理单位核实，余额部分应不予支付。

5.3 安全生产风险评估

5.3.1 一般规定

（1）施工安全风险评估，主要是指针对工程施工过程中各项作业活动、作业环境、施工设备（机具）、危险物品、施工方案中的潜在风险而开展的风险源辨识、分析、估测、预控等系列工作。

（2）项目经理部应根据风险评估结论，完善施工组织设计和危险性较大工程专项施工方案，制定相应的专项应急预案，对项目施工过程实施预警预控。

（3）施工安全风险评估应遵循动态管理的原则，当工程设计方案、施工方案、工程地质、水文地质、施工队伍等发生重大变化时，应重新进行风险评估。

（4）风险评估报告经监理单位审核后应向建设单位报备。对于极高风险（Ⅳ）级施工作业，项目经理部须组织专家或安全评价机构进行论证或复评估，提出降低风险的措施建议；当风险等级无法降低时，应及时调整设计、施工方案，并向公路水运工程安全生产监督管理部门备案。

（5）施工安全风险评估工作费用应在项目安全生产费用中列支。

5.3.2 评估程序

（1）施工安全风险评估应按照成立评估小组、制定评估计划、选择评估方法、开展风险分析、进行风险估测、确定风险等级、提出措施建议、编制评估报告的程序进行，见图5-2。

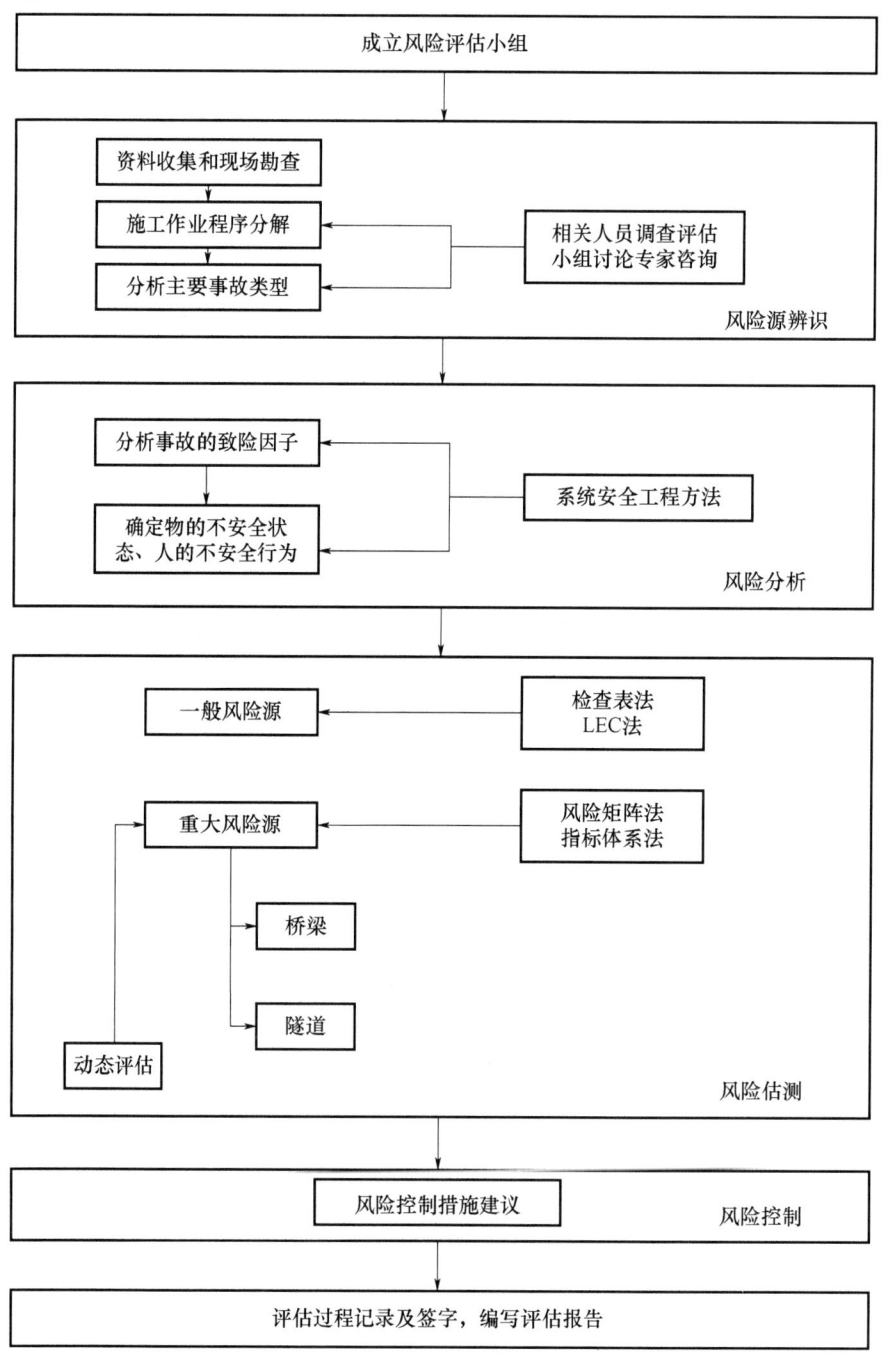

图5-2 评估程序

（2）工程施工组织设计文件、危险性较大分部分项工程专项施工方案、应急预案编制完成后，应报备监理单位审查施工安全风险评估报告；监理单位未签发开工令，不得私自开工。

5.3.3 评估阶段

施工安全风险评估分为总体风险评估和专项风险评估两个阶段。

（1）总体风险评估是指在编制施工组织设计方案的同时，根据工程地质环境条件、建设规模、结构特点等孕险环境与致险因子，评估工程整体风险，估测其安全风险等级。总体风险评估属于静态评估。

（2）专项风险评估是指在编制专项施工方案的同时，将施工作业活动（或施工区段）作业评估对象，根据其作业风险特点以及类似工程事故情况，进行风险源普查，并针对其中的重大风险源进行量化估测，提出相应的风险控制措施。专项风险评估属于动态评估。

5.3.4 评估方法

评估方法应根据被评估项的工程特点，选择相应的定性或定量的风险评估方法。

5.3.5 风险源辨识

（1）风险源辨识是风险评估的基础，包括3个步骤：工程资料的收集整理、施工作业程序分解、施工作业可能发生的安全事故辨识。

（2）施工作业程序分解，应按照施工组织设计文件所确定的施工工艺，划分分部分项工程及工序（单位）作业层次，明确单位作业主要工序、施工方法、作业程序、机械设备和建筑材料等特点，如图5-3所示。

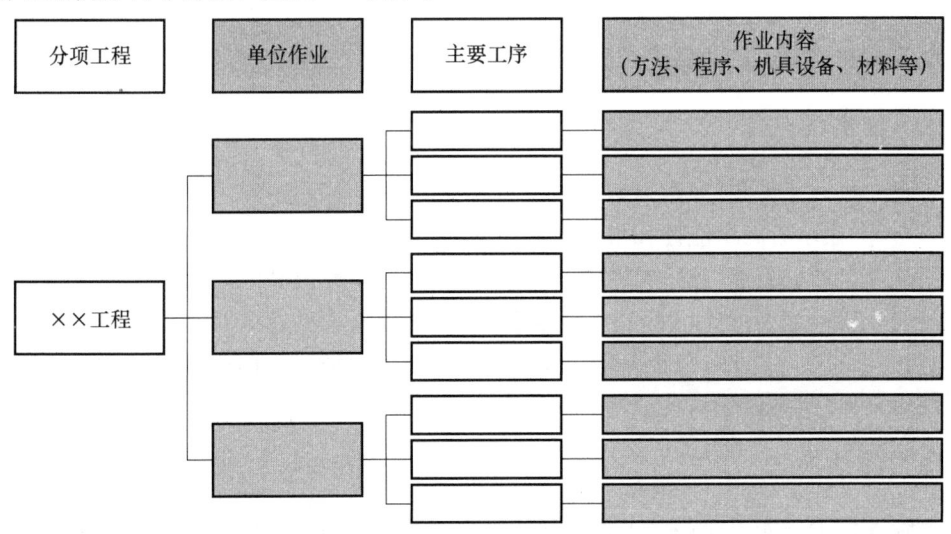

图5-3 施工作业程序分解

（3）施工作业程序分解后，应通过相关人员调查、评估小组讨论、专家咨询等方式，分析评估单元中可能发生的典型事故类型，并形成风险源普查清单。

5.3.6　风险分析

风险分析是指采用系统安全工程的方法，结合工序（单位）作业特点、环境条件、施工组织等致险因子，从人、机、料、法、环等方面辨识施工作业活动中典型事故类型，找出可能受伤害人员、致害物、事故原因等，确定主要的物的不安全状态和人的不安全行为，从而建立风险源普查清单，并通过风险分析和估测，确定重大风险源。

5.3.7　风险估测

风险估测是指采用定性或定量的方法，对风险事故发生的可能性及严重程度进行数量估算，并根据制定的风险分级标准和接受准则，对工程风险进行等级分析、危害性评定和风险排序的过程。

风险估测应结合工程施工内容、安全管理方案、可能发生的事故特点等因素确定。事故可能性评估可选用专家调查法、故障树分析法、事件树分析法等；事故严重程度评估可选用专家调查法等。

一般风险源的风险估测，不宜过分强调精确量化。重大风险源的风险估测，应进行定量风险估测，确定风险等级，如表 5-3 所示。

表 5-3　重大风险源评估

编号	风险源		风险估测			
	作业内容	潜在的事故类型	严重程度		可能性	风险大小
			人员伤亡	经济损失		

5.3.8　风险等级

$$风险等级 = 事故可能性 \times 事故严重程度$$

式中，"×"表示事故可能性和事故严重程度的组合。

事故可能性应重点考虑物的状态、人的因素及施工管理缺陷。其中，物的状态主要考虑气候环境、地形地貌、施工难度等工程客观条件；人的因素及施工管理主要考虑项目总包企业资质、专业及劳务分包企业资质、历史事故情况、作业人员经验、安全管理人员配备及安全投入情况。

5.3.9　评估报告

风险评估工作应形成评估报告，评估报告应反映风险评估过程的主要工作。报告内容应包括：评估依据、工程概况、评估方法、评估步骤、评估内容、评估结论及对策建议等。

评估结论应明确风险等级，可能发生事故的关键部位、区域或节点，事故发生概率，规避或者降低风险的建议措施等内容。

Ⅲ级（高度风险）及以上施工作业活动（施工区段）的风险控制，应符合下列规定：

（1）重大风险源的监控与防治措施、应急预案经项目经理部技术负责人和总监理工程师审批后，由建设单位组织论证或复评估后实施。

（2）建立重大风险源的监测及验收、日常巡查及记录、定期报告的工作制度，并组织实施。

（3）项目经理或技术负责人在工程施工前，应对施工人员进行安全技术教育及交底；施工现场应设立相应的危险告知牌。

（4）适时组织对典型的重大风险源应急救援演练。

（5）当专项风险等级为Ⅳ级（极高风险）且无法降低时，必须提高现场防护标准，落实应急处置措施，视情况开展第三方施工监测；未采取有效措施的，不得施工。

5.4 安全生产检查与评价

5.4.1 一般规定

（1）项目经理部应制定相应的安全检查制度。

（2）安全检查内容具体如下：

①查物的状态是否安全。检查生产设备、工具、安全设施、个人防护用品、生产作业场所以及生产物料的存储是否符合要求。

②查人的行为是否安全。检查有无违章指挥、违章操作、违反安全生产规章制度的行为，重点检查危险性大的作业岗位是否严格按操作规程作业，危险作业是否执行审批程序。

③查安全管理是否完善。检查安全生产规章制度是否建立健全，安全生产责任制是否落实，安全生产目标和工作计划是否落实到各部门、各岗位，安全教育是否经常开展并使职工安全素质得到提高，安全生产检查是否制度化、规范化，检查发现的事故隐患是否及时整改，实施安全技术与措施计划的经费是否落实，是否按"四不放过"原则做好事故处置工作。

（3）安全检查的主要形式有：验收性检查、定期检查、专项检查、经常性检查、季节性检查。

（4）项目经理部应建立安全事故隐患排查治理长效机制，定期开展安全事故隐患排查治理活动，重点推动安全生产责任制的落实，全面排查整治安全事故隐患和事故易发环节，认真解决存在的突出问题，有效防范和遏制生产安全事故的发生。

（5）项目经理部应按交通运输部《交通运输部关于开展公路水运工程"平安工地"考核评价工作的通知》（交质监发〔2012〕679号）要求，定期开展考核评价工作。

5.4.2 安全检查

5.4.2.1 开（复）工前安全检查

新项目开工前和在建项目停工后复工前，应由项目经理部相关部门进行工地的全面检查，核查项目是否具备安全生产条件，如发现问题应及时督促整改，符合安全生产条件的方可开（复）工。

5.4.2.2 定期检查

项目经理部开展检查时，应由其主要负责人牵头组织。定期检查应明确检查频率，重点检查重大危险源的安全防范技术措施及现场安全防护措施的落实情况。项目经理部应组织每月不少于1次的全面检查，施工班组每日应对施工生产进行检查。

5.4.2.3 专项检查

专项检查分为内业检查和外业检查。其中，内业检查可分为保证项检查和一般项检查。

①保证项检查包括：安全生产责任制，施工组织设计及专项施工方案，安全生产专项费用，风险评估管理，安全技术交底，安全检查评价，安全教育培训，应急管理等。

②一般项检查包括：分包单位的管理，持证上岗，生产安全事故处理等。

③外业检查包括：安全防护，施工用电，消防安全，设备安全，危险性较大的分部分项工程专项施工方案执行情况，安全标志等。

④专项检查由安全管理部门组织，针对工程建设的关键环节、关键部位的安全状况采取有针对性的检查，宜对照专项施工方案进行检查，以发现并解决在施工前及施工中存在的问题。

5.4.2.4 经常性检查

检查应由项目经理部安全管理人员，根据工程施工作业进度适时安排。项目安全管理人员应针对当日作业分布情况，重点检查安全生产关键部位和事故易发环节。经常性检查应覆盖施工全过程。安全监理工程师应对重大危险源实施过程进行跟踪巡视检查。

5.4.2.5 季节性检查

检查内容可根据施工安全敏感时间段（如冬期、雨期、放假时间较长的节假日等）确定。

5.4.2.6 验收性检查

主要检查对象是施工现场新搭设的脚手架、物料提升机、施工用电、塔吊、外用电梯、大型模板支撑系统等项目。检查应严格对照相关标准进行。工程实行总承包的，当存在两个或多个分包单位共同或交叉施工时，验收性检查应由总承包单位组织，对相关作业部位的安全作业环境条件进行验收和移交。安全检查流程如图5-4所示。

5.4.2.7 安全检查记录和安全事故隐患整改、处置和复查

①对于检查中发现的违章指挥、违章作业行业，应立即制止，并责令其予以纠正。

②各类安全检查应按相关技术标准和规章制度的要求进行，安全检查结果应形成文字记录。安全事故隐患整改应做到"三定"，即定人、定时间、定措施。

③安全事故隐患治理情况应定期复查，复查合格后方可销项；复查情况应形成文字记录。

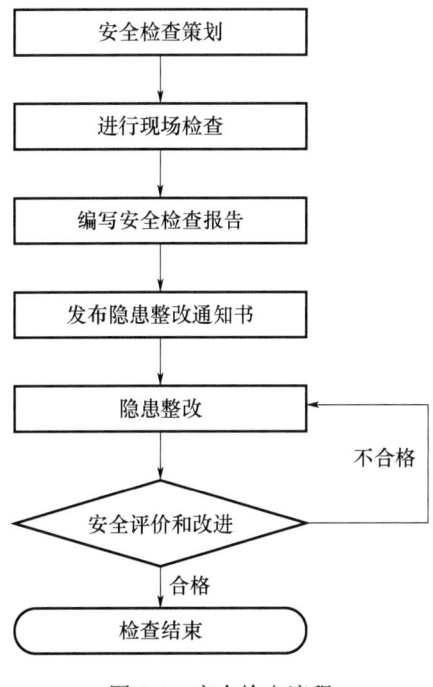

图 5-4 安全检查流程

5.4.3 事故隐患治理

(1) 施工安全事故隐患主要分为以下两类：

①一般事故隐患。指危害和整改难度较小，发现后能够立即整改排除的隐患。

②重大事故隐患。指危害和整改难度较大，应全部或局部停工整顿，并经过一定时间整改治理方能排除的隐患，或因外部因素影响致使施工单位自身难以排除的隐患。

(2) 项目经理部是事故隐患排查治理的责任主体，应结合工程特点，建立健全事故隐患排查、建档、治理、验收、销号的工作制度，并设专人负责。

(3) 项目经理部应定期组织安全生产管理人员、工程技术人员和其他相关人员排查施工安全事故隐患。对排查出的重大事故隐患，应登记建档、制定专项治理方案，明确治理的措施、资金、时限和责任人，并向集团公司工程管理部报告。

(4) 项目经理部安全事故隐患排查治理内容包括：一是施工安全法律法规、标准规范和规章制度的贯彻执行情况；二是安全生产责任制和责任追究制的建立和落实情况；三是安全生产专项费用的提取和使用情况；四是危险性较大工程，特别是深基坑工程、高边坡工程、高大模板工程、施工起重机械设备以及脚手架工程等专项施工方案的编制、专家论证和实施情况；五是安全培训教育情况，特别是农民工、特种作业人员培训教育和"三类人员"的培训考核及持证上岗；六是应急救援预案的制定、演练以及有关应急物资设备的配备和维护情况；七是施工班组安全事故隐患定期巡查记录、自查自纠和销号情况；八是事故报告和处理，以及对有关责任单位和责任人的追究和处理情况。

(5) 施工安全事故隐患排查治理应以防范脚手架、施工起重机械事故和规范安全防护用品的使用为重点，主要内容包括：一是模板支撑系统的施工方案的编制、审批、专家论证、交底、验收等情况；二是建筑起重机械的备案登记、安装、拆卸、检测、验收、使用、维修保养等情况；三是安全帽、安全带和安全网等安全防护用品的采购、查验、检测、使用情况。

（6）施工安全事故隐患治理应做到五落实，即"方案落实、材料落实、资金落实、进度落实、责任落实"。

①对于一般事故隐患，由项目经理部项目负责人或有关人员立即组织整改。

②对于重大事故隐患，应制定并实施隐患治理方案。重大隐患治理方案应包括以下内容：

  a. 治理的目标和任务；
  b. 采取的方法和措施；
  c. 经费和物资的落实；
  d. 负责治理的机构和人员；
  e. 治理的时限和要求；
  f. 安全措施和应急预案。

（7）项目经理部在施工安全事故隐患治理过程中，应采取相应的安全防范措施，防止事故发生。隐患排除前或者排除过程中无法保证安全的，应从危险区域内撤出作业人员，疏散可能危及的其他人员，并设置警戒标志，暂停生产或者停止使用。

（8）项目经理部应坚持"不安全不生产"的原则，对当时不能立即排除的施工安全事故隐患，应采取有效的防范措施加以控制，并限期解决；对隐患无防范措施的施工协作队伍要坚决予以停工整改。

5.4.4 安全评价和改进

5.4.4.1 安全评价

项目经理部应以创建"平安工地"为安全管理目标，强化科学管理，对合同段创建"平安工地"及考核评价结果负主体责任。项目经理部应建立健全安全生产保障体系，保证安全生产条件，落实安全生产责任，编制专项施工方案，开展安全风险预控。经常开展安全生产自查和安全事故隐患排查，每月应至少组织一次全面自查，重点检查"平安工地"建设情况、安全管理及工程现场安全生产情况，及时消除安全管理中的薄弱环节。

5.4.4.2 改进

（1）项目经理部每年应根据评定结果，对安全生产目标、考核指标、规章制度、操作规程等进行修改完善，持续改进。

（2）项目经理部发生死亡事故后，应重新进行全面评定。

5.5 安全生产应急管理

5.5.1 一般规定

（1）工程项目安全生产应急管理应遵循"以人为本，安全第一，居安思危，预防为主"的原则。

(2) 项目经理部应根据建设工程施工的特点、范围,对施工现场易发生安全生产重大事故的部位、环节进行监控,并制定施工现场安全生产事故应急救援预案。

(3) 实行施工总承包的,由总承包单位统一组织编制建设工程生产安全事故应急救援预案,工程总承包单位和分包单位应按照应急救援预案做好应急管理工作。

(4) 工程参建单位应建立应急救援组织或者配备应急救援人员,明确兼职应急救援队伍人数。原则上,合同价不大于5000万元的,人数不少于15人;5000万元以上的,每增加3000万元,人数增加5人,应配备必要的应急救援器材、设备,并定期组织演练。

(5) 生产安全事故发生后,工程参建单位应按照国务院《生产安全事故报告和调查处理条例》(2007年国务院令第493号)的规定,及时、准确报告安全生产事故内容,保护事故现场、配合事故调查处理工作。

5.5.2 应急预案

5.5.2.1 应急预案分类

公路工程项目应急预案一般分为项目总体预案、专项预案和现场应急处置方案。

(1) 项目总体预案由项目经理部根据项目特点,在对项目进行安全风险评估的基础上制定。

(2) 专项预案是指按照地方政府、行业主管部门要求和施工专业特点编制的具有针对性的预案,如汛期编制防台风预案、防汛预案,森林地区施工时编制森林防火预案等,一般由项目经理部技术负责人组织编写,驻地或者专业监理工程师审核,总监理工程师审批。

(3) 现场应急处置方案是在对项目主要风险源进行认真详细分析的基础上,针对重大风险源可能引发的生产安全事故,拟订事故处置过程中各级单位和部门详细报告程序、处置流程和应对措施的工作方案。现场应急处置方案由项目经理部技术负责人组织编写,专业监理工程师审核,总监理工程师审批,报建设单位备案。

5.5.2.2 项目总体预案的主要内容

(1) 编制依据;
(2) 指导思想、实施原则和工作目标;
(3) 工程总体情况、危险性较大的分部分项工程内容;
(4) 危险性较大的分部分项工程风险源分析以及相关预防措施;
(5) 实施预案的应急组织机构与职责;
(6) 预案的启动、实施和演练。

5.5.2.3 专项预案的主要内容

(1) 编制依据;
(2) 指导思想、实现原则和工作目标;
(3) 施工合同段概况、危险性较大的分部分项工程内容;
(4) 危险性较大的分部分项工程风险源分析以及相关预防措施;
(5) 预案的实施机构与职责;

（6）预案的启动、实施和演练；
（7）与现场处置方案的联动方式。

5.5.2.4 现场应急处置方案的主要内容

1. 现场应急处置方案的基本要求

（1）符合有关法律、法规、规章和标准的规定；
（2）各级别单位和部门责任明确，处置行为界面清晰；
（3）重大危险源分析详细透彻，处置行为界面清晰；
（4）各级别单位的处置行为衔接紧密，程序连贯；
（5）需要通过演练使其不断完善。

2. 现场应急处置方案的编制要点

（1）编制依据；
（2）确定可能发生的安全事故类型；
（3）应急救援原则；
（4）引发事故的重大风险源；
（5）事故报告程序和责任人；
（6）事故现场各项有针对性的应急处置措施及落实要求；
（7）各级别单位接到事故报告后的应急启动和主要措施；
（8）所有单位的应急过程所遵循的指挥与配合原则。

5.5.3 应急启动、救援与恢复

5.5.3.1 应急启动主要工作

（1）成立领导小组；
（2）各专业小组（如指挥组、专家组、现场救援组、医疗组、宣传组等）成立并立即运转；
（3）现场指挥到位；
（4）应急资源调配。

5.5.3.2 应急救援主要工作

（1）人员救助；
（2）工程抢险；
（3）警戒与交通管制；
（4）医疗救护；
（5）人员疏散和环境保护；
（6）现场监测。

5.5.3.3 应急恢复主要工作

（1）现场清理；
（2）解除警戒；
（3）善后处理；
（4）事故调查。

5.5.4 预案演练

预案演练的一般要求如下:
(1) 预案演练可采取桌面演练、书面演练和现场演练等形式。
(2) 演练后,要真实记录演练情况。针对演练过程中发现的问题进行总结、修改完善,并再次进行交底。

5.5.5 事故报告和处理

5.5.5.1 生产安全事故等级

根据国务院《生产安全事故报告和调查处理条例》(2007年国务院令第493号)的规定,按照生产安全事故造成的人员伤亡或者直接经济损失,事故一般分为以下等级:
(1) 特别重大事故,是指造成30人以上死亡,或者100人以上重伤(包括急性工业中毒,下同),或者1亿元以上直接经济损失的事故。
(2) 重大事故,是指造成10人以上30人以下死亡,或者50人以上100人以下重伤,或者5000万元以上1亿元以下直接经济损失的事故。
(3) 较大事故,是指造成3人以上10人以下死亡,或者10人以上50人以下重伤,或者1000万元以上5000万元以下直接经济损失的事故。
(4) 一般事故,是指造成3人以下死亡,或者10人以下重伤,或者1000万元以下直接经济损失的事故。
本条所称的"以上"包括本数,所称的"以下"不包括本数。

5.5.5.2 安全生产事故报告

(1) 事故发生后,事故现场有关人员应立即向本单位负责人报告;单位负责人接到报告后,应于1小时内向事故发生地县级以上人民政府安全生产监督管理部门和负有安全生产监督管理职责的有关部门报告。
(2) 情况紧急时,事故现场有关人员可直接向事故发生地县级以上人民政府安全生产监督管理部门和负有安全生产监督管理职责的有关部门报告。
(3) 事故发生后,项目经理部还应立即报告监理单位和建设单位。
(4) 事故报告的主要内容如下:
①事发项目的简要概况。
②事故发生的时间、地点以及现场情况。
③事故的简要经过和当前状态。
④事故已经造成或者可能造成的伤亡人数(包括下落不明的人数),以及初步估计的直接经济损失。
⑤已经采取的控制措施。
⑥对事态发展的初步评估(如果有)。
⑦报告人(或单位)姓名(或名称)、联系方式。
⑧其他应报告的情况。
(5) 事故发生后,有关单位和人员应妥善保护事故现场和相关证据,任何单位和个人不得破坏事故现场、毁灭证据。因抢救人员防止事故扩大以及疏通交通等原因,需要

移动事故现场物件的,应做出标志,绘制现场简图并做出书面记录,妥善保存现场重要痕迹、物证。

(6)事故发生 24 小时内,应形成专门文字报告并上报。事故报告后出现新情况的,应及时补报。自事故发生之日起 30 日内,事故造成的伤亡人数发生变化的,应及时补报;道路交通事故、火灾事故自发生之日起 7 日内,事故造成的伤亡人数发生变化的,应及时补报。

5.6 安全技术管理与培训

5.6.1 一般规定

(1)项目经理部应重视施工安全技术管理。规范安全技术交底工作,提高从业人员的安全意识、安全知识和安全操作技能,是指导施工、预防事故、保障施工安全的必要手段和根本途径。

(2)施工安全技术管理的重点:施工组织设计安全技术措施、危险性较大的分部分项工程专项施工方案、安全监理计划等。

(3)工程项目安全培训的重点:安全技术交底,以及法律法规、标准规范、操作规程要求的各类安全培训。

5.6.2 安全技术措施

(1)开工前,项目经理部应编制针对本工程项目特点的施工组织设计,其中包括安全技术措施内容。

(2)施工组织设计的安全技术措施主要包含如下内容:

①安全生产管理目标;

②安全生产组织体系、责任体系以及安全生产条件(包括施工企业"三类人员"考核合格证书);

③安全生产责任制、安全管理规章制度、安全生产操作规程;

④符合有关安全要求的施工场地布置图及说明;

⑤符合国家有关安全规定的安全防护用具、机械设备、施工机具清单;

⑥施工现场防火措施;

⑦危险性较大的工程和施工现场重大风险源清单及监控措施;

⑧项目安全技术控制要点;

⑨项目安全事故应急救援预案;

⑩施工人员安全教育计划、安全技术交底安排;

⑪安全生产专项费用使用计划。

5.6.3 专项施工方案

(1)危险性较大的分部分项工程,是指公路水运工程在施工过程中存在的、可能导致作业人员群死群伤或造成重大不良社会影响的分部分项工程。

(2）危险性较大的分部分项工程专项施工方案，是指在公路水运工程建设中，项目经理部在编制施工组织设计的基础上，针对危险性较大的分部分项工程单独编制的质量安全技术措施文件。

（3）根据《建设工程安全生产管理条例》《公路水运工程安全生产监督管理办法》的规定，工程项目危险性较大的分部分项工程应编制专项施工方案。

（4）超过一定规模的危险性较大的分部分项工程专项施工方案，应经专家论证，论证通过后方可实施。

（5）专项施工方案实施时，应落实项目负责人轮流带班生产制度。

5.6.3.1 危险性较大的分部分项工程范围

危险性较大的分部分项工程和超过一定规模危险性较大的分部分项工程如表5-4所示。

表5-4 危险性较大的分部分项工程范围

序号	危险性较大的分部分项工程	超过一定规模危险性较大的分部分项工程
1	不良地质条件下有潜在危险性的土方、石方开挖	1. 深度≥5m的基坑（槽）的土（石）方开挖 2. 开挖深度虽未超过5m，但地质条件、周围环境和地下管线复杂，或影响毗邻建筑（构筑）物安全，或存在有毒有害气体分布的基坑（槽）的土方开挖、支护、降水工程
2	滑坡和高边坡处理	1. 滑坡量大于$10^5 m^3$的中型以上滑坡体 2. 高度≥20m的土质边坡，或高度≥30m的岩质边坡
3	桩基础、挡墙基础、深水基础及围堰工程	1. 深度≥15m人工挖孔桩或开挖深度不超过15m，但地质条件复杂或存在有毒有害气体分布的人工挖孔桩工程 2. 深度≥5m的挡墙基础 3. 水深≥20m的深水基础；水深≥10m的围堰工程
4	桥梁工程中的梁、拱、柱等构件施工	1. 长度≥40m的预制梁的运输与安装，钢箱梁吊装 2. 长度≥150m的钢管拱安装施工 3. 高度≥40m的墩柱、高度≥100m的索塔等的施工
5	隧道工程中的不良地质隧道、高瓦斯隧道、水底或海底隧道等	1. 隧道穿越高地应力区、岩溶发育区、区域地质构造、煤系地层、采空区等工程地质或水文地质条件复杂的环境 2. 浅埋、偏压、连拱、小净距、大跨度、变化断面等结构受力复杂的隧道工程 3. Ⅵ、Ⅴ级围岩连续长度占总隧道长度10%以上且连续长度超过50m 4. 高瓦斯隧道 5. 长度≥1000m的水底、海底隧道
6	水上工程中的打桩船作业、施工船作业、外海孤岛作业、边通航边施工作业等	1. 离岸无掩护条件下的桩基施工 2. 开敞式水域大型预制构件的运输与吊装作业 3. 沉箱和浮运与安装作业 4. 深水防波堤施工 5. 在三级以上通航等级的航道上进行的水上水下施工
7	水下工程中的水下焊接、混凝土浇筑、爆破工程等	1. 水下爆破工程 2. 30m水深以上的潜水作业（水下焊接、混凝土浇筑等）
8	爆破工程	爆破工程为C级及以上
9	大型临时工程中的脚手架工程	50m及以上落地式钢管脚手架工程。用于钢结构安装等满堂承重支撑体系，承受单点集中荷载7kN以上

注：对超过一定规模危险性较大的分部分项工程，各地可根据实际情况进一步细化。

5.6.3.2 专项施工方案的主要内容

(1) 工程概况:水文地质条件、施工平面布置、施工要求和技术保证条件。

(2) 编制依据:相关法律、法规、规范性文件、标准、规范及图纸(国标图集)、施工组织设计等。

(3) 分部分项工程影响质量、安全的风险源分析及相关预防措施。

(4) 设计计算书和设计施工图等设计文件。

(5) 施工准备:施工进度计划、材料与设备计划。

(6) 施工部署:技术参数、工艺流程、施工方法、施工技术要点。

(7) 人员计划:专职安全生产管理人员、特种作业人员等资格要求。

(8) 施工控制:检查验收、安全评价、预警观测措施。

(9) 应急预案及处置措施。

5.6.3.3 专项施工方案的审批

(1) 专项施工方案宜经项目经理部技术、安全、质量等部门的专业技术人员审核,经审核合格后,由项目经理部技术负责人签字。分包单位制定的专项施工方案应由总承包单位技术负责人审核签字。

(2) 不需专家论证的专项施工方案,经施工单位审核合格后报监理单位,由项目总监理工程师审核签字后即可实施。

(3) 超过一定规模的危险性较大的分部分项工程专项施工方案,应由项目经理部组织召开专家论证会。专家组成员应由 5 名及以上符合相关专业要求的专家组成。专家论证的主要内容如下:

①专项施工方案的内容是否完整、可行。

②专项施工方案计算书和验算依据是否符合有关标准规范。

③安全施工的基本条件是否满足现场实际情况。

④专项施工方案经论证后,专家组应提交论证报告,对论证的内容提出明确意见,并在论证报告上签字。该报告作为专项施工方案修改完善的指导意见。

(4) 项目经理部应根据论证报告修改完善专项施工方案,并经项目经理部技术负责人、项目总监理工程师、建设单位技术负责人签字后,方可组织实施。

①专项施工方案经论证后需做重大修改的,项目经理部应按照论证报告修改,并重新组织专家进行论证。

②项目经理部应严格按照专项施工方案组织施工,不得擅自修改、调整专项施工方案。如因设计、结构、外部环境等因素发生变化确需修改的,修改后的专项施工方案应重新履行审核程序。对于超过一定规模的危险性较大工程的专项施工方案,修改后的专项施工方案应重新组织专家进行论证。专项施工方案的审批流程如图 5-5 所示。

5.6.3.4 专项施工方案实施

(1) 项目经理部方案编制人员或项目技术负责人应向现场管理人员和作业人员进行安全技术交底。

(2) 项目经理部应指定专人对专项施工方案实施情况进行现场监督和按规定进行监测。项目经理部技术负责人应定期巡查专项施工方案实施情况。

(3) 在检查巡视中发现问题的,应责令整改并且立即采取有效安全防护措施;发现

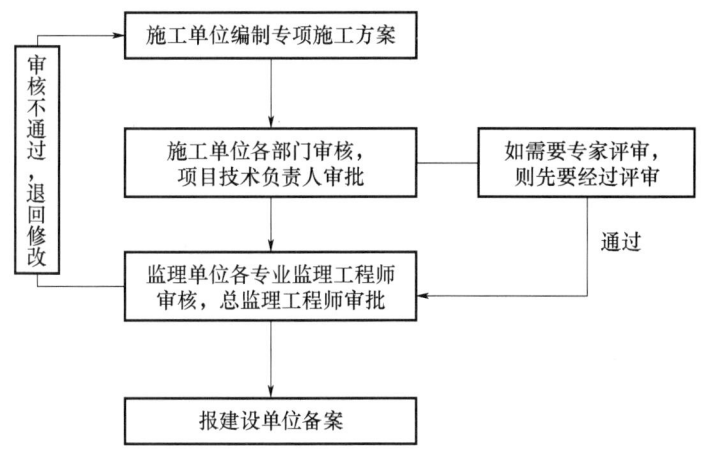

图 5-5 专项施工方案的审批流程图

不按照专项施工方案施工的,应要求其立即整改;发现有危及人身安全紧急情况的,应立即组织作业人员撤离危险区域;发生险情事故的,项目经理部应停止作业,及时启动并实施相应的应急预案,防止事态恶化;险情或事故处理后,应对现场进行清理,全面核查安全生产条件,经有关部门同意后,方可恢复施工。

5.6.4 安全技术交底

5.6.4.1 施工交底

(1) 安全技术交底要求。安全技术交底由项目经理部项目技术负责人负责实施,实行逐级安全技术交底制度。横向涵盖项目部内各职能部门,纵向延伸到施工班组全体作业人员,任何人未经安全技术交底不准作业。安全技术交底应涵盖工程概况、施工方法、施工程序、安全技术措施等内容。

①分部分项工程开工前,施工方案(施工专项方案)的编制人员应向项目部管理人员、分包单位或作业班组负责人进行安全技术交底。

②危险性较大的分部分项工程施工前,应由专项施工方案编制人会同施工员,将安全技术措施、施工方法、施工工艺、施工中可能出现的风险因素、安全施工注意事项和紧急避险措施等,向参加施工的全体管理人员(包括分包单位现场负责人、安全管理员)、作业人员进行交底。

③各工种作业安全技术交底采用层级交底制,主要工序和特殊工序由项目技术负责人对主管施工员进行交底,主管施工员再向施工班组负责人进行交底;施工班组负责人还应对作业人员进行技术交底。一般工序由施工单位技术员直接向各施工班组进行交底。

(2) 施工安全技术交底的主要内容。
①施工组织设计方案交底的主要内容如下:
a. 采用的施工方法、施工机械、实施方案应注意的问题,要求达到的安全、质量、进度以及文明施工目标。
b. 有关班组的配合与支持,人员的管理办法与措施。

c.有关施工机械的性能、进场及运行路线要求,原材料数量要求、质量要求、进场时间等。

d.主要劳动力、主要技术工种人员的技能要求、进场时间要求。

e.施工工艺要求、工艺标准等。

②工程总承包单位向专业分包单位进行安全技术交底的主要内容如下:

a.施工部位、内容和环境条件;

b.专业分包单位、施工作业班组应掌握的相关现行标准规范、安全生产及文明施工规章制度和操作规程;

c.资源的配备及安全防护、文明施工技术措施;

d.动态监控以及检查、验收的组织、要点、部位及节点等相关要求;

e.与之衔接、交叉的施工部位、工序的安全防护、文明施工技术措施;

f.潜在事故应急措施及相关注意事项。

(3)当工程项目出现以下情况时,应重新组织安全技术交底:

①更新仪器、设备和工具,推广新技术、新工艺,使用新材料;

②发生因工伤亡事故、机械损坏事故及重大未遂事故;

③出现其他不安全因素和安全生产环境发生变化。

(4)安全技术交底要具体、明确、及时、有针对性和可操作性,符合有关安全技术标准和操作规程的规定。

(5)安全技术交底应优先交底采用的新的安全技术方法和技术措施。

(6)安全技术交底应按规定程序进行,并履行书面交底签字手续,相关责任人各执一份。

(7)施工单位应加强对安全技术交底工作的监督检查、效果评价和督促整改。

5.6.4.2 班组交底

(1)施工技术人员应向施工作业班组负责人和作业人员进行安全技术交底。

(2)班(组)长(工区施工负责人)每天应根据当天作业的施工要求、作业环境等,分部位、分工种向工人进行工(班)前安全技术交底并做好记录,履行签字手续。重点部位的施工安全技术交底宜由项目经理部技术人员组织。

(3)专职安全生产管理人员应参与(班)组安全技术交底工作,并监督实施;项目经理部内设的质量、安全管理部门等应督促施工班(组)做好班(组)的交底工作。

(4)新进场工人在上岗操作前,施工单位质量、安全管理部门应联合其进行本工种的安全技术操作规程的交底。操作内容或作业场地变化时应重新进行安全技术交底。

(5)作业人员应按交底的要求施工,不得擅自变更。

(6)施工班组安全技术交底应突出以下内容:

①告知施工过程中的作业危险特点、重大危险源及危害因素;

②针对危险点和重大风险源制定具体的预防措施;

③作业过程中应注意的安全事项;

④特殊工序的操作方法和相应的安全操作规程与标准要求;

⑤发生安全生产事故后应采取的自救方法、紧急避险和紧急救援措施等。

5.6.5 培训教育

(1) 项目经理部应严格执行国家、地方、行业及企业对员工安全教育培训的有关规定，适时组织员工和特种作业人员的教育培训工作，从业人员应按规定有效的资格证书上岗。未经安全生产教育培训考核或者培训考核不合格的人员，不得上岗作业。

(2) 安全教育培训应坚持先培训、后上岗的原则；安全教育培训有"三类人员"培训、特种作业人员培训、进场安全教育、三级安全教育、班（岗）前安全教育等形式。

(3) 安全教育培训应贯穿施工全过程，并有计划地分层次、分岗位、分工种实施，所有安全教育要有受教育人的亲笔签名，其教育培训情况记入个人工作档案。

(4) "三类人员"应参加规定课时和规定内容的安全教育培训，取得考核合格证并应在证书有效期内至少参加一次由交通运输主管部门组织的、不少于 8 学时的安全生产继续教育。

(5) 特种作业人员应参加相关主管部门的安全培训，取得特种作业操作资格证书，并按规定参加复审培训。

(6) 新工人进场应进行公司级、项目部级、班组级三级安全教育，公司级、项目部级不少于 15 学时，班组级不少于 20 学时。

(7) 项目经理部在采用新技术、新工艺、新设备、新材料时，应对作业人员进行相应的安全生产教育培训。

(8) 新进人员和作业人员进入新的施工现场或转入新的岗位前，应进行安全生产培训。

(9) 项目经理部应对管理人员和作业人员进行每年不少于两次的安全生产教育培训。

(10) 项目经理部法定代表人、生产经营负责人、项目经理每年接受安全培训的时间不得少于 30 学时。

(11) 专职安全管理人员每年应接受安全技术专业培训的时间不得少于 40 学时。

(12) 其他管理人员和技术人员每年应接受安全培训的时间不得少于 20 学时。

(13) 特殊工种（包括电工、焊工、架子工、司炉工、爆破工、机械操作工、起重工、塔吊司机及指挥人员、人货两用电梯司机等）在通过专业技术培训并取得岗位操作证后，每年仍需接受有针对性的安全培训，时间不得少于 20 学时。

(14) 企业其他职工每年接受安全培训的时间不得少于 15 学时。

(15) 企业待岗、转岗、换岗的职工，在重新上岗前，应接受一次安全培训，培训时间不得少于 20 学时。

5.7 场站建设

5.7.1 一般规定

(1) 工程项目场站建设，必须根据工程所在地自然条件，从满足环境保护、周边环境、安全距离、安全管理等方面要求做好选址工作。

(2) 场站建设时，应先组织相关人员按场地选址的相关要求进行现场查勘。预制构件场应编制临时设施选址方案，绘制施工场地总体平面布置图，在方案实施前必须报监理单位审查批准。其他场站建设可按照合同约定履行相关手续。

（3）场地必须进行混凝土硬化处理，场地硬化按照四周低、中心高的原则进行，面层排水坡度不应小于1.5%，必要时可适当增大排水坡度。场地四周应设置排水沟，排水沟底面采用M7.5砂浆进行抹面，做到雨天场地不积水、不泥泞，晴天不扬尘。

（4）场站的消防设施应满足现行《建设工程施工现场消防安全技术规范》（GB/T 50720）的有关规定。场站内的临时用电均应符合现行《施工现场临时用电安全技术规范》（JGJ46）的有关规定。

（5）施工现场的临时设施选址应设在水文地质、地基良好的地段，尽量避开泥沼、悬崖、危岩、陡坡、低洼等危险地区，以及易发生塌方、落石、滑坡、洪水、泥水流、雪崩等自然灾害，或受风暴潮、台风等自然气候影响严重的地区。

（6）场站选址应避开雷电高发区，建设时应采取防雷措施。

（7）对环境有污染的设施和材料应存放在远离人员居住的较为空旷的地点。污染严重的工程场站应配有防污染设施。

（8）场站应避开高压线路及高大树木，与通信线路保持一定距离，避开取土、弃土场地，且必须距集中爆破区500m以外；不得将项目部选在拌和站、料场的下风口。

（9）场站应保证消防通道畅通。

（10）有关场站的安全距离详见表5-5。

表5-5　场站的安全距离

设施	办公用房、宿舍	发电机房、变配电房	可燃材料库房	厨房操作间、锅炉房	可燃材料堆场及其加工场	固定动火作业场	易燃、易爆物品库房
办公用房、宿舍	4	4	5	5	7	7	10
发电机房、配电房	4	4	5	5	7	7	15
可燃材料库房	5	5	5	5	7	7	10
厨房操作间、锅炉房	5	5	5	5	7	7	10
可燃材料堆场及其加工场	7	7	7	7	7	7	10
固定动火作业场	7	7	7	7	10	10	12
易燃、易爆物品库房	10	10	10	10	10	12	12

5.7.2　场站建设

5.7.2.1　驻地建设

（1）临时设施选址方案及施工场地总体平面布置图获得批复后，项目部负责人应立即组织相关技术人员，对项目部的办公区、生活区、拌和站、钢筋加工场、预制场、各类库房及施工便道等临时设施编写建设方案（包括位置平面布置图、临时设施结构图、使用的建筑材料、占地面积、功能区划分、场内道路布置、排水设施布置、水电设施设置、消防设施设置及施工设备的型号、数量等）。如图5-6所示。

图 5-6　项目部选址示例

（2）临时设施建设完成后，项目经理部应填写建设验收表并报监理单位进行验收。对不符合要求的临时设施不得使用，须待整改并验收合格后方可使用。

（3）项目经理部驻地房屋可采用自建或租用沿线合适房屋。项目部办公区与生活区应分开设置，以满足工作需要。

（4）项目经理部应按照投标文件有关承诺，规范用房及场地建设。施工现场主要出入口的大门和门柱应牢固，高度不得低于 2m。

（5）项目部办公区、生活区及车辆停放区等功能设置科学合理，区内场地及道路应做硬化处理，排水设施完善，庭院适当绿化，环境优美整洁。

（6）办公、生活区用房应坚固、实用、美观、隔热通风，满足工作、生活需求，自建房屋还应安装、拆卸方便且满足环保要求。办公、生活区宜集中供暖或采用冷暖空调设施。

（7）自建用房（图 5-7）最低标准为活动板房，建设应选用阻燃材料，所用材料必须符合国家相关标准并附有合格证书。活动板房搭建高度不宜超过两层，食堂、厕所只限一层。房间净空高度不低于 2.6m，会议室应设在第一层。

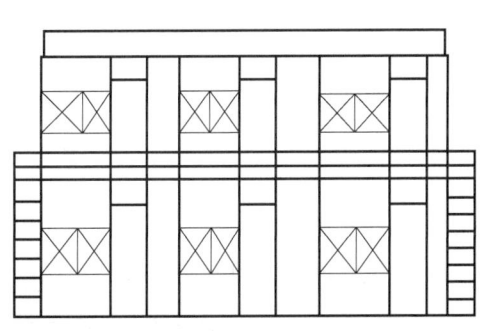 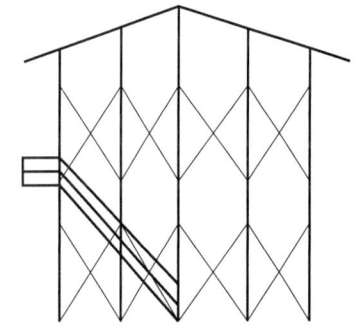

图 5-7　自建用房

(8) 自建用房屋顶排水通畅,砖混结构墙体下部高 0.5m 高的墙裙。拼装式活动板房应能够抵抗 10 级风,在台风、季风期间,应采取相应的加固措施。

(9) 生活用房(图 5-8)一般应设置宿舍、食堂、淋浴室、办公室、厕所等,且应满足以下要求:

①所有班组(含劳务人员)应纳入施工工区集中居住、统一管理。

图 5-8 生活用房

②房屋地面应硬化,门窗齐全,结构坚固,通风、照明良好。

③宿舍区应挂设治安、卫生、防火管理制度;严禁使用通铺;室内严禁存放易燃、易爆物品,严禁乱拉电线、明火做饭和使用大功率电气设备;应设有专人保洁,夏季设有消暑、防蚊虫措施;冬季应设有保暖和防煤气中毒措施。

④食堂内,应挂设卫生管理责任制度,炊事员(包括工作人员)应持有健康证,工作时必须戴帽子、口罩,穿工作服;应配备必要的消毒设施、冷藏设施、隔油设施和排风设施;燃气罐应单独设置存放间,存放间通风良好并严禁存放其他物品;必须保证供应符合卫生标准的饮用水;高温季节期间,应配有降温、防暑和卫生防疫措施。

⑤施工现场应配备常用药品及紧急救助医疗设施。有条件的可配备医务人员。

5.7.2.2 拌和站

(1) 拌和站应远离生活区、居民区,尽量设在生活区、居民区的下风向(图 5-9)。

(2) 通往拌和站及作业区的施工便道,应保证混凝土运输车等施工车辆晴雨天均能顺畅通行。

(3) 拌和站建设应根据工程实际情况集中布置,宜采用封闭式管理,合理划分拌和作业区、材料计量区、材料库、运输车辆停放区、试验区、骨料堆放区及生活区等,内设洗车池(台)、污水沉淀池和排水系统。

(4) 拌和站宜设置视频监控系统。拌和站和生活区应同其他区隔离开。生活区的建设参考项目部生活区建设。

(5) 拌和站库房包括水泥、掺和料、外加剂库房。拌和站库房建设过程中应注意以下几个方面:

①使用袋装水泥的,应建造库房,袋装水泥垛高不得超过 10 袋,宜一车一垛。

②库房按照不小于 $1.5t/m^2$ 荷载标准建设,库房内地面应做硬化(图 5-10)、防潮处理;水泥应架空存放,且离墙不小于 30cm。

③库房内外加剂的存放高度不超过 1.5m,液态外加剂应分罐存放。

图 5-9 某工程拌和站

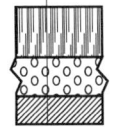
a.拌和站的大型作业区、重车行车道路硬化
不小于20cm厚C20混凝土
不小于15cm厚片（碎）石垫层
基土夯实

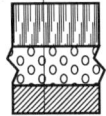
b.拌和站的一般行车道路硬化
不小于15cm厚C20混凝土
不小于15cm厚片（碎）石垫层
基土夯实

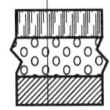
c.拌和站其他场地硬化
不小于10cm厚C15混凝土
不小于15cm厚片（碎）石垫层
基土夯实

图 5-10 拌和站场地硬化示意图

(6) 拌和站堆料场建设过程中应注意以下几个方面：

①砂石料堆存区的分隔墙应稳固，宜采用不小于 30cm 厚的混凝土或厚度不小于 60cm 的浆砌片石。

②料仓容量应满足最大单批次连续施工的需要，并留有一定的余地，同时还应满足运输车辆和装载机等安全作业要求。

③水泥混凝土、路面面层储料场应加设轻型钢结构顶棚。顶棚须经相应资质的设计单位设计后方可施工。顶棚起拱线高度不小于 7m。顶棚雨水采用 PVC-U 管集中排至四周的排水沟。两端的储料仓外侧面与端面设置封闭围挡，防止雨水在风力作用下进入料仓。

(7) 拌和站在建设前应充分考虑对周边环境的影响，注意以下几个方面：

①根据场地条件合理设置废水沉淀池和洗轮池，布设排水系统。沉淀池的四周应采用金属隔离栅封闭，树立安全警示标识牌，无关人员不得进入沉淀池。

②作业平台、储料仓、骨料仓、水泥罐等涉及人身安全的部位均应设置安全防护装置。传动系统裸露的部位应设有防护装置和安全检修保护装置。

③每次混凝土拌和作业完成后，应及时清洗机具、清理现场，做到工完场清。

④施工机械设备产生的废水、废油及生活污水不得直接排入河流、湖泊或其他水域中，也不得排入饮用水附近的土地中。

⑤水泥、粉煤灰等材料进料时，应注意材料罐顶的密封性能；当粉尘较大时，应暂时停止上料，待处理完后方可继续。

⑥拌和站宜按全封闭设置，减少或防止灰尘污染空气。

⑦拌和站的各罐体宜连接成整体，安装缆风绳和避雷设施。

⑧临近居民区施工产生的噪声不应大于现行《建筑施工场界环境噪声排放标准》（GB 12523）的规定，否则应进行监控。

（8）沥青拌和站还应满足以下要求：

①作业前，热料提升斗、搅拌器及各种秤斗内不得有存料。

②配有湿式除尘系统的拌和设备其除尘系统的水泵应完好，以保证喷水量稳定且不中断。

③卸料斗处于地下底坑时，应防止坑内积水淹没电气元件。

④拌和机启动、停机，必须按规定程序进行。点火失效时，及时关闭喷燃油门，待充分通风后再行点火。需要调整点火时，必须先切断高压电源。

⑤液化器点火时，应有减压阀及压力表。燃烧器点燃后，应关闭总阀门。

⑥连续式拌和设备的燃烧器熄火时，应立即停止喷射沥青；当烘干拌和筒着火时，应立即关闭燃烧器鼓风机及排风机，停止供给沥青，再投入含水率高的细骨料。

⑦烘干拌和筒，并在外部卸料口用干粉或泡沫灭火器进行灭火。关机后清除皮带上、各供料斗及除尘装置内外的残余物质，清洗沥青管道。

⑧料仓保温通风措施得当。避免生火取暖加温造成废气集中，防止一氧化碳中毒。

⑨拌和楼内不得采用碘钨灯照明，不得用电热管等设施取暖，严防火灾。

5.7.2.3 钢筋加工场

（1）钢筋加工场应合理选择设置地点，集中布置，封闭管理，材料堆放区、成品区、作业区应分开或隔离（图5-11）。

（2）钢筋加工场架构宜采用钢结构搭设，顶棚应采用固定式拱形雨棚，高度应满足设备操作空间（起拱线高度不小于7m），并设置避雷及防风的保护措施。

（3）严禁使用非起重设备或自行组装的门吊进行吊装作业。

（4）金属加工机械（如卷扬机等）的工作台应稳固可靠，防止受力倾斜。如图5-12和图5-13所示。

图5-11 钢筋加工场

图5-12 数控钢筋弯箍机

（5）根据加工量大小，可将加工场地分为大、中、小三种规模。加工场地面积应符合表5-6规定。钢筋加工场的原材料堆放区、半成品堆放区应满足材料的堆放要求。图5-14和图5-15分别为钢筋加工棚的场地硬化和钢筋加工场的道路硬化。

5 施工安全

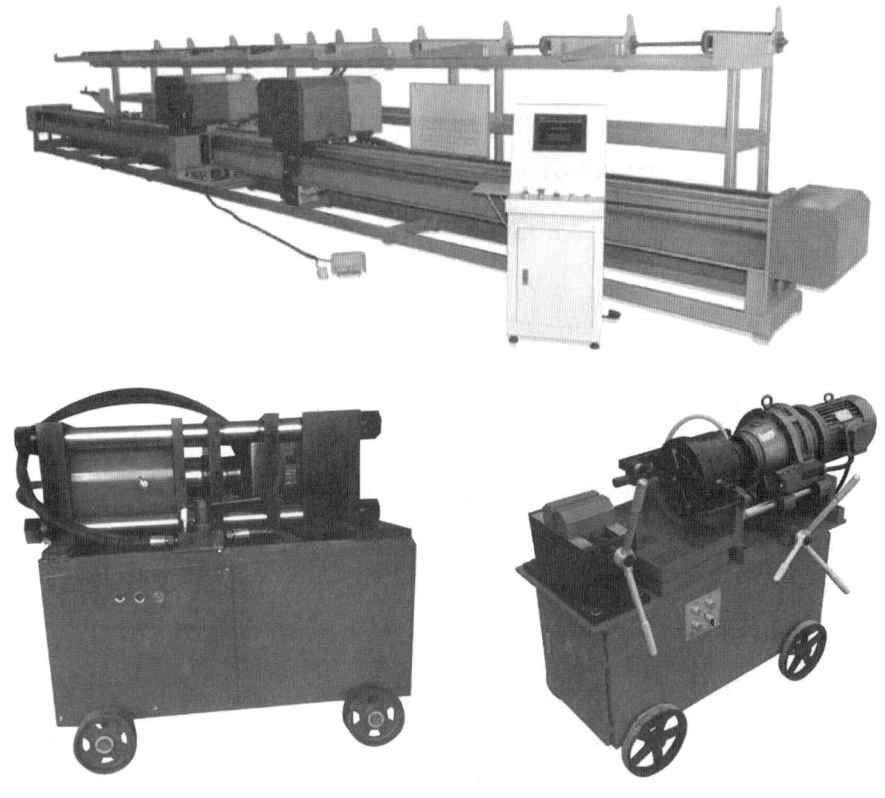

图 5-13

表 5-6 加工场地规模及面积

规模	加工总量（t）	加工场地面积（m²）
大	>10000	≥3500
中	6000～10000	≥2000
小	3000～6000	≥1500

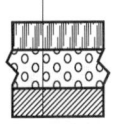
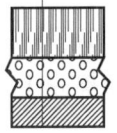

图 5-14 钢筋加工棚的场地硬化　　图 5-15 钢筋加工场的道路硬化

（6）原材料及成品、半成品的堆放。

①钢筋应垫高堆放，离地面 20cm 以上，支点数量以保证堆放的钢筋不变形为原则。

②钢绞线的存入应保持干燥，防止被雨水淋湿。

5.7.2.4 预制场

(1) 混凝土构件预制场宜采用封闭式管理，场地内宜按办公区、生活区、制梁区、存梁区、构件加工区域、废料处理区等科学合理设置。预制场宜设置视频监控系统。生活区与其他区应参考项目部生活区建设。如图 5-16 所示。

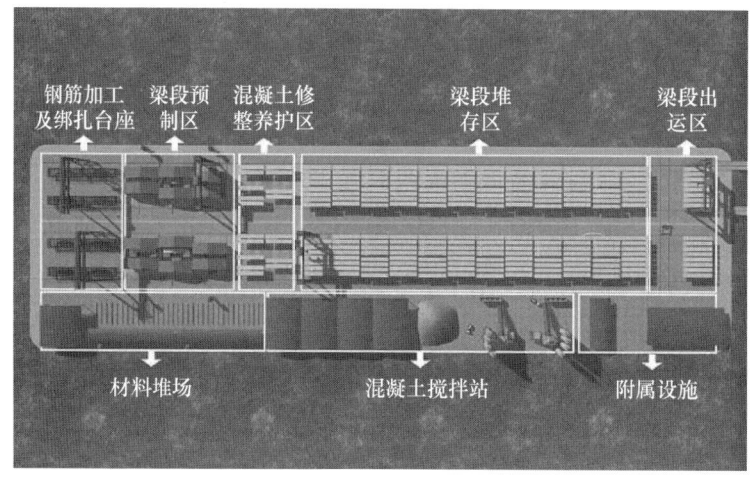

图 5-16

(2) 预制场周边存在边坡时，应提前进行安全防护，设置排水设施。

(3) 预制场设置在填方路堤或线外填方场地时，为防止产生不均匀沉降变形而影响预制的质量，应对场地分层碾压密实并强夯，且对台座基础进行加固，尤其台座两端要用 C20 以上片石混凝土扩大基础进行加固，以满足梁板张拉起拱后基础两端的承载力要求。

(4) 台座上应设置沉降观测点进行持续监控，并建立观测数据档案。定期对台座进行检查，分析台座沉降情况，发现异常应及时处理。

(5) 存梁区的枕梁应视地基承载力情况适当配筋，台座尺寸应满足使用要求。用于存梁的枕梁应设在离梁两端面各 50～80cm 处，且不影响梁片吊装，支垫材质应采用满足承载力要求的非刚性材料。

（6）梁片最多存放层数应符合设计文件和相关技术规范要求。设计文件无规定时，空心板叠层不得超过3层，小箱梁和T梁叠层不得超过2层，预制梁存放（特别是叠层存放）时，应采取支撑等措施，确保安全稳定。

（7）张拉作业中应设置可移动式钢板防护措施。

（8）预制场宜按照工厂化生产方式布设，道路和排水畅通，场地四周用砖砌围墙（或通透式围栏）。占地面积宜满足表5-7要求。

表 5-7

类别	面积（m²）	备注
A	8000	主要工程为桥梁的合同段
B	6000	一般土建合同段
C	4000	主要工程为隧道的合同段

预制场的一般行车道路及所有场地硬化分别如图5-17和图5-18所示。

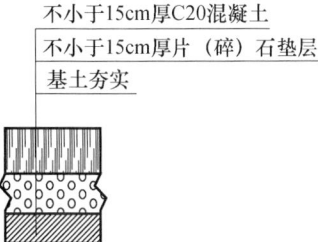

图 5-17 预制场的一般行车道路硬化

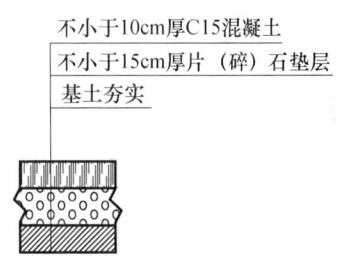

图 5-18 预制场的所有场地硬化

5.7.2.5 施工便道

（1）施工现场道路应保证畅通，并与现场的存放场、仓库、施工设备等位置相协调，以满足施工车辆的行车速度、密度、载质量等要求。

（2）便道、便桥宜利用永久性道路和桥梁。桥梁施工便道宜建在永久用地范围。

（3）施工便道应尽量避免与既有铁路、公路平面交叉。便道干线不宜占用路基，特殊地段短期占用路基时，应明确临时过渡性措施，尽量缓解干扰。

（4）施工便道应做好临边防护，设置明显的警示标志，在急弯或特殊路段应提前增设标志，并合理限速。

（5）便道经过水沟地段，应埋置钢筋混凝土涵管或设置过水路面，做到排水畅通。

（6）施工便道应设排水沟，沟底宽度和深度不小于30cm，以确保排水畅通。

（7）便道路面应保持道路路况完好，确保行车安全。

（8）便桥应委托有相应资质的单位，根据现场地形、地貌、河床变化要求进行专项设计。

5.7.2.6 消防设施（图 5-19）

（1）施工驻地、施工现场等应按照有关规定，配备相应的消防安全标识和消防安全器材，并经常进行检查、维护、保养。

（2）施工现场内应设置临时消防车通道，临时消防车通道与在建工程、临时用房、可燃材料堆场及其加工场的距离，不宜小于5m，且不宜大于40m；当施工现场周边道路满足消防车辆通行及灭火救援要求时，施工现场内可不设置临时消防通道。

图5-19 消防设施

（3）施工现场临时办公、生活、生产、物料存储等功能区宜相对独立布置。易燃易爆危险品库房与在建工程的防火间距不应小于15m，可燃材料堆场及其加工场、固定动火作业场与在建工程的防火间距不应小于10m，其他临时用房、临时设施与在建工的防火间距不应小于6m。

（4）固定动火作业场布置在可燃材料堆场及其加工场、易燃易爆危险品库房等全年最大频率风向的下风侧；宜布置在临时办公用房、宿舍、可燃材料库房、在建工程等全年最大频率风向的下风侧。

（5）易燃易爆危险品库房应远离明火作业区、人员密集区和建筑物相对集中区。

（6）可燃材料堆场及其加工场、易燃易爆危险品库房不应布置在架空电力线下。

（7）宿舍内严禁烧火做饭、违章搭建电源，现场严禁焚烧垃圾。

（8）临时设施办公和生活区等区域灭火器数量每100m^2应不少于2具；可燃材料存入、加工和使用区域灭火器每75m^2应不少于2具；动火作业区域、易燃易爆危险品存放和使用场所等重点防火部位的灭火器数量每50m^2应不少于3具。

（9）消防器材应有专人管理，存放整齐，挂设醒目标志，并进行定期巡查和养护，及时发现并更换过期的灭火器材。

（10）施工单位应成立防火领导小组和义务消防队，定期开展防火安全检查，发现火灾隐患必须立即消除。发生火灾后，应立即组织抢救，并及时报警。此外，施工单位应定期组织消防等培训和演练。

（11）办公场所、钢筋加工场、预制场、拌和站等重点区域，严禁吸烟，有条件时可设置吸烟室。

5.8 标志标牌

5.8.1 一般规定

（1）施工现场出入口、施工起重机械等设备出入通道口和沿线交叉口应设置安全标志，安全标志包括禁止标志、警告标志、指令标志和提示标志。其使用按照现行《安全标志及其使用导则》(GB 2894) 规定执行。

(2) 标牌用于工程驻地、施工现场明示相关信息，主要包括工程概况牌、质量安全目标牌、管理人员名单及监督电话牌、安全文明施工牌、重大风险源告知牌、施工现场布置图等。

(3) 标志应采用坚固耐用的材料制作。有触电危险的场所应使用绝缘材料。边缘和顺角应适当倒棱，呈圆滑状，带有毛边处应打磨光滑。

(4) 标志的设置位置应合理、醒目，能使观察者引起注意、迅速判断、有必要的反应时间或操作距离。主要机具、设备及施工工序操作规程牌，应设置在操作室或操作区域。安全标志的作用如图 5-20 所示。

(5) 标志不应设在门、窗、架等可移动的物体上。标志前不得放置妨碍认读的障碍物。

图 5-20 安全标志的作用

(6) 经常检查标志的状态，保持清洁醒目、完整无损。如发现有破损、变形、褪色等不符合要求时，应及时修整或更换。

(7) 根据工程特点和不同的施工阶段，现场安全标志标牌要及时准确地增补、删减或变动，实施动态管理。

5.8.2 标牌

5.8.2.1 工程概况牌

工程概况牌应标明工程名称、工程范围、建设单位、设计单位、质量安全监督单位、监理单位、施工单位等内容（图 5-21）。

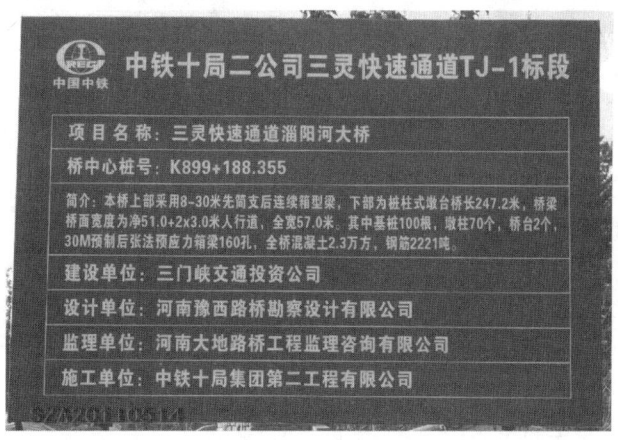

图 5-21 工程概况牌

5.8.2.2 质量安全目标牌

质量安全目标牌应标明施工合同段的安全目标、考核指标、质量目标、分项工程一次验收合格率、创奖（杯）等内容。

5.8.2.3 管理人员名单及监督电话牌（图 5-22）

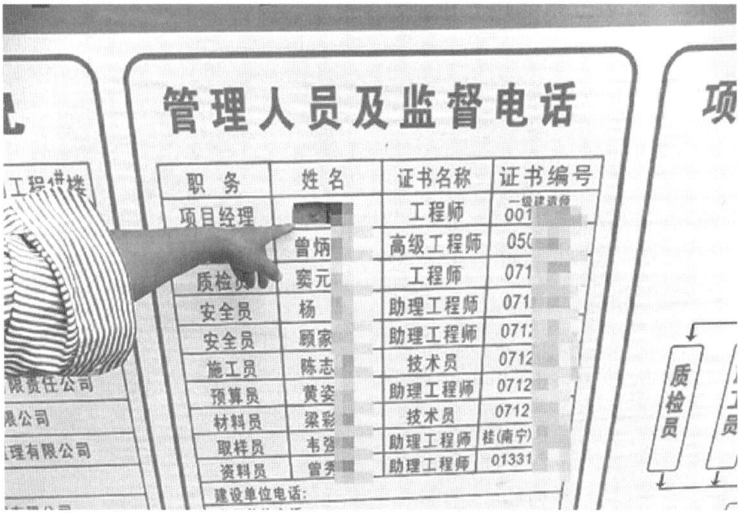

图 5-22 管理人员名单及监督电话牌

管理人员名单及监督电话牌应对项目经理、技术负责人、安全负责人、工点相关负责人员、总监、监理工程师、现场监理员姓名及监督电话等进行公示。

5.8.2.4 安全文明施工牌

安全文明施工牌应将安全生产管理制度、文明生产管理制度相关内容在现场告知；必要时可将"三保""四口""五临边"的相关安全标示牌一起宣传告知（图 5-23）。

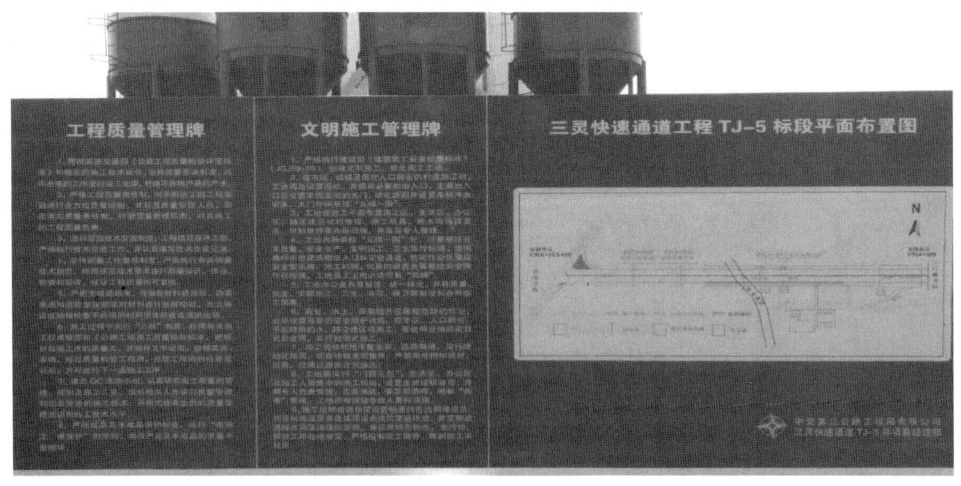

图 5-23 安全文明施工牌

5.8.2.5 重大风险源告知牌

（1）重大风险源告知牌应明确风险位置、风险源特征、风险防范措施、现场监督负责人及电话号码等内容（图5-24）。

（2）项目经理部负责及时填写更新重大风险源告知内容。

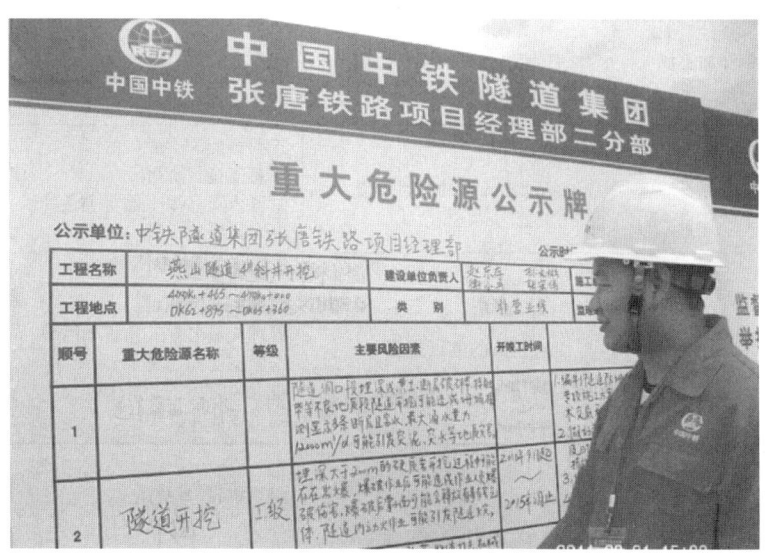

图5-24 重大风险源告知牌

5.8.2.6 施工现场布置图

施工现场布置图应对施工现场的布置采用图示方式表达，注明位置、面积、功能。

5.8.3 标牌设置

施工单位项目部驻地、工区驻地、桥梁、预制场、拌和场、钢筋加工场等集中作业区域应设置工程概况牌、质量安全目标牌、管理人员名单及监督电话牌、安全文明施工牌、重大风险源告知牌和施工现场布置图等，见表5-8。

表5-8 标牌设置

序号	场所/专项	设置单位	标志名称
1	项目部驻地	醒目位置	工程概况牌 质量安全目标牌 管理人员名单及监督电话牌 安全文明施工牌 重大风险源告知牌 施工现场布置图
2	工区驻地	醒目位置	工程概况牌 质量安全目标牌 管理人员名单及监督电话牌 安全文明施工牌 重大风险源告知牌 施工现场布置图
3	拌和场	工地出入口的醒目位置	工程概况牌 质量安全目标牌 管理人员名单及监督电话牌 安全文明施工牌

续表

序号	场所/专项	设置单位	标志名称
4	钢筋加工场	工地出入口的醒目位置	工程概况牌 质量安全目标牌 管理人员名单及监督电话牌 安全文明施工牌
5	预制场	工地出入口的醒目位置	工程概况牌 质量安全目标牌 管理人员名单及监督电话牌 安全文明施工牌
6	桥梁	桥头的醒目位置	工程概况牌 质量安全目标牌 管理人员名单及监督电话牌 安全文明施工牌 重大风险源告知牌 施工现场布置图

5.9 临时用电

5.9.1 一般规定

（1）施工现场临时用电工程专用的电源中性点直接接地的220/380V三相四线制低压电力系统，必须符合下列规定：

①采用三级配系统；

②采用TN-S接零保护系统；

③采用二级漏电保护系统。

（2）临时用电组织设计及变更，必须履行"编制、审核、批准"的程序；施工现场临时用电方案编制人员应具备电气工程师资格，方案经相关部门审核及项目经理部技术负责人批准，报监理单位审查通过后实施。

（3）临时用电工程必须经编制、审核、批准部门和使用单位共同验收，合格后方可投入使用。

（4）安装、巡检、维修或拆除临时用电设备和线路必须由电工完成，并有人监护。

5.9.2 用电管理

5.9.2.1 临时用电组织设计

施工现场临时用电设备在5台以上或设备总容量在50kW以上者，应编制用电组织设计。施工现场临时用电组织设计应包括下列内容。

（1）现场勘测。

（2）确定电源进线、变电所或配电室、配电装置、用电设备位置及线路走向。

（3）负荷计算。

（4）变压器的选择。

（5）设计配电系统。

①设计配电线路,选择导线或电缆;

②设计配电装置,选择电器;

③设计接地装置;

④绘制临时用电工程图纸,主要包括用电工程总平面图、配电装置布置图、配电系统接线图、接地装置设计图。

(6) 设计防雷装置。

(7) 防护措施。

(8) 安全用电措施和电气防火措施。

临时用电工程图纸应单独绘制。临时用电工程应按图施工。

5.9.2.2 电工

(1) 电工须经技术资格考核合格后,持有效操作证方可上岗工作,并按规定及时办理延期复审;其他用电人员必须通过相关安全教育培训和技术交底,考核合格后方可上岗工作。如图 5-25 和图 5-26 所示。

图 5-25 持证上岗

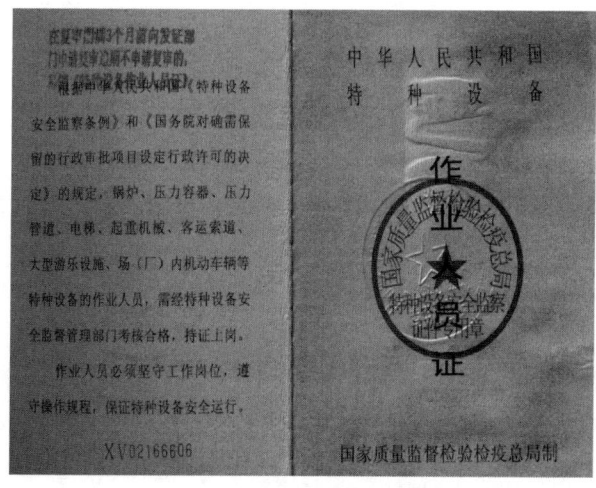

图 5-26 特种作业员证样式

(2) 施工现场不同工程部位电工的配备数量宜满足施工需要。

(3) 施工现场临时用电必须建立安全技术档案,并由主管现场的电气技术人员负责管理。

(4) 临时用电工程应定期检查,定期检测绝缘电阻和接地电阻,对安全隐患必须及时处理,并应履行查验手续。

5.9.3 配电系统

(1) 配电系统设置总配电箱、分配电箱、开关箱,实行三级配电。临时用电配电系统如图 5-27 所示。

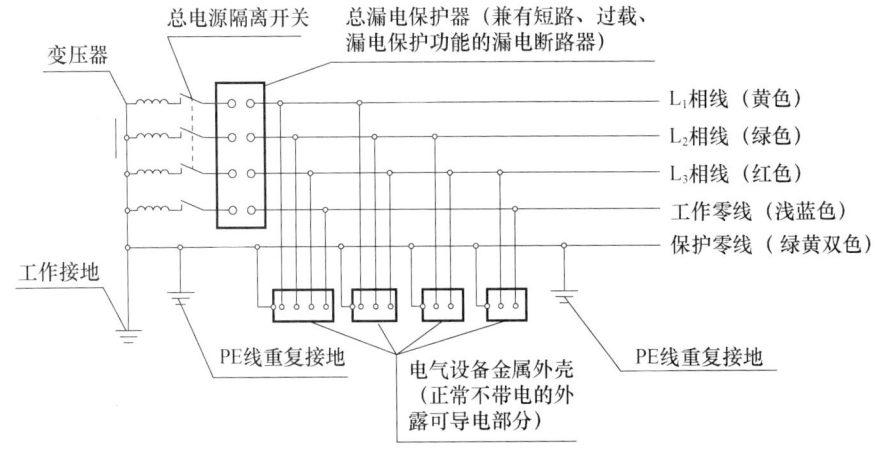

图 5-27 临时用电配电系统

(2) 总配电箱应设在靠近电源的区域,分配电箱应设在用电设备或负荷相对集中区域。

(3) 动力开关箱与照明开关箱必须分开设,每台用电设备必须有各自的专用开关箱,开关箱必须做到"一机一箱一闸一漏",有门、有锁和防雨、防尘。

(4) 配电箱、开关箱的电源进线端严禁采用插头和插座活动连接。

(5) 配电箱、开关箱的电源装设端正、牢固。固定式配电箱、开关箱的中心点与地面的垂直距离应为 1.4~1.6m。移动式配电箱、开关箱应装设在坚固、稳定的支架上,其中心点与地面的垂直距离宜为 0.8~1.6m。

(6) 配电箱、开关箱应有名称、用途、分路标记及系统接线图。配电箱、开关箱应装设在干燥、通风及常温场所;装设应端正、牢固;周围不得堆放任何妨碍操作、维修的物品,应能满足 2 人同时工作的空间和通道。

(7) 配电箱、开关箱定期维修,检查时,必须将其前一级相应的电源隔离开关分闸断电,并悬挂"禁止合闸,有人工作"停电标示牌,严禁带电作业。

(8) 施工现场的总配电箱和开关箱至少设置两级漏电保护器,漏电保护器的选择应符合现行《剩余电流动作保护器的一般要求》(GB/Z 6829) 和《剩余电流动作保护装置安装与运行》(GB 13955) 的要求,总配电箱内漏电保护器应安装在配电箱电源隔离开关的负荷侧,开关箱的漏电保护器应装设在电源隔离开关的负荷侧。

（9）总配电箱内漏电保护器的额定漏电动作电流大于30mA，额定漏电动作时间应大于0.1s，但其乘积不大于30mA·s。配电箱内电器、规格参数与设备容量相匹配，按规定位置紧固在电器安装板上，熔断器具有可靠灭弧分段功能。

（10）开关箱内漏电保护器的额定漏电动作电流不应大于30mA，额定漏电动作时间不应大于0.1s，潮湿、腐蚀环境下额定漏电动作电流不应大于15mA。电箱安置应适当，周围无杂物，标注电工联系电话、检查记录。

5.9.4 变配电装置

（1）配电室应靠近电源，宜设在灰尘少、潮气少、振动小、无腐蚀介质、无易燃、易爆物及道路畅通的地方。配电室宜自然通风，并采取防止雨雪侵入和动物进入的措施。

（2）配电室的建筑物和构筑物耐火等级不低于3级，室内应配置砂箱和可用于扑灭电气火灾的灭火器。配电室门向外开关配锁。配电室的照明分别设置工作照明和事故照明。配电室应保持整洁，不得堆放任何妨碍操作、维护的杂物。

（3）配电柜应装设电源隔离开关及短路、过载、漏电保护电器。

5.9.5 配电线路

5.9.5.1 内电线保护

1. 架空线路

（1）架空线必须采用绝缘导线或电缆线，并架设在专用电杆上，线杆宜采用混凝土杆或木杆，其长度不小于8m。电杆埋设不得有倾斜、下沉及杆基积水现象，埋设深度为杆长的1/10+0.6m，装设变压器的电杆的埋深不小于2m。

（2）直接杆架空线路采用针式绝缘子，耐张杆架空线路采用蝶式绝缘子，电线与横设深度不得少于50mm。架空线路绑线材质与导线相同，直径不小于2mm，绑扎长度不小于150mm。

（3）拉线宜采用不少于3根$D4.0mm$的镀锌钢丝，拉线电杆的夹角应在30°～45°，拉线埋设深度不得小于1m，拉线从导线之间穿过时，在高于地面2.5m处装设拉线绝缘子。因受地形环境限制不能装设拉线时，可采用撑杆代替拉线，撑杆埋深不得小于0.8m，其底部应垫底盘或石块，撑杆与主杆的夹角为30°。

（4）架空线导线截面的选择应满足下列要求：导线中的负荷电流不大于其长期连续负荷允许载流量；线路末端电压偏移不大于额定电压的5%；单相线路的零线截面与相线截面相同，为满足机械强度要求，绝缘铝线截面面积不小于$16mm^2$，绝缘铜线截面面积不小于$10mm^2$；跨越铁路、公路、河流、电力线路档距内的架空绝缘铝线最小截面面积不小于$25mm^2$，绝缘铜线截面面积不小于$16mm^2$。

（5）在一个档距内每一层架空线的接头数不得超过该层导线数的50%，且一根导线只允许有一个接头。线路在跨越铁路、公路、河流时，电力线路档距内不得有接头。导线接头采用压接或焊接，接头长度为导线直径的7～15倍。线路安装时，先安装用电设备侧，再安装电源侧；拆除时则反之。

（6）架空线路的档距不得大于35m，线间距不得小于0.3m，靠近电杆的两导线间距不得小于 0.5m。

（7）架空线路与邻近线路或设施的距离应符合表 5-9 规定的要求。

表 5-9 架空线路与邻近线路或设施的距离

项目	邻近线路或设施类别						
最小净空距离（m）	过引线、接下线与邻线		架空线与拉线电杆外缘		树梢摆最大时		
	0.13		0.05		0.5		
最小垂直距离（m）	同杆架设下方的广播、通信线路	最大弧垂与地面			最大弧垂与建设工程顶端	与邻近线路交叉	
		施工现场	机动车道	铁路轨道		1kV 以下	1～10kV
	1.0	4.0	6.0	7.5	2.5	1.2	2.5
最小水平距离（m）	电杆至路基边缘	电杆至铁路轨道边缘			边线与建筑物凸出部分		
	1.0	杆高（m）+3.0			1.0		

2. 电缆线路

（1）三相五线制配电电缆线路须采用五芯线缆，五芯线缆中包含淡蓝、绿/黄两种颜色绝缘芯线，淡蓝色芯线须用作 N 线，绿/黄双色芯线须用作 PE 线，严禁混用。

（2）电缆线路应采用埋地或架空敷设，严禁沿地面明设。

（3）电缆直接埋地敷设的深度不应小于 0.7m，在电缆周边均匀敷设不少于 50mm 厚的细砂，并覆盖砖或混凝土板等硬质保护层，保护层应超过电缆两侧各 50mm。埋地电缆在穿越建筑物、构筑物、道路、易受机械损伤和介质腐蚀场所及引出地面，从 2.0m 高到地下 0.2m 处，应加设防护套管，防护套管内径不应小于电缆外径的 1.5 倍。在拐弯、接头、终端和进出建筑物等地段，应装设明显的方位标志，直线段上适当增设标桩，标桩需露出地面 150mm。

（4）架空电缆应沿电杆、支架或墙壁敷设，并采用绝缘卡固定，绑扎线须采用绝缘线，固定点间距应保证电缆能承受自重带来的荷载。橡皮电缆的最大弧度距地面不得小于 2.0m。

3. 室内配线

（1）进户线的室外端应采用缘子固定，过墙应穿管保护，距地面不得小于 2.5m，并采取防雨措施。

（2）室内必须采用绝缘铜导线、塑料夹等敷设，距地面的高度不得小于 2.5m，应尽量减少接头，管内、槽板内不得有接头，接头应放在接线或分线盒内。线路交叉或与管道交叉时，每根导线穿绝缘管进行防护。

（3）室内配电所用导线截面，应根据用电设备的计算负荷确定，但铜线截面面积不小于 $1.5mm^2$。

（4）室外灯具距地面不小于 3m，室内灯具距地面不小于 2.5m，插座接线时应符合相关规范要求。

（5）各种用电设备、灯具的相线应经开关控制，不得将相线直接引入灯具。

5.9.5.2 外电线路防护

（1）不得在外电架空线路下方搭设临时用房、堆放材料和机具等。

（2）起重机严禁越过无防护设施的外电架空线作业，上、下脚手架的斜道不宜设在高压线路的一侧。在建工程（含脚手架）周边与外电架空线路边线之间、施工现场的机动车道与架空线路交叉时、起重机与架空线路边线之间、防护设施与外电线路之间的最小安全距离必须符合相关规范要求，如图 5-28 所示。

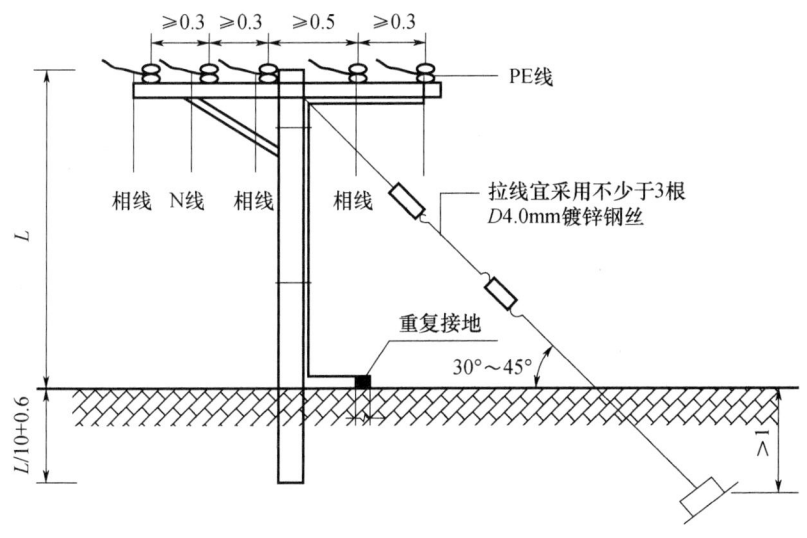

图 5-28 配电线路图（尺寸单位：m）

（3）现场开挖沟槽的边缘与埋地外电缆沟槽边缘之间距离不得小于 0.5m。

（4）达不到所规定的安全距离时，必须采取绝缘隔离防护措施，防护设施顶面必须采用木、竹或其他绝缘材料搭设，宽度应超过架空线路两侧各 0.75m 左右，长度应超过横跨路两侧各 1m，并悬挂昼夜醒目的"高压危险"警告标志。

（5）防护设施与外电线路的安全距离无法实现时，必须与电力等部门协商，采取停电、迁移外电线路或改变工程位置等措施。

5.9.6 用电防护

5.9.6.1 一般作业场所临时用电防护

（1）一般作业场所的配线线路，三级开关箱与施工机具之间应使用电缆线，不使用护套线。

（2）电缆线沿作业场所悬挂敷设时应用绝缘子固定，严禁使用金属裸线做绑扎；电缆的接头应牢固可靠，绝缘绑扎后的接头不能降低原来的绝缘强度，并不得承受张力。

（3）电缆拖地敷设时宜采用套 PVC 管等保护措施。

5.9.6.2 桥梁临时用电防护

（1）高墩施工时，电缆用三角架悬挑瓷瓶架设在结构物或脚手架上。瓷瓶应绝缘，间距不宜超过 15m。

（2）桥面施工时，电缆宜采用 PVC 等材质套管保护；布设的电缆应避免受到车辆通行、钢筋加工等影响；在施工区域内不大于 60m 距离设置 1 个二级分配箱。

（3）栈桥电缆宜采用支架或瓷瓶悬挑，设置在护栏外侧。

5.9.6.3 自备发电机组发电

（1）发电机组及其控制室、配电室、修理室等可分开设置；在保证电气安全距离和满足防火要求情况下可合并设置。

(2) 发电机组的排烟管道必须伸出室外。发电机组及其控制室、配电室内必须配置可用于扑灭电气火灾的灭火器,严禁存入储油桶。

(3) 发电机组电源必须与外电线路电源连锁,严禁并列运行。

(4) 发电机组应采用电源中性点直接接地的三相四线制供电系统和独立设置 TN-S 接零保护系统,其工作接地电阻值应符合:

①单台容量大于 100kV·A,工作接地电阻值不得大于 4Ω。

②单台容量不超过 100kV·A,工作接地电阻值不得大于 10Ω。

③土壤电阻率大于 1000Ω·m 区域,工作接地电阻值可提高到 30Ω。

(5) 发电机供电系统应设置电源隔离开关及短路、过载、漏电保护电器。电源隔离开关分断时有明显可见分断点。

(6) 发电机组并列进行时,必须装设同期装置,并在机组同步运行后再向负载供电。

5.10 安全防护

5.10.1 一般规定

(1) 从业人员在作业过程中,必须按照安全生产管理制度和劳动防护用品使用规则,正确佩戴和使用安全防护用品;未按规定佩戴和使用安全防护用品的,不得上岗作业。

(2) 安全防护用品必须符合相关国家标准和作业标准,不得超期使用。

(3) 劳动防护用品包括:安全帽、安全带、救生衣、防护服、防护鞋、防护手套、防护面具等。

5.10.2 个人防护用品

5.10.2.1 安全帽

(1) 安全帽应有以下永久性标志:制造厂名称、商标、型号、制造日期、生产合格证和检验证明、生产许可证编号、"LA"安全标志。安全帽构造如图 5-29 所示。

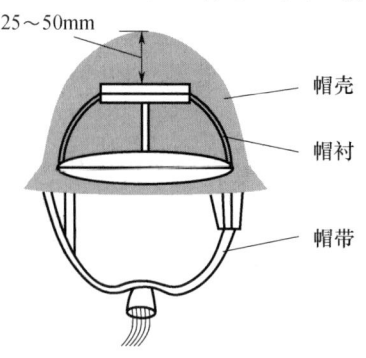

图 5-29 安全帽构造

（2）安全帽应在有效期内使用。每年一次定期检查，发现异常现象不得佩戴。

（3）戴安全帽前应将帽后调整带按自己头型调整到适合位置，然后将帽内弹性带系牢。缓冲衬垫的松紧由带子调节，人的头顶和帽体内顶部的空间垂直距离应控制在25～50mm，一般不应小于32mm。不得将安全帽歪戴，或把帽檐反戴。安全帽的下颌带必须扣在颌下并系牢，松紧应适度，如图5-30所示。

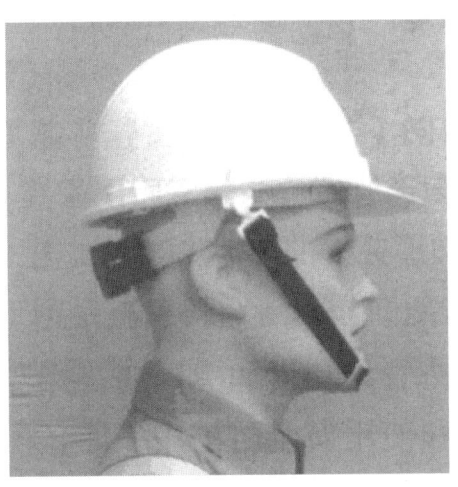

图5-30 安全帽正确佩戴示意

（4）安全帽应保持整洁，不应涂刷油漆，禁止搁置在火源周边，或在阳光下暴晒。在现场室内作业也应佩戴安全帽。

5.10.2.2 安全带

安全带正确佩戴示意如图5-31所示。

图5-31 安全带正确佩戴示意

(1) 安全带类型有全身式安全带、双肩式安全带等。

(2) 安全带的有效期一般为3~5年，发现异常应提前报废。使用频繁的绳子，应经常进行外观检查，发现异常时，立即更换或报废。

(3) 每条安全带应有以下永久性标志：制造厂名称、商标、型号、制造日期、生产合格证和检验证明、生产许可证编号、"LA"安全标志。

(4) 2m以上的悬空作业，必须使用安全带。使用中，应可靠地挂在牢固的地方，高挂低用，且应防止摆动，避免明火和刺割。在无法直接挂设安全带的地方，应设置能供安全带钩挂的安全母索、安全栏杆等。

(5) 安全带严禁擅自接长使用，使用3m及以上的长绳时必须增加缓冲器。

5.10.2.3 救生衣

(1) 水上作业必须穿戴救生衣，救生衣有工作式救生衣、救生式救生衣、气胀式救生衣等。

(2) 穿着泡沫类工作式救生衣前，应先检查浮力袋、领口带、腰带等。

5.10.2.4 防护服

(1) 现场作业人员应按工种要求配置棉质工作服，特殊作业人员应配置特殊作业防护服。

(2) 焊工工作服宜为帆布等材质的阻燃服。

5.10.2.5 防护鞋

(1) 作业人员应根据现场情况正确穿着防护鞋，电工、电焊工必须穿着电绝缘鞋。

(2) 电绝缘鞋必须在规定的电压范围内使用，每半年进行一次预防性试验。

5.10.2.6 防护手套

(1) 从事电工、电焊作业以及接触强酸、强碱材料的作业人员应使用防护手套。

(2) 防水、耐酸碱手套使用前仔细检查，不得破损。

(3) 绝缘手套应定期检验电绝缘性能，不符合规定的，不能使用。

5.10.2.7 防护用具

(1) 从事金属切割、混凝土及岩石打凿作业人员必须使用护目镜。

(2) 电焊作业人员必须配备焊接防护面罩，气焊作业人员应配备焊接防护眼镜。

(3) 防灰尘、烟雾、轻微毒性或刺激性较弱的有毒气体的防护镜必须密封，遮边无通风孔，与面部接触严密，镜架应耐酸、耐碱。

(4) 混凝土作业人员、沥青作业人员、隧道钻孔清渣作业人员必须配戴防尘口罩或防尘面罩。

5.11 常用设备及机具防护

5.11.1 一般规定

(1) 禁止使用缺少安全装置或安全装置已失效的机具。

(2) 严禁拆除、改装、自制施工机具上的监测、指示、仪表、报警及警示等安全装置。

(3) 冬季使用机具应采取防冻、防寒和防滑措施。

(4) 机具运转时，严禁保养、修理、调整等作业。

(5) 禁止在没有保险装置的机具下面进行保养、修理。进入机械内部相对封闭空间时，必须设监护人。

(6) 机具应进行编号管理，现场悬挂安全操作规程、设备操作管理牌，如图 5-32 所示。

图 5-32 设备操作规程

(7) 机具的用电必须符合现行《施工现场临时用电安全技术规范》(JGJ 46)，使用 TN-S 系统。机具的接地电阻不应大于 4Ω；漏电保护器参数应匹配，安装应正确，动作应灵敏可靠；电气保护（短路、过载、失压）应齐全有效。

5.11.2 焊割机具

(1) 在焊割工作现场 10m 范围内，应配备相应的消防器材，禁止存放易燃、易爆物品。焊接铜、铝、铁、锡等有色金属时，必须通风良好，采取防毒措施（戴防毒面罩或呼吸滤清器等）。

(2) 在高空焊割或施焊稳定性差的工件时，应配备安全带，采取安全防护措施，防止高空坠落或工件倒塌；禁止将导线绕挂身上，地面应指定专人监护。

(3) 焊接、切割完后要及时清理工作场所，切断电源，将焊接、切割设备和工具摆放在指定地点，灭绝余火后，才可离开工作场所。

5.11.2.1 电焊机

(1) 电焊机的一次侧电源线长度不得大于 5m。二次侧焊接电缆线应采用防水绝缘橡胶护套铜芯软电缆，长度不宜大于 30m。

（2）交流电焊机的二次侧应作接零或接地保护。绝缘电阻不得小于 1MΩ，接地线接地电阻不得大于 4Ω；当长期不使用的电焊机恢复使用时，其绝缘电阻不得小于 0.5MΩ。

（3）电焊机外壳有可靠保护零线，进出线处应设置防护罩。

（4）焊机导线和接地线均不应安放在易燃、易爆或带有热源的物品上，应与机械设备或管道及建筑物金属构件或轨道连接。机壳接地应符合焊接工艺规定，接地电阻不得大于 4Ω。

（5）电焊机应使用专用开关箱，漏电保护器匹配合理、灵敏可靠，设置二次空载降压保护器。

（6）焊钳握柄必须用绝缘耐热材料制作，握柄与导线连接处应牢靠，并包好绝缘布。

（7）电焊机存放地点应通风良好、清洁干燥、无杂物放置，并在焊机下加垫干燥木板。现场使用的电焊机，应设有防雨、防潮、防晒的机棚，并装设相应的消防器材。单台电焊机宜使用专用小推车，多台电焊机可搭设防护棚。

5.11.2.2 氧气、乙炔瓶

（1）乙炔瓶使用时应立放，并采取防倾倒措施。氧气瓶和乙炔瓶工作间距不得小于 5m，气瓶与明火作业点的距离不应小于 10m。当距离不能满足安全距离要求时，应有隔离防护措施。如图 5-33 所示。

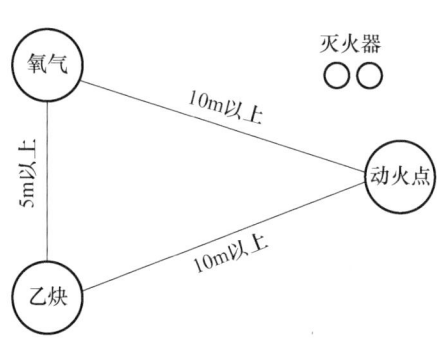

图 5-33 氧气瓶与乙炔瓶间应满足安全距离要求

（2）电弧焊施焊现场的 10m 范围内不得堆放氧气瓶、乙炔瓶、木材等易燃物，并合理配备灭火器，清理周边易燃、易爆物品。操作人员应持证上岗、正确穿戴防护用品。

（3）储装气体的罐瓶及其附件应合格、完好和有效。氧气瓶、乙炔瓶设防振圈，夏季高温有防暴晒措施。乙炔瓶必须设回火阀，立放牢固。严禁使用乙炔专用减压器、回火防止器及其他附件缺损的乙炔瓶。如图 5-34 所示。

（4）备用待用的氧气瓶、乙炔瓶应分别存于氧气间、乙炔间，存放处间距应大于 10m，并设置安全警示标志及配备灭火器材。

（5）各种气瓶应有标准色标，不应平放，宜使用专用小推车。

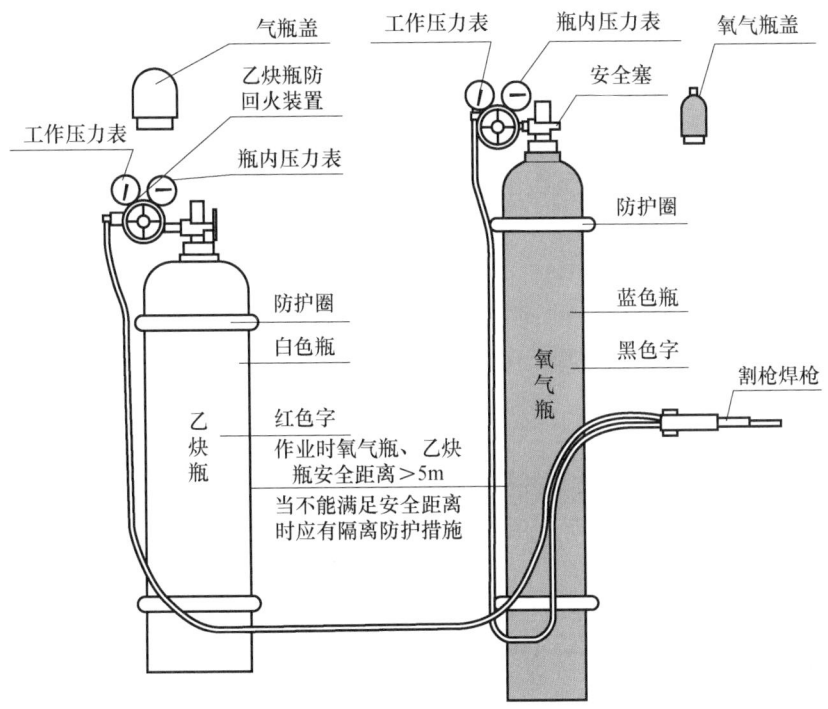

图 5-34　罐瓶及其附件名称

5.11.3　钢筋加工及木工机具

5.11.3.1　一般规定

（1）钢筋施工场地、钢筋制作棚应满足作业需要，照明灯具必须加装防护网罩。制作棚内的各种原材、半成品、废料等按规格、品种分别堆放整齐。作业前应对机械设备进行检查，合格后方可使用。图 5-35 为钢筋加工棚。

图 5-35　钢筋加工棚

（2）钢筋加工机械的安装应坚实稳固，保持水平位置。固定式机械应有可靠基础，移动式的机械作业时应对行走轮进行制动。

（3）各种钢筋机械应由熟悉机械构造、性能和操作方法并经安全培训考试合格的人员按规程操作。作业前，必须检查机械设备、作业环境、照明设施等，待运转正常后再开始工作。

（4）操作人员必须熟悉钢筋机械的构造、性能和用途，并按照清洁、调整、紧固、防腐、润滑的要求维修保养机械。

（5）机械运行中停电时，应立即切断电源。收工时，按顺序停机、拉闸、锁好闸箱门、清理作业场所。电路故障必须由专业电工排除，严禁非持证电工接、拆、修电气设备。

（6）采用机械进行除锈、调直、断料和弯曲等加工时，机械传动装置要设防护罩，并由专人使用和保管。电机等设备要妥善进行保护接地或接零。

（7）作业后应清理场地，切断电源，锁好电闸箱。

（8）各种仪表应保持完好，并进行定期标定。

5.11.3.2 钢筋切断机

（1）钢筋切断机作业前，应先进行试运转，检查刃口是否松动，运转正常后，方能进行切断作业。切长料时应有专人把扶，切短料时应用钳子或套管夹牢。不得因钢筋直径小而集束切割。钢筋切断机如图5-36所示。

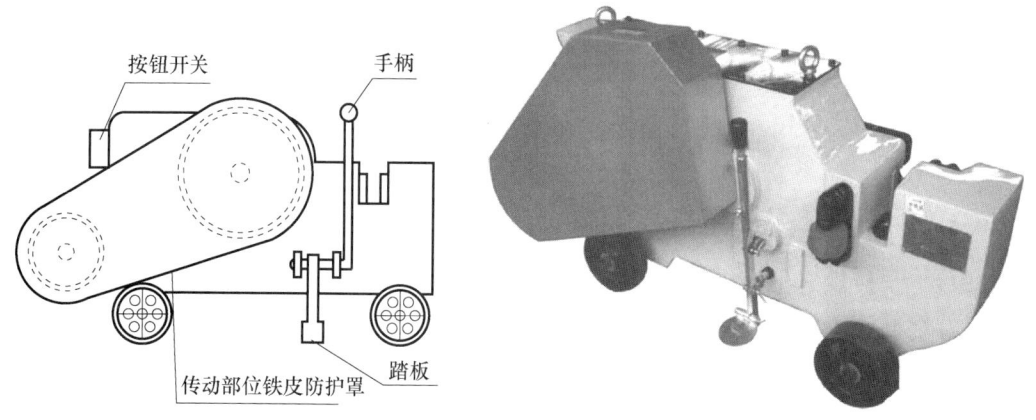

图 5-36 钢筋切断机

（2）电气系统装置应齐全，线路排列整齐，卡固牢靠；电气设备安装应牢固，电气接触良好；电气控制设备和元件应置于柜（箱）内，电气柜（箱）门锁齐全有效。

5.11.3.3 钢筋调直机

（1）钢筋调直应设置防护挡板，作业时非作业人员不得进入现场。钢筋调直机如图5-37所示。

（2）操作时必须将钢筋卡紧，机械前方须设铁板加以防护。

（3）机械开动后，非操作人员应在两侧2m区域以外，不准靠近钢筋行走。

（4）钢筋调直到末端时，人员必须离开。

5.11.3.4 钢筋弯曲机

（1）机械的安装应坚实稳固，保持水平位置。工作台和弯曲机台面应保持水平。钢筋弯曲机如图5-38所示。

（2）固定式机械应有可靠的基础，移动式机械作业时应对行走轮进行制动。

（3）在弯曲钢筋的作业半径内和机身不设固定销的一侧严禁站人。弯曲好的半成

图 5-37 钢筋调直机

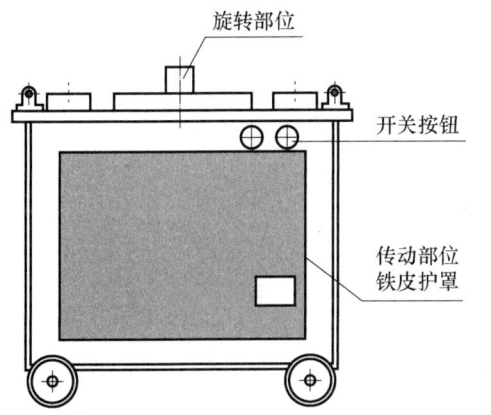

图 5-38 钢筋弯曲机

品，应堆放整齐，弯钩不得朝上。

（4）不直的钢筋，禁止在弯曲机上弯曲。

5.11.3.5 预应力张拉设备

（1）预应力张拉区域应标示明显的安全标志（图 5-39 和图 5-40），禁止非操作人员进入。

图 5-39 预应力张拉安全标志

图 5-40　预应力张拉区域应标示安全标志

（2）张拉钢筋的两端必须设置挡板。

（3）根据冷拉钢筋的直径，合理选用卷扬机。卷扬机钢丝绳应经封闭式导向滑轮并和被拉钢筋方向呈直角。卷扬机的位置必须使操作人员能见到全部冷拉场地。

（4）作业前应检查冷拉夹具，夹齿必须完好，滑轮、拖拉小车润滑灵活，拉钩及防护装置均齐全牢固，确认良好后，方可作业。

（5）冷拉时，应缓慢、均匀地进行，随时注意停车信号或见到有人进入危险区时，应立即停拉，并稍稍放松卷扬机钢丝绳。

（6）在运行中遇突然停电时，必须立即关闭冷拉机械的电源。

（7）钢筋张拉时，千斤顶支脚必须与构件对准，放置平正。测量拉伸长度或加楔、拧紧螺栓时，应站在钢筋两侧操作，并停止卷扬机或千斤顶拉伸操作。采用电热张拉时，若带电操作，应设置绝缘保护和防触电措施。预应力钢绞线张拉时，操作应平稳、均匀，张拉端的正面不得站人。采用延伸率控制时，应设置限位标志。

5.11.3.6　圆盘锯

（1）操作人员应配戴防护眼镜，站在锯片一侧，禁止站在与锯片同一直线上。锯片上方必须安装保险防护罩和滴水设施。锯片不得有连续断齿。圆盘锯如图 5-41 和图 5-42 所示。

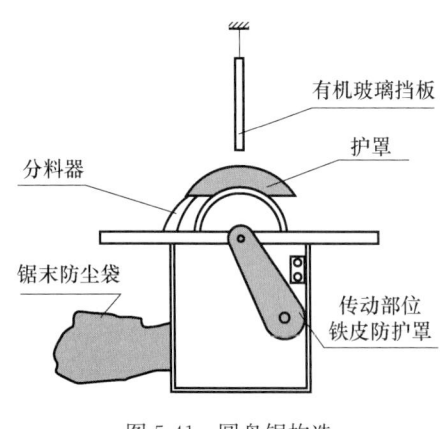 

图 5-41　圆盘锯构造　　　　　图 5-42　圆盘锯实物

（2）锯片运转正常后方可进行作业。接料应待料出锯片 15cm 后进行，不得用手硬拉，木料锯到接近端头时，由下手拉曳，上手不得用手推进。

(3) 作业过程中不得将木料抬高或左右扳动,必须紧贴挡板。送料力量应均匀,不得用力过猛,遇木节应减速。不得用木料挡刹锯片强制停车。调换锯片时,应等锯片自然停稳后方可进行。

(4) 长度不足50cm的短料,不得上锯。半成品、边角料应堆放整齐。

5.11.4 混凝土机械

5.11.4.1 拌和设备

(1) 搅拌机及皮带运输机所有外露齿轮、皮带等传动机件都应设防护罩,不得随意拆除。

(2) 搅拌前,操作人员应确认搅拌、供料、控制等系统运行正常。运转时,严禁将头或手伸入料斗与机架之间查看,不得拿工具或物件伸入搅拌筒内。更不得在运转中检修,以免发生事故。

(3) 搅拌机不得超负荷使用,运转中严禁维修、保养。维修、保养、清理搅拌机时,必须拉闸断电、锁好电箱、挂好"严禁合闸"安全警示标志牌,并有专人监护。

(4) 料斗或送料机运转前应打铃,一旦运转,任何人不得在料斗或送料机下通行或停留。如需检修,必须拉闸断电,采取安全和保险措施。

5.11.4.2 混凝土输送泵

(1) 混凝土输送泵作业前,应检查并确认泵机各部位螺栓紧固,防护装置齐全可靠,各部位操纵开关、调整手柄及手轮、控制杆、旋塞等均在正确位置,液压系统正常无泄漏,液压油符合规定,搅拌斗内无杂物,上方的保护格网完好无损并盖严。泵送混凝土时,操作人员应随时监视各种仪表和指示灯,发现异常,立即停机检查。混凝土输送泵如图5-43和图5-44所示。

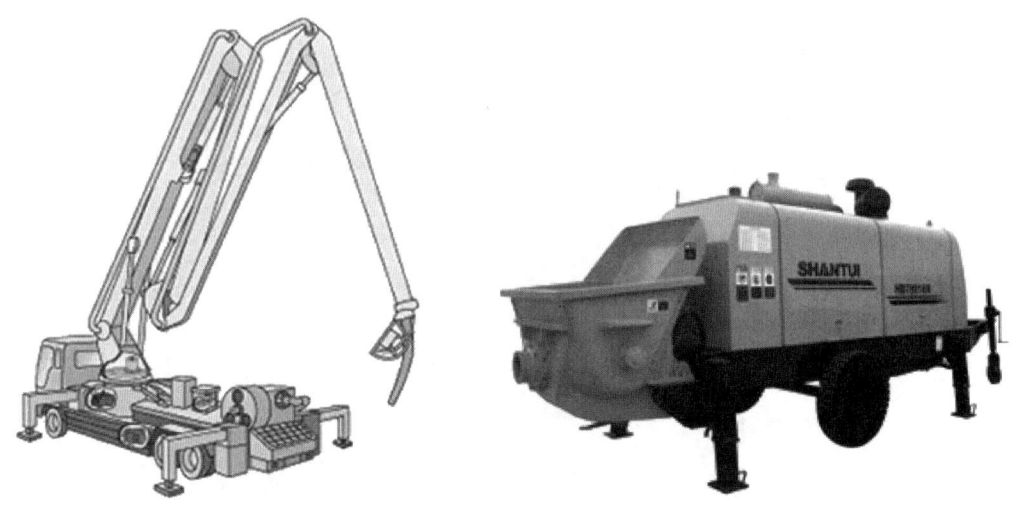

图5-43 混凝土输送泵

(2) 混凝土输送泵停止作业后,各部位操纵开关、调整手柄及手轮、控制杆、旋塞等均应复位,液压系统应卸荷。

5.11.4.3 混凝土振捣器

(1) 操作振捣器作业时,应穿戴好胶鞋和绝缘胶皮手套。混凝土振捣器如图 5-44 所示。

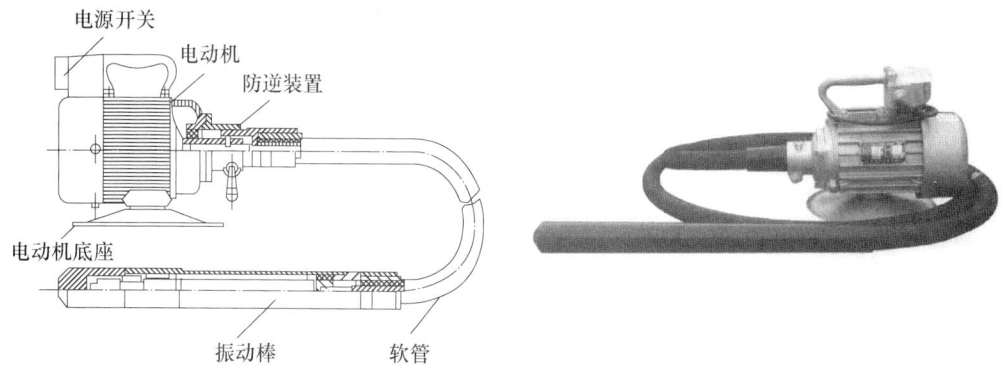

图 5-44 混凝土振捣器

(2) 振捣棒软管不得存在断裂现象,当软管使用过久而使长度增长时,应及时修复或更换。

(3) 电缆线应满足操作所需的长度要求。电缆线上不得堆压物品或让车辆挤压,严禁用电缆线拖拉或吊挂振捣器。

(4) 振捣器不得在初凝的混凝土、地板、脚手架及干硬的地面上进行试振。在检修或作业间断时,应断开电源。

5.11.4.4 切缝机、锯缝机

(1) 切缝机(图 5-45)锯缝时,刀片夹板的螺母应紧固,各连接部位和安全防护罩应完好正常。切缝前应先打开冷却水,冷却水中断时应停止切缝。

图 5-45 切缝机

(2) 切缝时刀片应缓缓切入,并注意观察切割深度指示器,当遇有较大切割阻力时,立即升起刀片检查。停止切缝时应先将刀片提离板面后才可停止运转。

5.11.5 卷扬机

(1) 定期检查电气线路、制动器,确保安全可靠。卷扬机如图 5-46 所示。

图 5-46 卷扬机

(2) 卷扬机使用时齿轮啮合声音应正常,如有杂声应停机检修。
(3) 卷筒上的钢丝绳达到最大起升高度时,应至少保留 3 圈作为安全圈。
(4) 卷扬机的后锚应稳固,钢丝轴上方宜设置防护装置,防止飞绳伤人。

5.11.6 压路机(图 5-47)

图 5-47 压路机

(1) 压路机必须由经过培训、经严格考试并取得规定部门颁发的操作证的人员进行操作。操作者应了解压路机的构造、性能，遵守交通法规和操作规程，熟悉维修保养规程。

(2) 压路机工作前，应进行日常保养。按日常保养规程，对发动机、传动部件、制动及转向机构等进行认真检查、调整、紧固、润滑工作。对燃油、机油、液压油、冷却水、电瓶水等进行检查和补充。根据作业要求，对压路机的配置、轮胎气压进行调整。

(3) 压路机启动前，应检查机器周围有无障碍物及安全的因素，通知车下人员让开；将各操纵手柄、变速柄放在空挡或中间位置（若是振动压路机，应将起振操纵杆置于停振位置），拉紧制动手柄或制动锁定手柄，检查差速锁手柄是否位于脱开状态。

(4) 将主离合器分开，接通电源，按下启动按钮，使发动机在无负荷状态下启动。若发动机在15s内不能启动，应歇半分钟后再启动。若连续3次仍未启动，应检查原因，排除故障后再行启动。若周围环境在5℃以下，应预热发动机，然后启动。

(5) 发动机启动后，先让发动机低速空转一段时间，待水温达到55℃、液压系统工作压力及（轮胎式压路机的）制动气压达到正常值后，方可起步行驶。

(6) 起步前，应使主离合器分离，挂入低速挡和接合换向离合器（齿轮式换向离合器）；松开制动手柄或锁定手柄，柔和、平顺地接合主离合器或换向离合器，使压路机平稳起步。无级变速的压路机缓慢操纵控制手柄，压路机即可起步。

(7) 压路机起步行驶后，应注意查看各仪表的指示值是否正常，注意检查传动系统、碾压轮、操纵装置及柴油机有无异常现象，发现异常，应及时停机检修。

(8) 压路机作业时，应尽量保持压路机的直线行驶，不允许在压路段内调头或紧急制动，少用制动。应尽可能延长压实路段的长度，避免压路机过多地换向。禁止在压路机停驶时扭转转向压轮，避免行进中急转弯。

(9) 压路机变速时，应先分离主离合器，降低发动机转速，待压路机停驶后，再进行变速操作。无级变速的压路机直接平稳地拨动变速手柄即可变速。

(10) 应待压路机停驶，惯性消除后，再进行换向操作。对于摩擦式换向离合器，可使换向手柄在中间位置停顿数秒，再扳向相反位置。对于齿轮式换向离合器，待主离合器分离数秒之后，再换向操作。对于液压换向机构，换向手柄也应在中间位置停顿一下，然后扳向相反方向。振动压路机在变速和换向之前，应先停振，起步行驶后再起振，不允许原地起振。

(11) 作业时，压路机不得长时间重负荷工作。一般不进行厚层土路基的初压作业，必要时，可利用早晨气温较低时进行初压。对松软的路段，最好选用较轻的压路机碾压一二遍，或用拖拉机碾压一二遍后，再用较重的压路机或振动压路机进行复压。对较厚的土层压实，可用带槽滚、羊足滚和轮胎压路滚进行碾压。配重物夏天可用水，冬天可用黄砂。

(12) 在松软的路段作业时，压路机应避免变速、换向、急转弯、停驶和原地振动，以免陷车。发生陷车后，可挂上差速器，低速大油门直线驶出陷车地点。切不可采取猛接合主离合器或频繁地变速、换向的方法驶离陷车地点，以免造成机件损坏。

(13) 在坡道作业时，应以较低的碾压速度进行碾压；不论上坡还是下坡，均使驱动轮朝向坡底方向。下坡时不得空挡滑行。在坡道上作业，应尽量避免使用制动器，以免影响压实质量。禁止在大于 20°的横坡上行驶。

（14）多台压路机同时作业或与其他机械配合作业时，各台机械相互之间应保持 3m 以上的纵向间距，坡道上作业时，纵向间距应不小于 5m。

（15）在新筑路基上作业时，必须放慢压路机的速度。不得靠近路基边缘（一般在 0.5m 以上），并随时注意路基边缘的坡度变化情况，以防塌陷发生翻机事件。

（16）在山区傍山路段行驶或作业时，应从山坡一侧顺次向沟岸一侧进行低速碾压。碾压第二次时，需压透已碾压前一行路基的半个宽度。碾压时，碾压轮迹与路基边缘保持 1m 以上的距离。

（17）对自行式振动压路机，在对换向离合器、起振离合器和制动器进行调整时，必须在主离合器脱开后进行。起振只能在压路机行走后进行，停振应在压路机停车前进行。在坚硬的路面上行走时，严禁振动。碾压松软路基时，首先不用振动，碾压一两次后，再用振动碾压。严禁在没有起振的情况下调节振动频率。不允许在基础不实、结构不牢的建筑物附近进行振动压实作业。

（18）压路机行驶时，尽量避免紧急制动和急转弯，需要制动和转弯时，应先减速。制动时制动器和离合器可配合使用，禁止用突然换向的方法制动压路机。

（19）压路机禁止用拖拉、顶推、溜滑等方法启动，也不允许用压路机拖拉其他机械设备。夜间压路机作业时，应有良好照明，以补充压路机自身照明度之不足。在作业中需要保养和检修时，应将压路机可靠制动，必要时用三角木塞紧碾压轮。

（20）压路机自行转移工地时，距离不宜超过 35km，并应选择良好路面，中速行驶。振动式压路机在行驶途中，不准振动。轮胎式压路机应卸除配重，轮胎气压应在 0.6～0.65MPa 范围内。压路机自行时，应遵守交通规则。当运距超过 35km 时，压路机应用拖车拖运。用平板车拖运，压路机应可靠固定。若超高，须办理交通部门颁发的通行证，并采取措施，以防沿途剐损上空电线。拖运时应选择良好路面，中速行驶。

（21）压路机停驶后，应选择平坦、坚实的地面停放，不准将压路机停放在高填方路基的边缘、斜坡和坑洼流水处。需在坡地上停放时，应将压路机可靠制动，并用三角木将碾压轮塞紧。停放在停车场内的压路机，应排列整齐，各台机械间距应在 2m 左右。停放在公路边时，应不妨碍交通，夜间机旁应挂信号灯。

（22）压路机停驶后，应分离主离合器，将变速杆或换向手柄置于空挡位置，使发动机低速运转几分钟后再熄火。拉紧制动手柄或制动锁手柄，使压路机可靠制动。机器停稳后，对机器进行日常保养。

（23）压路机需长期停放时，应按封存制度进行定期保养。停放前，应擦洗机身、碾压轮；将碾压轮内的水或干砂放出，并擦干碾压轮内臂。露天存放，须垫好垫木、盖上防雨布；未涂油漆部分须涂上防锈油。电瓶拆下，搬回室内定期保养。轮胎式压路机应使轮胎离地架起，或卸下轮胎入库保存。

（24）压路机每次作业完毕，都要认真按规定填写有关记录。有交接班的都应认真介绍设备的技术状况、现场的施工情况。

5.11.7 龙门吊（图5-48）

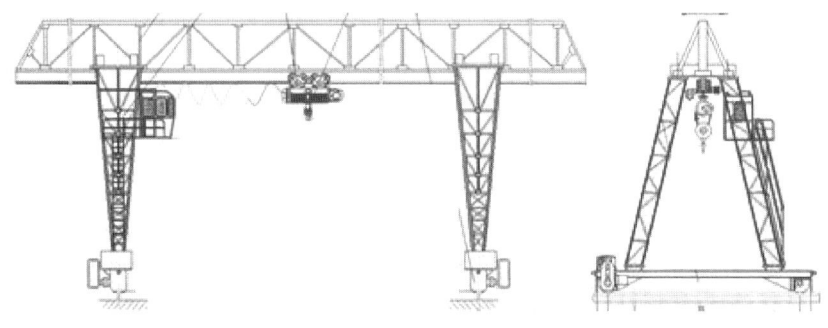

图 5-48 龙门吊

（1）龙门吊应有专人开车。司机应经过专业培训，熟悉本机的结构特点和操作方法，并经考试合格后发给合格证书，才允许开车。

（2）严禁非司机开车。司机工作时，只听地面上专门人员指挥（并且只能有1人指挥），但是无论什么人发出停车信号时均应停车，查明情况再开车。

（3）每日每次开车前，必须检查所有机械和电气设备是否良好，操作系统是否灵活，并按规定对设备进行保养和润滑。使用前必须检查起吊钢丝绳状态是否符合起重机械的有关规定，绳卡是否牢固，走行系统是否良好，限位开关、制动器和其他安全装置是否可靠。

（4）液压系统应安全可靠。所有电气设备的金属外壳均应接地。起重机上禁止搁放或存放易爆或易燃物品。工具、备件等应放在工具箱内。禁止随意搁放，以免落下伤人。走行起动前，要确认走行轨道上无障碍物，轨道地基无沉陷。走行起步时要鸣笛（铃）示警，缓慢起步。起重机行走时，禁止搭人或搭物。

（5）起重机作业必须设专人指挥。操作人员必须听从指挥，不得擅自进行起吊或走行操作。被吊物体必须捆扎牢固。起吊点必须符合规定要求。起吊时要平稳垂直起吊，禁止用起重机斜拉、拖拽物体。

(6) 起重机走行时，要确认两侧驱动是否同步。如发现偏移，必须停车检查调整。两台起重机合吊一物体时，应使用平衡梁。起重量不得超过两台总重量的80%。两台起重机走行、吊放等动作要一致。

(7) 起吊物下禁止站人。空车走行时，吊钩要离地面2m以上。

(8) 换梁龙门起重机的吊梁（梁架）上不许坐人，吊梁下禁止站人。

(9) 换梁龙门起重机吊梁行走时，必须注意两台起重机要同步，如有偏移要立即停车检查调整。禁止起重物长时间停留在空中。对起重机进行维护或修理时必须切断电源。

(10) 风力超过六级时应立即停止工作，并用两侧夹轨钳夹住钢轨，换梁龙门起重机必须打铁楔。龙门起重机停止使用时亦应照此办理，并将吊钩升到上限位置，吊梁架按规定放置，关好门窗，切断电源。

(11) 每年应对起重机进行定期检查，并进行静、动负荷试验。

5.11.8　挖掘机（图5-49）

图5-49　挖掘机

(1) 作业前应进行检查，确认大臂和铲斗运动范围内无障碍物及其他人员，鸣笛示警后方可作业。

(2) 挖槽时，应按安全技术交底要求放坡、堆土，严禁在机身下方掏挖，履带或轮胎应与沟槽边保持5m以上的安全距离。

(3) 装车作业时，应待运输车辆停稳后进行，铲斗应尽量放低，并不得砸撞车辆。严禁车厢内有人。严禁铲斗从汽车驾驶室顶上越过。

(4) 行走时臂杆应与履带平行，并制动回转机构，铲斗离地面宜为1m。行走坡度不得超过机械允许最大坡度，下坡用慢速行驶。转弯不应过急，通过松软地时应进行铺垫加固。

（5）操作人员离开驾驶室前，必须将铲斗落地并关闭发动机。

（6）不得用铲斗吊运物料。

（7）发现运转异常时应立即停机，排除故障后方可继续作业。

（8）轮胎式挖掘机在斜坡上移动时，铲斗应转向高坡一边。

（9）使用挖掘机拆除构筑物时，操作人员应分析构筑物倒塌方向，在挖掘机驾驶室与被拆除构筑物之间留有构筑物倒塌的空间。

（10）挖掘机停放场地应平整坚实，停机时必须将行走机构制动。

5.11.9　装载机（图 5-50）

图 5-50　装载机

（1）装载机必须由经过培训、经严格考试并取得规定部门颁发的操作证的人员驾驶。操作者应了解装载机的构造、性能，遵守交通法规、操作规程，熟悉维修保养规程。

（2）开机前，应对装载机进行日常保养。按日常保养规程，对发动机、转向、走行、制动部位进行认真检查、调整、紧固、润滑工作，对燃油、机油、冷却水、液压油、电瓶水进行检查和补充。

（3）发动机启动前，应将变速杆、操纵阀杆置于空挡和中间挡待停 30s 后再做第二次启动。当连续三次不能启动时，应停止启动。查明原因、排除故障，再进行启动。

（4）发动机启动后，先以低速空转一段时间，进行发动机预热，观察各仪表指示是否正常。

（5）装载机装料时，使用 1 挡前进，对准料堆，距料堆 1m 左右下降动臂和旋转铲斗，使铲斗斗底水平接地，逐渐加大油门，使铲斗全力切入料堆。

（6）装载机在作业过程中，严禁人员在斗臂下站立或行走。

（7）装载机在行驶中应避免不适当的高速度与急转弯。行驶时，除驾驶室外，任何地方均严禁乘坐人员。

（8）停止作业时应将装载机停放在平坦场地上，铲斗平放在地面。

5.11.10 摊铺机（图 5-51）

图 5-51 摊铺机

（1）进入摊铺作业现场前应了解作业面上方是否有架空线、了解清楚架空线是否裸线及电压参数与安全距离后方可进入现场作业。

（2）作业现场必须设专人对摊铺机、压路机、运料机、车辆及作业人员进行统一指挥。

（3）摊铺机作业启动前应检查机械运转、仪表显示等是否正常、灵敏，再检查连接部件、安全防护装置是否健全、稳固。

（4）熨平板的安装（拆除）要有专人指挥，作业人员应协调一致。

（5）摊铺机行驶前应确认跟机作业人员的安全距离，并鸣笛警示。跟机作业人员应随时关注现场所有机械、车辆的运行方向，确保安全作业。

（6）运料车向摊铺机料斗倒料时必须设专人在车侧面指挥，倒料过程中运料车应置空挡，由摊铺机推动徐徐前进。

（7）摊铺作业时，摊铺机司机要听从现场指挥人员的指挥。跟机作业人员也要听从现场指挥人员的指挥，各自坚守各自的工作范围，不得随意走动。

（8）运料车上若有黏附料需要清理时，必须用长柄工具站在车下清理。若必须上车清理，要待自卸槽放平后再上车，严禁在自卸车升槽状态时上车作业。

（9）需要用铁锹铲运搅拌料时，必须设专人指挥。铲运人员应按顺序行走，并注意将铁锹避开其他人员（作业人员或行人等）。铁锹铲运的搅拌料不得远抛。铁锹不得伸向摊铺机搅龙区域内铲料。

（10）多台压路机碾压作业，压路机前、后机子间距不得小于3m。跟随压路机作业人员应与压路机司机协调配合，压路机前行时跟在车后轮后边，压路机倒行时应跟在前轮的后边作业，并监护不得让其他人员误入碾压区域，以保证所有人员的安全。

（11）地面作业人员应听从摊铺机、压路机、运料车辆司机的指挥。机械、车辆运行中不得随意攀登。机械、车辆停置时未经许可不得随意攀登，不得随意触摸机械、车辆的任何操作手柄。

（12）机械、车辆停置时不得在其底下或行进方向的前后方避雨或乘凉等。

（13）摊铺作业完毕，清洗摊铺机时，必须将摊铺机停置于安全空地，用隔离墩和警示带围成作业区，并设立警示牌。作业人员必须戴防护手套。

5.11.11　铣刨机（图 5-52）

图 5-52　铣刨机

（1）检查油箱油位；检查冷却液的液位；检查液压油位，防止泄漏；检查刀头和刀座的工作情况；检查冷却液的清洁和渗漏情况；检查骨料皮带和卸料皮带的张力以及是否跑偏。

（2）检查发动机油底壳的油面位置，在试车期间第一次运行 250h 后应更换发动机机油，以后每隔 500h 换油一次。

（3）检查驱动装置的链条张力，使之与特定的应用情况和路面状况相适应。

（4）检查卸料皮带的钢丝绳以及钩环的固定、缚牢，如发现破损应及时更换，否则会给人身安全和机器本身带来危害。

（5）任何时候，在启动机器时，须确保无人在车上或车下工作，无人在邻近危险区域活动。

（6）确保所有的防护装置和盖子在正确的位置上，并且紧固牢靠。

（7）将所有的路面障碍清除出工作区，在非平整路面上，小心驾驶，避免滑坡、倾覆。

5.12　临边防护

5.12.1　一般规定

（1）高处作业中的安全标志、工具、仪表、电气等设施和各种设备，必须在施工前进行检查，确认其完好，方能投入使用。

（2）施工中对高处作业的安全技术设施，发现有缺陷或隐患时，必须及时解决；危及人身安全时，必须停止作业。

（3）高处作业中所用的物料，均应堆放平稳，不应妨碍通行和装卸。工具应随手放入工具袋；作业中的走道、通道板和登高用具，应随时清扫干净；拆卸下的物件及余料和废料应及时清理运走，不得任意乱置或向下丢弃；传递物件禁止抛掷。

（4）雨天进行高处作业时，必须采取可靠的防滑措施。遇有六级以上强风、浓雾等恶劣气候，不得进行露天攀登或悬空高处作业。台风暴雨后，应对高处作业安全设施逐一加以检查，发现有松动、变形、损坏或脱落等现象时，立即修理、完善。

（5）因作业需要临时拆除或变动安全防护设施时，必须经施工负责人同意，采取相应的可靠措施，作业后应立即恢复。

（6）高处作业安全设施的主要受力杆件构造应符合现行规范标准。

（7）临边、洞口防护设施必须符合下列要求：

①使用的钢管、扣件、安全网等，必须有国家生产许可证、产品合格证、产品检测报告等。

②临边作业必须设置栏杆。上横杆高度为1.2m，下横杆高度为0.6m，立杆间距不得大于2m。栏杆根部应设置高度不低于18cm的挡脚板，挡脚板应固定牢固。栏杆应能承受1kN的水平推力，如图5-53所示。

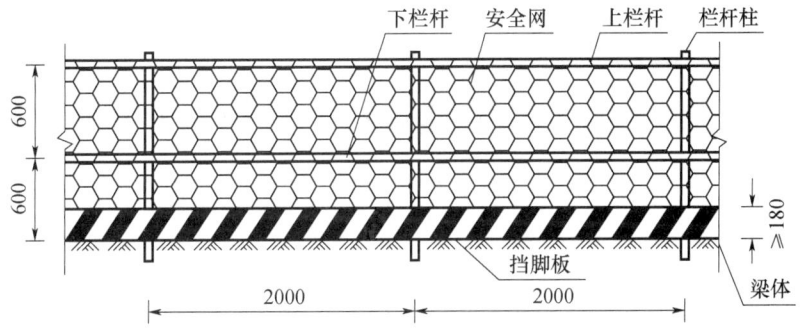

图5-53 临边、洞口防护设施（尺寸单位：mm）

③使用的钢管应做防锈处理，并刷间距为300mm、红白相间的油漆，如图5-54所示。

图5-54 防锈并刷油漆

④明显部位必须按规定设置安全警示标志牌。

（8）立网和平网必须严格区分，绝不允许混用。动火作业区应使用阻燃型的密目式安全网。

5.12.2 桥面临边防护

(1) 桥面施工前，在梁面两侧应设置防护栏杆，并挂设安全网。

(2) 防护栏杆的横杆及立柱均采用 $\phi 48$ 的管材，用扣件或焊接固定。横杆搭接时，接头必须错开，相邻的两个接头不得在同一跨间（两根立杆之间）。

(3) 若无法采用钢管搭设，可用 $\phi 20$ 以上的圆钢作栏杆柱，$\phi 16$ 以上的圆钢作横杆。

(4) 用其他钢材（角钢、槽钢等）做防护栏杆时，应满足强度要求。栏杆底部焊接固定，如图 5-55 所示。

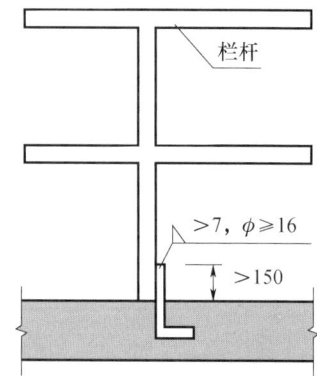

图 5-55 栏杆底部焊接固定

(5) 栏杆立柱的固定及其与横杆的连接应牢固。

(6) 在无条件防护情况下的高处作业，应采用钢索作悬挂安全带和行走扶手用。

(7) 桥梁等长距离的临边防护警示标志设置的距离不大于 50m。

5.12.3 高墩防护

(1) 高墩施工中高处作业时，应设置操作平台，其净宽不低于 80cm，必须设置人员上下爬梯，如图 5-56 所示。

图 5-56 设置操作平台和爬梯

（2）根据工程实际，5m 以下的高处作业，可采用带防护笼的直爬梯，如图 5-57 所示。

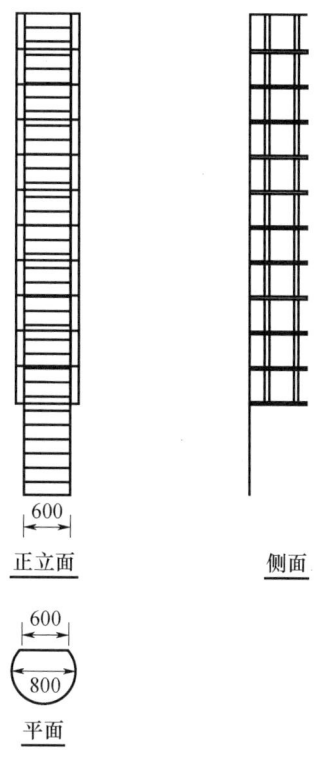

图 5-57　带防护笼的直爬梯

（3）爬梯、脚手架、工作平台应搭设牢固，不得与模板及其支撑体系连接。夜间施工必须配备足够的照明设施、发光警示标志。

（4）高墩柱施工时，在墩柱 10m 范围内设警戒区，并应派专人监护。墩台施工靠近既有道路时，应采取可靠的安全防护措施，确保过往行人和车辆的安全。作业高度超过 20m 时，宜设置避雷设施。

5.12.4　洞口防护

5.12.4.1　预留孔洞防护

（1）短边边长小于 50cm 的洞口，一般加设竹、木板等进行遮盖，盖板须能保持四周搁置均衡，并有固定其位置的措施。洞口周边应设置醒目标志，防止车辆、人员误入。

（2）短边边长为 50～150cm 的洞口，必须设置以扣件扣接钢管搭设的临边防护栏杆，并在其洞口上满铺竹笆或脚手板。也可采用贯穿于混凝土板内的钢筋构成防护网，钢筋网络间距不得大于 20cm。

（3）边长或直径在 150cm 以上的洞口，四周除了设置防护栏杆外，洞口下还必须张设安全平网。

5.12.4.2 桩孔口安全防护

桩基施工时，桩位处应设立警示标志、工程标示牌等，孔口应设置锁口，锁口高度应高于地表300mm以上。孔口周边1.0m范围内进行环形硬化。孔口四周必须搭设防护围栏。停止作业时，应派人值班。孔口加盖，夜间加强照明。

5.12.4.3 泥浆池及孔口防护

（1）钻孔泥浆池四周应设有明显的警示标志和防护围栏，并挂设安全网，如图5-58所示。对位于岸上的泥浆池，在桩基施工完成后，应及时做回填处理。

图 5-58　设置警示标志、防护围栏和安全网

（2）对于已埋设护筒未开钻或已成桩护筒尚未拔除的，应加设护筒顶盖或铺设安全网遮罩。

（3）对夜间未有照明设施的孔口及泥浆池，应在防护栏杆四周设置警示灯。

（4）钻孔中使用泥浆时，应设置泥浆循环净化系统。

5.12.5　深基坑防护

（1）深度超过2m的基坑施工，必须设有临边防护栏杆。基坑防护栏杆与坑边距离应大于0.5m。

（2）基坑深度超过5m的，必须有专项支护设计，支护设计方案必须经专家论证审查合格后方可采用。如图5-59所示。

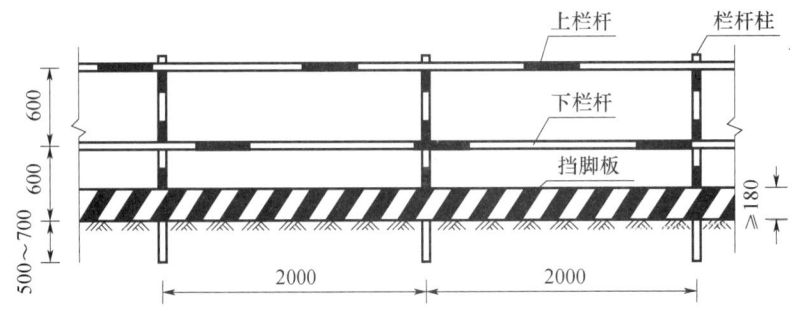

图 5-59　深基坑专项支护设计示意

（3）基坑施工应设置有效排水设施，并满足施工、防汛要求。

（4）深基础施工采用坑外降水的，应有防止邻近建筑危险沉降的有效措施。

(5) 坑（槽）沟边 1m 以内不得堆土、堆料，不得停放机械。

(6) 基坑内必须设置专用人员上下通道，如图 5-60 所示。

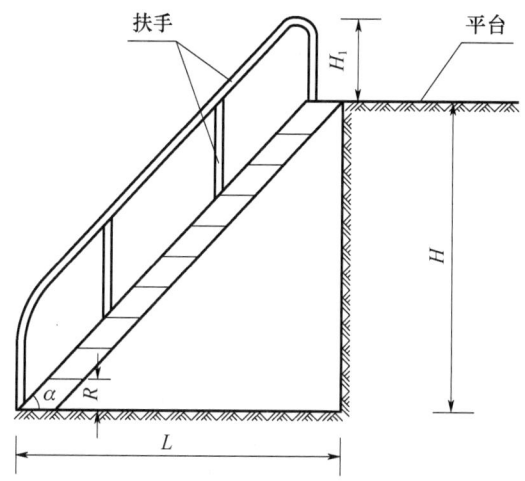

图 5-60　基坑内设置专用人员上下通道

6 试验检测

6.1 实验室标准化建设要求

（1）工地实验室选址应充分考虑安全、环保、交通便利及工程质量管理要求等因素，其周边场地一般应进行硬化处理（图6-1）。

图6-1　工地实验室全貌

（2）工地实验室规划应遵循总体布局合理、功能分区明确、组织协调顺畅的原则。

（3）工地实验室应将工作区和生活区分开设置，工作区总体上可分为功能室、办公室和资料室三部分（图6-2至图6-4）。

图6-2　办公室

图 6-3 资料室

图 6-4 土工室

（4）功能室应根据工程内容和特点设置，一般分为土工室、骨料室、石料室、水泥室、水泥混凝土室、力学室、沥青室、沥青混合料室、化学室、标准养护室、样品室、留样室、外检室、储藏室等。

（5）工地实验室用房可新建或租用现有房屋。新建房屋应选择保温、环保材料，并综合考虑极端气候和自然灾害的影响，必要时采取加固处理措施，保证其在使用周期内的安全性。租用房屋应安全、坚固，其空间、面积、通风、采光和保温等条件应满足使用要求。

（6）工地实验室的空间和面积应满足试验检测工作和环境条件要求，一般应综合考虑仪器设备放置、人员操作和行动通道所占用空间和面积以及门窗位置等因素。对有温度、湿度条件要求的功能室，必要时可进行吊顶处理，以便降低有效高度、提高保温保湿效果。

（7）工地实验室应有良好的通风采光条件，化学室、沥青及沥青混合料室应设置机械强制通风设施。

（8）工地实验室应设置较完善的排水设施，并配备必要的应急水源，保证试验检测工作正常、连续开展。各功能室均应铺设上、下水管道，配备水池，地面应设置地漏。

水泥混凝土室、石料室等房间地面应设置水槽和沉淀池。

（9）工地实验室应采用独立的专用线路集中配电，并设置应急电源，保证试验检测工作正常、连续开展。电线、电缆的布设应符合有关技术标准，保证使用安全。

（10）工地实验室应根据检测工作需要和当地气候特点设置集中采暖设备、集中空调或分散式空调等设施。

（11）工地实验室应配备必要的安全防护、防盗和环保设施，确保人员和设备安全，避免造成环境污染（图6-5）。

图6-5　实验室室内环境

（12）标准养护室的墙体和屋顶应进行防潮和保温处理，地面应设置储水装置，方便养护水回流，防止地面积水（图6-6）。

（13）功能室应设置一定数量的操作台，操作台应选用坚固、防滑、耐腐蚀材料，几何尺寸应符合有关技术标准，外观应整洁、美观、方便操作。功能室地面应平整、防滑、耐磨（图6-7）。

（14）工地实验室标牌应悬挂于醒目处，其内容应与工地实验室印章内容一致。各功能室、办公室和资料室应设置统一规格的门牌标识，对有环境和安全条件要求的区域应设置警示及限入标识。

图 6-6 标准养护室

图 6-7 功能室

（15）办公室内应悬挂组织机构框图、主要管理制度、人员考勤表、工地晴雨表等。各功能室内应悬挂主要仪器设备的操作规程（图 6-8）。

图 6-8 办公室

6.2 试验检测机构的设置、任务和职责

(1) 本项目设置施工单位工地实验室、总监办中心实验室，各实验室应配备实验室主任及相应专业试验检测人员。其他外委试验检测项目的社会检测机构、法定检测机构应具有相应资质。

(2) 根据招标文件要求和本项目试验检测工作的需要，各施工、监理单位均应组建实验室。试验检测仪器、设备、人员应满足合同要求和工程试验检测任务，试验检测仪器设备须经市级及以上质量技术监督部门标定，各级实验室首先应通过河南省交通基本建设质量检测监督站验收，取得临时实验室资质，方可开展试验检测工作。

(3) 施工单位工地实验室的任务和职责。

①对本标段所有的原材料及标准试验、工艺试验、现场试验检测等（需外委或特殊规定的项目除外）按不低于规范规定频率进行自检，使所有工程全部处于受控状态并达到质量标准。

②做好首件工程的试验检测工作，同时按照试验检测频率做好外委试验，及时向试验监理工程师提交详细的试验检测报告。

③工地现场施工质量控制所需的常规试验，按不低于规范所要求的频率进行，试验结果应经监理工程师签认。

④对各种试验结果进行数理统计和分析整理，建立健全试验资料档案，为工程交工提供翔实的试验资料。

⑤在工作和业务上受监理工程师和中心实验室双重指导和管理。

(4) 中心实验室的任务和职责。

中心实验室应服从总监办的管理，执行总监理工程师的工作指令。

①按照合同和公路工程监理规范要求，负责合同范围内的验证、工艺、标准、抽样、验收等独立试验检测工作，及时准确地向监理工程师提供试验检测成果与报告，并对其真实性负责。

②配合业主不定期检查施工单位的试验工作，核查其实验室仪器设备完好情况、标定情况、内业资料情况以及人员变更情况。

③中心实验室应做好对施工单位试验检测工作的指导、检查、管理，并对现场试验监理业务技能工作进行指导与管理。

④参加监理工程师主持召开的工地例会及相关质量专题分析会议。

⑤参与施工单位施工质量事故的调查处理与分析，并及时向总监办报告在检测中发现的重大问题。

⑥承担中间交工（验收）、交（竣）工验收、缺陷责任期试验检测等相应工作。

⑦当施工单位有外委试验检测，中心实验室应派员参加送样见证工作。

⑧根据合同文件规定，履行其他职责和义务。

(5) 中心实验室对施工单位实验室的管理。

①总监办中心实验室将不定期对施工单位实验室进行检查。主要检查内容为：

a. 试验仪器是否完好，仪器标定是否过期，试验工作是否有序开展。

b. 试验资料与仪器使用记录和原始记录的一致性、试验记录与试验报告是否漏签及试验时间的逻辑性。

c. 试验资料报批的及时性、试验资料的完整真实性、数据的可追溯性。

d. 工地实验室各项管理工作及运行情况是否正常。

②检查施工单位工地实验室试验人员的在岗情况，现有试验检测人员的资质及数量能否满足施工进度试验检测的需要。

③对施工单位已进场的各种原材料的存贮、堆放、使用部位进行检查。

（6）验证试验。验证试验是事前控制，主要是指对材料、商品构件或工程设施采购前的预先鉴定或进场后的验收试验，以及决定是否可用于工程。验证试验采用随机抽样试验，按以下程序进行：

①施工单位的材料（原材料、成品、半成品）或商品构件订货之前，应向中心实验室提供生产厂家的生产许可证、产品合格证书及试验报告。监理工程师根据报告进行审查，并对拟采购的产品与施工单位同步进行试验，及时提供试验检测报告，并审批是否同意采购。重要构件与设备（如桥梁伸缩缝、锚具、防水板等）由总监理工程师审批，报备业主。

②材料或商品构件进场后，施工单位按规定批量和频率自检，中心实验室取样进行抽检试验。然后，施工单位填写包括材料来源、数量、拟用部位、存放地点、存放方式的《进场材料报验单》并附自检试验检测后的试验报告、生产许可证和产品合格证，报中心实验室审批。

③未经中心实验室批准使用的材料和商品构件一律不得用于本工程，并要求施工单位运出场外，处理结果及时上报监理工程师备查，并抄送项目公司质量监督部。

（7）标准试验。标准试验是对工程施工进行事前控制和指导施工的依据。标准试验包括各种标准击实试验、骨料级配筛分试验、混凝土（砂浆、水泥净浆）配合比试验、结构的强度试验等。

标准试验按以下程序进行：

①在各分项工程开工前，施工单位应把标准试验计划提交中心实验室审批。

②施工单位应在各分项工程开工前按规范规定进行标准试验，必要时中心实验室派出试验检测人员参加施工单位试验的全过程旁站，并进行有效的现场监督检查。

③中心实验室应在施工单位进行标准试验的同时或及时进行复核平行（对比）试验，予以验证。

④中心实验室应根据对比试验结果及时对标准试验进行审批，未经中心实验室对比试验的标准试验结果不得用于工程。

（8）抽样试验。抽样试验是事中控制，是对各项工程施工中的内在品质进行符合性的检查，其内容包括各种材料的物理力学性能、土方及其他填筑施工的压实度、混凝土（砂浆、水泥净浆）及路面强度等测定和试验等。抽样试验应按以下程序进行：

①施工单位应按技术规范的有关规定、标准要求，全频率进行自检试验检测。中心实验室按施工单位抽样基础上不小于30%的频率独立进行取样检测试验。对无资质条件开展的试验项目须委托有交通部门确认的具备相应资质的实验室进行试验，以鉴定施工单位的抽样试验结果是否真实可靠。

②施工单位应将试验结果每月汇总上报总监办中心实验室,中心实验室对当月所有试验结果汇总评价报总监办备案。

③监理工程师对现场工序(或分项)施工质量进行判定须依据中心实验室抽样结果进行,对中心实验室抽检不合格工程的质保资料不得进行签认。

(9)工艺试验。工艺试验主要是指依据技术规范的规定,在开工之前对路基、路面施工、钢筋制作安装、梁板吊装、钢筋焊接等或其他需要通过预先试验方能正式施工的分项工程预先进行工艺试验,然后依其试验结果全面指导施工。工艺试验应按以下程序和要求进行:

①施工单位应向总监办提交工艺试验的方案和组织实施办法审批申请报告,中心实验室与各专业监理工程师共同研究,总监办给予批复。

②工艺试验的机械组合、人员配额、材料、施工工序、预埋观测以及操作方法等应有两组以上方案,以便通过试验做出选定。

③根据批准的工艺施工方案,承包人组织实施,旁站监理应对施工单位的工艺试验进行全过程旁站,并做出详细记录。

④试验结束后,应由施工单位提出工艺试验总结报告,由监理工程师审批并备案。

(10)中间交工验收试验。中间交工验收试验是事后控制,是在分项、分部、单位工程完成后,对工程实体质量的全面试验检测和评定。中间交工验收试验应按以下要求进行:

①承包人应提前做好试验的准备工作,向专业监理工程师和中心实验室提交试验方案及计划安排。

②中心实验室和各专业监理工程师对施工单位提交的试验方案进行审查并形成意见,最后由监理工程师签发试验方案审批意见。

③专业监理工程师和中心实验室对已完工项目应按规定的检测频率进行抽检,以鉴定承包人的试验检测结果是否真实可靠,并汇总出具检测报告。

6.3 试验检测依据及检测频率

(1)试验检测工作依据:建设工程监理合同、招投标文件、合同图纸及说明、公路工程试验检测现行技术标准及规程、《公路工程施工监理规范》(JTG G10—2016)、《公路工程质量检验评定标准》(JTG F80/1—2017)及有关试验检测规定。在实验室临时资质批准的试验检测项目范围内,独立地履行工程试验检测工作。

(2)试验检测频率。

①施工单位应按现行技术规范、招投标文件及《公路工程质量检验评定标准》(JTG F80/1—2017)等规定的检测频率进行100%自检。自检频率不得低于规定的检测频率,同时必须满足工程质量控制的需要。

②中心实验室按30%以上检测频率独立抽检,同时应满足以下规定:

a. 对主材钢筋、钢筋加工、水泥等见证试验,独立检测频率不低于自检频率的30%。

b. 对桥涵结构工程的混凝土试件的抽检应覆盖自检批次的100%。

c. 对土方路基边坡部位、填挖交接处的压实度以及台背回填压实度的抽检应覆盖自检批次的100%，不足2点的按2点检测，根据现场情况，必要时加大频率对薄弱处进行检测。

d. 对沥青应每车取样检测。

e. 路面基层、面层及其他工程实体的检测试验（如弯沉、面层平整度等），监理工程师的抽检不应低于30%。

f. 对于野外破坏性工程实体试验，施工单位、监理单位可共同进行检测试验。

g. 对于新工艺、新材料及科技创新等试验检测，施工单位、总监办中心实验室可共同进行检测试验。

(3) 为了及时掌握工地实验室自检工作情况，有效控制工程质量，建立试验检测月报制度。

①承包人试验检测月报表格包括自检月报汇总表，并附主要材料进场数量汇总表。

②监理试验月报包括抽检月报汇总表。

③施工单位和中心实验室在每月汇总上月试验检测情况并上报至总监办。

④中心实验室在每月5日前将上月试验检测汇总表直接上报总监办，必要时可随时上报。

6.4 试验检测工作监督制度

(1) 取样监督制度。抽取试样必须由中心实验室试验人员、施工单位试验检测人员现场抽取，共同监督，并在取样见证单上签字认可。取样见证单的内容应包括：样品名称、型号、外观质量、厂家及取样部位、地点、时间、方法、封存等。

(2) 自检不合格或自检合格但抽检不合格，或自检、抽检合格但送检不合格的不签认、不计量。

(3) 自检、抽检、送检均合格，但试验检测频率未达到，不签认、不计量，并按有关规定处罚。

6.5 试件取样、留存管理

(1) 试件取样后必须及时进行有效编号，保证编号在试验前的清晰度，并做好取样台账记录。

(2) 对砂、石、水泥等原材料的取样要有代表性，如发现试验数据与实际检验情况相差异常，按无效报告处理，并按试验操作规程重新取样试验。

(3) 中心实验室应独立完成的试验检测项目，不得利用承包人的实验室或以旁站方式采集抽检数据。

(4) 水泥、沥青、水泥胶砂、砂浆、水泥净浆、混凝土、钢筋、外加剂、灰土及路面等各项试验的试件试验完毕后，试件残体及溯源样品留存要建立独立的留存仓库，要求分类别进行存放，对留存的样品进行标识并建立台账，试验结果经监理工程师签认后试件残体方可运走处理。

6.6 试验检测工作检查制度

6.6.1 检测抽检制度

为更好保证现场抽样的真实性，对现场抽样做出如下规定：
（1）取样方法和部位必须符合抽样原则。
（2）样品须由监理人员现场粘贴标签。标签要保证粘贴牢固，书写标签必须用碳素墨水笔或记号笔等标记。
（3）样品一般由取样单位封存。对于混凝土（砂浆、水泥净浆）试件抽样成型后，在工地现场由施工单位负责养护1d（保证养护的温度和湿度），然后移交中心实验室。

6.6.2 不合格施工部位、工程材料处理办法

对于不合格施工部位或工程材料，中心实验室将发出"不合格施工部位质量情况跟踪表"或"不合格工程材料使用情况跟踪表"。

6.7 外委试验检测管理

（1）外委试验检测管理：未经批准的试验项目，或因试验仪器等不能满足试验及精度要求时，依据相关国家标准规定的"可外委经交通行政主管部门批准的、具有甲级公路工程试验检测资质的单位"承担试验检测工作。

外委社会检测机构必须经总监办中心实验室审查并报项目公司批准备案。非项目公司同意的外委社会检测机构所进行的试验为无效试验，所出具的试验报告为无效报告。

（2）外委试验检测执行取样见证制度。外委试样必须由施工单位、总监办中心实验室双方取样见证，否则视为无效取样。外委试验检测所发生的费用由施工单位承担。

（3）必须完全外委试验项目包括：桩基检测、张拉所用材料、橡胶支座、伸缩缝、新工艺材料、外加剂、土工合成材料、防水材料、路面面层和封层所用材料等。

6.8 数据处理及数据溯源

6.8.1 异常数据处理制度

（1）异常数据是指测量值低于或高出标准值较多的数据。在试验过程中发现有异常数据，应立即终止试验。如试验不能终止，也应该在试验段结束后暂停试验。不管属于哪种情况，须在事故后立即向所在实验室技术负责人报告。
（2）出现异常数据后，应细心观察样品的状态，及时分析原因，如属于非破坏性试验或样品有剩余，在证实试件本身没有可疑问题后进行复核试验；如发现试件的尺寸或

品质有明显的问题，应纠正后再试验；如未发现样品的问题，应检查仪器，如发现仪器故障，须及时校正，并对之前试验数据做出处理；如仪器运转正常，则重点分析试验方法、试验过程和其他不可预测因素；不属于以上问题的，应向监理工程师提供试验报告，分析工程实体质量。

（3）出现异常数据的样品，在原因查明之前，应存放在固定的地点并进行有效标识。

6.8.2 标准击实试验审批数据处理

标准击实试验以中心实验室和施工单位实验室的数据为参考数据，以确保工程质量的数据由监理工程师确定，如两者数据之差超过规范允许误差则视为无效试验。

配合比及其他标准试验项目应执行中心实验室复核批复的数据。

6.8.3 数据溯源

各级实验室必须建立试验检测台账和试验检测仪器使用台账。

试验检测台账应明确反映取样日期、取样地点、试验人员、检测频率、检测部位、材料批量、使用部位等。

试验检测仪器使用台账应明确反映仪器操作人员、试验项目、试验日期及仪器设备维修、保养、运行情况等。

6.9 试验检测资料管理

（1）试验资料内容、格式应采用河南省交通基本建设质量检测监督站规定的试验记录与报告表格进行整理、保存并建立各类试验台账。

（2）资料整理要求分类归档，台账条目清晰。

（3）报告审核必须认真严肃，签字不得代签、不得打印，否则视为无效报告。试验检测资料整理必须具有准确性、统一性、时间性。

①试验检测资料必须使用本工程规定的统一试验检测表格，填写方法、要求、内容要保持一致，纸型为A4。

②试验检测资料结论明确，评定依据、使用标准、评定办法、分析统计、参数代号准确、计算无误，并有齐全的签字和实验室专用红色印章。签字实行三级签字制度：试验、计算（试验检测员）；复核（试验检测工程师）；审核（技术负责人或实验室主任）。

③原始记录要清晰，一律用黑色签字笔填写，不得涂改，只能在错处画双横杠，以示作废，在错误记录上方填写更正记录，并加盖签章。

（4）档案管理。设一名档案管理员负责试验检测资料归档的管理工作。技术资料存档时要办理交接手续，填写技术资料交接单，统一编号。试验检测人员借阅技术资料，应办理借阅手续，阅后按时归还，未经实验室主任同意不得随意复制试验检测报告或原始记录；档案管理人员应严格遵守技术保密制度，未经实验室主任批准，不得将技术资料借给试验检测工作无关人员。

6.10 实验室检测人员及设备管理

6.10.1 实验室人员及资质管理

对实验室验收时通过考试并备案的人员，不得更换，确需更换时必须事先书面申请项目公司批准。更换人员的资质不得低于合同原有人员的资质，并报市质监站重新备案与重新核定实验室资质。未通过备案批准的试验人员无签字权。

（1）各承包人工地实验室主要负责人离开工地4d（含）以内，须报总监办批准。

（2）中心实验室主任离开工地，必须向总监理工程师请假。

（3）试验检测人员更换，必须提前30个工作日进行逐级上报审批，并按相关合同条款进行处罚。

6.10.2 试验检测仪器设备管理

（1）试验检测仪器、设备每年必须经市级及以上质量技术监督部门检定合格，每次使用前由试验操作员检查是否完好，并认真填写设备使用记录。

（2）对发生故障的仪器设备应挂牌标示并及时修复、标定，在使用记录中应明确记录故障发生、修复时间，在此期间需进行的相关试验项目，应根据外委试验检测规定进行外委检测。

（3）在试验检测仪器、设备使用记录中必须认真填写使用时间、使用人、仪器设备运行情况及本批次使用次数等相关信息。

6.10.3 试验仪器的标定

中心实验室不定期到工地实验室检查，及时发现和纠正存在的问题。为保证试验检测数据的准确性，各级实验室须经国家法定计量部门对试验检测仪器设备进行定期标定，同时中心实验室应不定期（至少每月一次）对工地实验室仪器进行检查，并不定期组织工地实验室进行比对试验。

参考文献

[1] 交通运输部工程质量监督局. 公路工程工地实验室标准化指南[M]. 北京：人民交通出版社，2013.

[2] 中华人民共和国交通运输部. 公路工程施工安全技术规范：JTG F90—2015[S]. 北京：人民交通出版社，2015.

[3] 中华人民共和国交通运输部. 公路路基施工技术规范：JTG/T 3610—2019[S]. 北京：人民交通出版社，2019.

[4] 中华人民共和国交通运输部. 公路工程质量检验评定标准 第一册 土建工程：JTG F80/1—2017[S]. 北京：人民交通出版社，2018.

[5] 中华人民共和国交通运输部. 公路桥涵施工技术规范：JTG/T 3650—2020[S]. 北京：人民交通出版社，2020.

[6] 交通运输部工程质量监督局. 公路水运工程施工安全标准化指南[M]. 北京：人民交通出版社 2013.

[7] 中华人民共和国交通运输部. 公路沥青路面施工技术规范：JTG F40—2004[S]. 北京：人民交通出版社，2005.